反腐败斗争永远在路上

姜卫平 著

中国社会科学出版社

图书在版编目（CIP）数据

反腐败斗争永远在路上/ 姜卫平著．—北京：中国社会科学出版社，2023.3（2024.11重印）

ISBN 978－7－5227－0868－3

Ⅰ.①反… Ⅱ.①姜… Ⅲ.①反腐倡廉—研究—中国 Ⅳ.①D630.9

中国版本图书馆 CIP 数据核字（2022）第 168563 号

出 版 人 赵剑英
策划编辑 孙 萍
责任编辑 彭 丽
责任校对 王佳玉
责任印制 李寡寡

出 版 中国社会科学出版社
社 址 北京鼓楼西大街甲 158 号
邮 编 100720
网 址 http://www.csspw.cn
发 行 部 010－84083685
门 市 部 010－84029450
经 销 新华书店及其他书店

印 刷 北京君升印刷有限公司
装 订 廊坊市广阳区广增装订厂
版 次 2023 年 3 月第 1 版
印 次 2024 年 11 月第 2 次印刷

开 本 710×1000 1/16
印 张 21.75
字 数 292 千字
定 价 108.00 元

凡购买中国社会科学出版社图书，如有质量问题请与本社营销中心联系调换
电话：010－84083683

序

反腐败斗争关系民心这个最大的政治，是一场输不起也决不能输的重大政治斗争。习近平总书记在党的二十大报告中强调，“腐败是危害党的生命力和战斗力的最大毒瘤，反腐败是最彻底的自我革命。只要存在腐败问题产生的土壤和条件，反腐败斗争就一刻不能停，必须永远吹冲锋号”。坚定不移推进党风廉政建设和反腐败斗争，坚决清除一切损害党的先进性和纯洁性的因素，清除一切侵蚀党的健康肌体的病毒，确保党不变质、不变色、不变味，确保党在新时代坚持和发展中国特色社会主义的历史进程中始终成为坚强领导核心，这是我们党百年奋斗积累的宝贵经验，也是党和人民共同创造的精神财富。

当今时代是政党政治的时代，无论是在竞争性政党体制下还是非竞争性政党体制下，一个政党能否上台执政或维持其执政地位，并非完全取决于该政党的主观愿望，而主要取决于民众的信任与支持。“政之所兴在顺民心，政之所废在逆民心。”世界上各种类型政党的治国理政实践都充分证明了这一点。因此，赢得民众的信任、支持和拥护，是现代政党执政共同面对并必须处理好的一个核心问题。在执政党面临的诸多相同或相似的基本问题中，加强廉政建设，推进反腐败斗争，使政党和政府保持清正廉洁形象，是所有执政党需要下大气力完成好的共同课题。历史不会健忘。20 世纪末，在一些国家和地区，一些长期单独连续执政的大党、老党接二连三地失去执政地位，发人深思、令人警醒。这些政党中既有资产阶级政党，也有民族主义政党，还有社会主义国家的执政党。比如，连续执政38年后下台的日本自民党，连续执政71年后下野的墨西哥革命制度党，有93年历史、连续执政74年后亡党亡国的苏联共产党，拥有百年历史、连续执政45年后被取而代之的印度国大党，连续执政30多年后被民众抛弃的印尼专业集团党，统治中国台湾地区50多年后失败并一蹶不振的“百年老店”中国国民党等。这些政党下台的原因复杂多样，但有一个共同的原因就是腐败。因为深陷腐败的泥潭，导致民怨沸腾、威信扫地、备受攻讦，最终失去人民的信任、丧失执政地位，成为历史长河中的匆匆过客。显而易见，惩贪反腐、保持廉洁是关系执政党生死存亡的大事。

腐败的危害与权力的腐蚀性密不可分。有权必有责、用权受监督，是权力运行的基本原则。只要公权力存在，就必须受到制约和监督，否则“绝对权力导致绝对腐败”。然而，政党在执政的条件下，特别是在长期执政的情况下，由于掌控着重要的社会资源，力量极为强盛，这样很容易打破权力平衡，从而使执政党在治国理政的过程中能够利用手中权力来控制和影响政治和社会运行。同时，由于权力的扩张性和执政地位的相对稳固，执政党的危机意识和进取精神逐步弱化，保持初心、坚守使命也变得压力不够和动力不足，以至于自我监督在某些重要环节上渐趋低效或无效。众所周知，权力是把“双刃剑”。权力在监督和制约下运行可以造福人民，不受监督的权力就像脱缰的野马必然祸害国家和人民。治理腐败，必须强化对权力运行的制约和监督，消除权力监督的真空地带，压减权力行使的任性空间。由此看来，无论是为了抵御权力的腐蚀，还是为了保持自己的清廉形象，从而巩固长期执政地位，执政党都应该高度重视自身建设，时刻保持对权力腐蚀性的清醒和警惕，始终保持高压防腐反腐的自觉性。

中国共产党成立以来，在领导革命、建设和改革的历史进程中，始终高度重视保持党的先进性和纯洁性，坚决同各种形式的腐败作斗争并在长期实践中形成了独具特色的反腐败理论。全面完整准确认识和把握我们党对马克思主义反腐败理论的继承、发展与创新，对于不断总结实践经验，深入探索马克思主义执政党反腐败规律，不断增强深入推进党风廉政建设和反腐败斗争的自觉性和坚定性，具有非常重要的意义。

特别是党的十八大以来，以习近平同志为核心的党中央反复强调，打铁还需自身硬，办好中国的事情，关键在党，关键在党要管党、全面从严治党，把深入推进反腐败斗争纳入新时代党的建设总体布局，以伟大自我革命引领伟大社会革命。党中央从人民群众反映强烈的作风问题抓起，从制定和落实中央八项规定破题，坚持从中央政治局做起、从领导干部抓起，以上率下改进工作作风。党中央发扬钉钉子精神，持之以恒纠治"四风"，反对特权思想和特权现象，狠刹公款送礼、公款吃喝、公款旅游、奢侈浪费等不正之风，解决群众反映强烈、损害群众利益的突出问题，推进基层减负，倡导勤俭节约、反对铺张浪费，刹住了一些过去被认为不可能刹住的歪风，纠治了一些多年未除的顽瘴痼疾，党风政风和社会风气为之一新。党坚持不敢腐、不能腐、不想腐一体推进，惩治震慑、制度约束、提高觉悟一体发力，确保党和人民赋予的权力始终用来为人民谋幸福。坚持无禁区、全覆盖、零容忍，坚持重遏制、强高压、长震慑，坚持受贿行贿一起查，坚持有案必查、有腐必惩，以猛药去疴、重典治乱的决心，以刮骨疗毒、壮士断腕的勇气，坚定不移"打虎""拍蝇""猎狐"。坚决整治群众身边腐败问题，深入开展国际追逃追赃，清除一切腐败分子。坚决查处政治问题和经济问题交织的腐败，坚决防止领导干部成为利益集团和权势团体的代言人、代理人，坚决治理政商勾连破坏政治生态和经济发展环境问题，决不姑息。党领导完善党和国家监督体系，推动设立国家监察委员会和地方各级监察委员会，构建巡视巡察上下联动格局，构建以党内监督为主导、各类监督贯通协调的机制，加强对权力运行的制约和监督。经过持之以恒的斗争，全面从严治党的政治引领和政治保障作用充分发挥，党的自我净化、自我完善、自我革新、自我提高能力显著增强，管党治党宽松软状况得到根本扭转，反腐败斗争取得压倒性胜利并全面巩固，消除了党、国家、军队内部存在的严重隐患，党在革命性锻造中更加坚强。新时代，我们党继续推进党的建设新的伟大工程，如何勇敢面对“四大考验”特别是长期执政考验，坚决战胜“四种危险”特别是消极腐败的危险，依然是需要我们持续关注和深入研究的课题。这是踏上新的赶考之路提出的一个新课题，也是实现中华民族伟大复兴的大课题。

姜卫平研究员的著作，选取了“反腐败斗争”这样一个视角，运用历史和现实相贯通、国际和国内相关联、理论和实际相结合的分析方法，对处在中华民族伟大复兴战略全局和世界百年未有之大变局中的中国共产党，如何通过继承与创新、吸取与借鉴来不断深入推进新时代党风廉政建设和反腐败斗争，提出了一些建设性的对策与思路。纵观全书，主要有以下几个特点。

一是主题突出，结构严谨。本书坚持问题导向，紧紧围绕反腐败这个执政党治国理政面临的重大理论和实践问题展开研究。本书突出强调了推进反腐败斗争的重大意义，全面分析了反腐败斗争的时代背景，明确指出中国特色社会主义进入新时代、全面从严治党向纵深发展、社会转型、全球化时代为反腐败斗争带来了新情况、新挑战、新课题。如何趋利避害，充分利用机遇和条件，有效应对问题和挑战？作者在系统梳理中国共产党百年反腐败实践、比较研究国外政党廉政建设经验教训、全面总结新时代反腐败斗争的重大成就、科学分析反腐败斗争形势的基础上，提出了推进新时代反腐败斗争要坚持的重要原则、正确思路和有效办法。作者的研究成果框架完整、结构合理、逻辑严密、叙述规范，资料和数据准确翔实，论证清楚明晰，论据扎实充分，是一部既有理论高度，又有历史厚度，更有实践温度的学术精品力作。

二是坚持创新，观点独到。本书聚焦“反腐败斗争永远在路上”这一重大政治论断，体现了鲜明的问题意识和现实关怀。作者在认真进行文献阅读和文献整理、科学借鉴已有研究成果的基础上，经过独立思考和大胆探索，从政党执政规律和历史经验教训出发，明确提出反腐败斗争是必须抓好的重大政治任务，进而把反腐败斗争作为全面从严治党、党的自我革命的重要内容提了出来，并加以系统论述。这样就把基础研究和应用研究、学术研究和成果应用结合起来，具有较好的适用性和可操作性。这种开拓性研究使本书的观点结论颇具新意，一些见解具有独到之处。例如，作者提出要正确认识反腐败斗争形势，并科学辨析了关于反腐败斗争的几种错误观点；提出并分析了反腐败斗争必须坚持的重要原则；在全面系统研究的基础上，提出了新时代反腐败斗争的着力点，等等。这些都具有极强的原创性，不仅对深入研究执政党建设理论具有重要意义，而且为坚定不移推进党的伟大自我革命和党的建设新的伟大工程提供了理论支撑。

三是视野开阔，内容丰富。全书通读下来，不管是理论阐述，还是实践探讨，开阔的视野、全面的资料、新颖的观点、充实的论据、有力的论证、严密的逻辑，都使人印象深刻。本书抓住了当前我国深入推进党风廉政建设和反腐败斗争的时代背景，坚持大历史观和正确党史观，从历史的轨迹和世界的视野，既反思历史又把握现实，既关注中国又面向世界，将反腐败理论与反腐败实践相结合，将国内外反腐败经验进行比较研究，把反腐败怎么看、怎么办等角度融合起来，抓住了关键环节，回应了研究热点和社会关切。本书将党中央重大政治判断做了学理化、学术化阐释，总结了我们党反腐败斗争的实践经验、显著成效和着力点，提出的观点、做出的结论、揭示的逻辑和趋势是客观准确的，能够经得起检验。

本书作者长期从事理论研究、文稿起草等工作。尽管文字和行政工作极为繁重，但他始终没有放松对党建前沿问题的关注和党建理论的思考，笔耕不辍，钟情翰墨。他踏实、勤奋，严谨治学、执着坚守，我欣喜地看到他在学术之路上艰辛跋涉后的成长进步。本书既为作者潜心研究、独立思考的成果，也是他为党的二十大奉献的一份礼物。在本书即将付梓之际，我由衷地感到欣慰并表示祝贺，同时愿意向大家推荐本书。

是为序。

姜　辉

2022 年 10 月

目　　录

第一章　反腐败是最彻底的自我革命

作为执政党，干部廉洁不廉洁，队伍纯洁不纯洁，政治清明不清明，这是关系党的生死存亡、国家的兴衰成败的大问题。只有惩治腐败、建设廉政、永葆先进，才能合乎党心、顺乎民意。对于具有百年历史的中国共产党而言更是如此。打铁还需自身硬。作为矢志不渝坚守初心和使命的马克思主义执政党，中国共产党在向第二个百年奋斗目标迈进的新征程上，胸怀“两个大局”，心怀“国之大者”，继续进行伟大斗争、推进伟大事业、实现伟大梦想，就必须把自身建设得坚强有力，就必须一以贯之地深入推进党风廉政建设和反腐败斗争，推动全面从严治党向纵深发展，通过不懈努力换来海晏河清、朗朗乾坤。

一　深入推进反腐败斗争是对历史经验教训的深刻总结

习近平总书记重视历史、学习历史、借鉴历史，善于从历史中汲取治国理政智慧，反复强调历史的经验值得注意，历史的教训更应引以为戒。我们党始终高度重视和深入推进党风廉政建设和反腐败斗争，是深刻总结古今中外历史教训得出的必然结论。历史告诉我们：一个国家，腐败不除，无以立国；一个政府，贪污不除，无以立本；一个政党，尤其是一个执政党，不能清除贪污腐败，无以立信。[①] 能不能惩治腐败，同腐败进行坚决的斗争并取得胜利，关系到国家兴衰、政局稳定，关系到执政党的生死存亡。因此，以零容忍态度惩治腐败，坚定不移把反腐败斗争进行下去，跳出历史周期率，紧紧依靠人民，一刻也不脱离人民，始终保持与人民的血肉联系，确保党始终同人民心连心、同呼吸、共命运，这是由我国社会主义制度和国家性质所决定的，也是作为执政党的中国共产党必须完成好的政治任务。

腐败是古今中外的社会毒瘤。中国历史上因为统治者严重腐败导致改朝换代的例子俯拾皆是。据文献记载，早在文明诞生前夜的传说时代，腐败现象就已产生。当历史进入阶级社会后，腐败遂成为附着于统治阶级身上的痼疾，在每个王朝的各个时期都不同程度地存在。中国历史上每个王朝人亡政息的原因很复杂，但是，从根本上讲无不与腐败有着千丝万缕的联系。腐败导致灭亡，严重的腐败导致速亡，这是一条亘古不变的基本规律。[②] 夏桀在位时，阶级矛盾日趋尖锐，民不聊生，危机四伏，但他不思进取、骄奢淫逸、嗜杀成性，“筑倾宫、饰瑶台、作琼室、立玉门”，朝政更加腐败，日益失去人心，最后把夏朝推向了灭亡的境地。商纣醉生梦死于“酒池肉林”的荒淫腐化、穷奢极欲的生活，穷兵黩武、重刑厚敛、拒谏饰非，终致众叛亲离、身死国灭。秦始皇统一天下后，昏庸荒淫，赋敛益重，戍徭无已，天下越发困疲，百姓苦不堪言。陈胜吴广在大泽乡揭竿而起，发出“王侯将相、宁有种乎”的呐喊，掀起了中国历史上第一次大规模农民起义。各地纷纷响应，项羽一把大火将宏伟壮丽的阿房宫烧为焦土，刘邦最终攻破咸阳推翻秦王朝。杜牧在《阿房宫赋》中感叹道：“呜呼！灭六国者，六国也，非秦也。族

---

① 汪太理等：《中外反腐败史鉴》，中国人民公安大学出版社 1991 年版，第 2 页。

② 卜宪群：《中国历史上的腐败与反腐败》，鹭江出版社 2014 年版，第 1 页。

秦者，秦也，非天下也。嗟乎！使六国各爱其人，则足以拒秦；使秦复爱六国之人，则递三世可至万世而为君，谁得而族灭也？秦人不暇自哀，而后人哀之；后人哀之而不鉴之，亦使后人而复哀后人也。”西汉虽有“文景之治”、汉武称雄，但是后期政治日益腐败，土地兼并成风，社会动荡不安，危机日益严重，终被王莽趁机篡权。东汉时期，宦官外戚交替掌权乱政，政治日益黑暗腐败，国势日趋疲弱，苛捐杂税日趋沉重，最终陷入狼烟四起的境地，黄巾起义导致地方武装兴起并掏空中央政权，终成三国鼎立之势。正如诸葛亮在《出师表》中所说：“亲贤臣，远小人，此先汉所以兴隆也；亲小人，远贤臣，此后汉所以倾颓也。”隋炀帝荒淫无道，朝廷风气也日渐腐败低迷，门阀和皇权争斗不断，为了私欲滥用民力，导致社会矛盾进一步激化，最终隋朝立国仅仅38年崩塌瓦解，成为继秦朝及西晋后统一全国但又短命的中央皇朝。唐朝是中国历史上最负盛名的强盛王朝，“贞观之治”“开元盛世”在世界上都有着极大影响，然而唐玄宗在位后期逐渐怠慢朝政、耽于女色，朝中奸臣当道、贿赂成风，“安史之乱”后唐朝不可避免地开始走下坡路。元朝的腐败史无前例，王朝建立开始就腐败，而且毫不遮掩，可谓明目张胆“居官习于贪，无异盗贼，已不以为耻，人亦不为怪。其间颇能自守者，千百不一二”，为元朝成为另一个短命王朝埋下伏笔。明宣宗朱瞻基死后，明王朝就走向了由盛转衰的不归路。嘉靖时期的危机更是前所未见，腐败的吏治，如严嵩“籍没之数，黄金三万余两，白金二百万余两，珍宝不可数计”，庞大的开支，接连不断的天灾，造成海内凋敝不堪，盗贼公行；明神宗“万事不理”“静摄深宫”，日益挥霍奢靡，与民争利，不知遏止，特别是愈演愈烈的党争，成为明亡的祸根。清朝后期，各层机构、各级官员无不贪婪、无不腐败，“三年清知府，十万雪花银”就是这一时期官场腐败的真实写照。这里的“清”，非为“清朝”之“清”，而为“清廉”之“清”，即使是政声清廉的官员，也要捞上成千上万两银子；至于贪官就更不用说了，声色犬马、挥霍无度都无法穷尽统治阶级的奢华生活。嘉庆抄和珅家得白银八亿两，相当于清政府十五年收入。清朝末年，更是庙堂之上，朽木为官；殿陛之间，禽兽食禄。狼心狗肺之辈汹汹当朝，奴颜婢膝之徒纷纷秉政，以致社稷变为丘墟，苍生饱受涂炭之苦。国难当头、危机四伏之际，慈禧太后为过六十大寿，竟然挪用海军军费修建颐和园。甲午战争爆发后，为了使慈禧太后大寿过得太平、过得热闹，清政府竟然主张“退让求和”。腐败透顶的清王朝被辛亥革命推翻，这是历史的必然。纵观中国历代王朝历史，都未能摆脱盛极而衰的历史悲剧。当然，王朝频繁更迭原因很多，但是其中一个重要原因也是共有的原因就是统治集团穷奢极欲、昏庸腐朽。无论三公九卿，还是普通小吏，无不利用手中权力贪赃枉法，贿赂公行，假公济私，搜刮民脂，卖官鬻爵，权以贿成，导致整个社会怨声载道、祸乱并生，最终自毁长城。正如学者王亚南一语道破的改朝换代的规律：中国一部二十四史，实是一部贪污史。

当今世界上一些曾经长期执掌政权的大党、老党由于腐化堕落、严重脱离群众而被民众抛弃的例子也是比比皆是，其中的教训值得记取。1991 年，苏共这个有着 93 年历史、单独连续执政长达 74 年的马克思主义政党终结了自己的生命，同时葬送了世界上第一个社会主义红色帝国。时至今日，人们仍在为苏共亡党亡国的历史悲剧扼腕叹息，然而最可悲的是在那场动荡中，竟无一人是男儿，无人出来抗争，极为平静地接受了这个现实。其实，悲剧根源就在于绝大多数苏联人民认为苏共已经变质、不再代表人民的利益而将其抛弃。在苏联时期，《莫斯科新闻》曾做过一次民调，结果却发人深思。在回答“你认为苏共的政策代表谁的利益”这个问题时，接受调查的人认为苏共的政策代表工人阶级、农民、知识分子的利益的均占 2%；认为苏共的政策代表全体人民的利益的占 7%；认为苏共的政策代表全体党员的利益的只占 11%；最出人意料的是认为苏共的政策代表党的机关工作人员的利益的竟高达85%；认为苏共的政策代表除此之外的“其他集团”的利益的占13%。[①] 从这里，我们不难想象当时苏共的前景，苏共亡党就是这种状况持续下去的最终结果。苏共走到这一步，除了苏共没有最大限度地满足广大人民群众的物质福利和文化生活需要，高度集权的领导体制破坏了执政党与政权、执政党与社会的关系，戈尔巴乔夫时期的改革失误加深了苏共危机外，更重要的原因是苏共长期管党治党失之于宽、失之于松、失之于软，为政不廉，致使苏共和苏联政治社会生活中出现了令人无法容忍的腐败现象，严重损害了党的肌体健康，失去了群众的信任和支持。特别是“官员名册”[②] 上的特权阶层利用手中权力和公共资源来满足一己私利和个人享受，成为腐败滋生蔓延的催化剂。这种制度导致苏联党和国家政治生活中出现大量不忠诚不老实、阳奉阴违的两面人、两面派，他们理想信念彻底丧失，政治诚信严重缺失，官僚主义盛行，党内风气败坏堕落，潜规则大行其道。在勃列日涅夫时期，干部选拔任用乌烟瘴气，任人唯亲，拉帮结派，明码标价。当时某些地区的党委书记都可以用钱购买，比如，1969年，阿塞拜疆一个区委第一书记的官职价格是20万卢布，区委第二书记的官职价格是10万卢布。恐怕没人能相信以这种方式买到职务的领导干部会真正为人民服务？特权和腐败联手将苏联送上了不归路。它们不仅使国家物质上遭受重大损失，而且更致命的是造成道德上的严重损失，使社会分化加剧。尤其需要指出的是，命运多舛且民生多艰的大多数民众对享受特权、纸醉金迷、欲海横流、贪污腐败却又逍遥法外的领导阶层的憎恨之情与日俱增，苏联社会就像

---

① 姜跃：《苏共执政党失去执政地位的原因》，《中共石家庄市委党校学报》2004年第10期。

② “官员名册”制度在十月革命后开始实行，是斯大林模式的一部分。通过“官员名册”获得任命的干部担任一定的职务，享有一定的物质利益和特权，有着其特定的生活方式，垄断了权力、意识形态和经济管理，代表了苏联的官僚集团，也就是整个党和国家的封闭的特权阶层。苏共解体后，“官员名册”制度不复存在。

一个随时可以被点燃的“火药桶”，执政党、政府、领导干部的威信扫地。[①] 最终苏共从一个与人民血肉相连、为人民谋福利的党变成了一个严重脱离群众、高高在上的党，承载着往日的辉煌与亡党亡国的悲剧命运走进了历史，空留世人惋惜。1993 年，日本自民党在大选中遭遇政治“滑铁卢”，失去了连续 38 年的执政地位。自民党的失败原因固然复杂，但是根源就在于长期执政在党、官、商之间形成畸形的三角关系，使自民党深陷金钱政治的泥潭而难以自拔。金钱对于日本政治家仕途升迁具有无以复加的重要性。“有钱就能当选，当选就得有钱”是日本政治的铁律。据统计，在自民党执政期间，日本政坛爆发的重大丑闻、舞弊案不下 20 起，包括田中角荣卷入其中的洛克希德案件、金丸信案件等。金钱政治丑闻把自民党搞得狼狈不堪、声名狼藉，加剧了民众对自民党的厌倦和不信任感，转而把选票投给“有清新之意”的政党，促使日本政党体制由“一党优位制”向多党竞争体制转变。印度国大党是一个有百年历史的老党、独步政治舞台几十年的大党，却在单独连续执政 45 年后沦为在野党。纵观国大党由盛而衰的历史，腐败是无论如何都回避不了的原因。国大党从执政之初就开始腐败，始终未能得到有效的治理，后来蔓延到非常严重的程度。虽然拉吉夫·甘地在惩治腐败上做出努力，但收效甚微。官员受贿、权钱交易、官商勾结，在印度司空见惯；为了筹措竞选经费，执政党与“黑钱”结成牢不可破的利益交换关系；吏治腐败大行其道，流氓打手都可以堂而皇之地成为联邦法院法官；贿赂丑闻不时爆发，极大地损害了国大党的声誉，而且成为反对党重点攻击的靶子。国大党的失败再次证明了一个腐败的执政党和政府，其寿命不可能长久的历史法则。墨西哥革命制度党连续执政长达 71 年，并且创造了不发达国家发展的奇迹，即便如此，由于革命制度党长期忽视自身建设，又缺乏必要的党内监督和

① 姜跃：《官僚特权与政治伤害》，《中国党政干部论坛》2013 年第 6 期。

社会监督机制，党内和政府贪污腐化丑闻迭出，影响恶劣，导致党的威信扫地。墨西哥人民对腐败深恶痛绝，痛斥道“如果你真正想从政府得到什么东西，你几乎总是能用贿赂得到它”。有墨西哥革命制度党的官员曾经反思革命制度党丧失政权的原因，认为革命制度党的错误是“背离了人民强烈的要求，人民对腐败与逍遥法外问题和日益贫困忍无可忍”。有的官员认为“腐败成为革命制度党司空见惯、习以为常的现象，革命制度党几乎成为惯偷和窃贼的党，是腐败导致党的失败”①。印尼专业集团党是印尼建国后执政时间最长的政党，在连续执政30多年后，同样因为腐败失去民心。以苏哈托为首的印尼专业集团党几乎把腐败演变成一种国家“文化”。苏哈托的三子三女及其配偶和亲属组成了庞大的商业帝国，控制了印尼的经济命脉产业，印尼几乎所有大型项目都有他们家族的股份。苏哈托执政期间共建立了77个基金会，总额达50亿美元，重要的基金会由他本人掌管，其他的由其家族成员把控。国际透明组织发布的《全球腐败报告2004》透露，苏哈托在职期间共挪用公款150亿—300亿美元。以“资本家工具”作为座右铭的商业杂志《福布斯》创制的“富豪排行榜”几乎将全球最富有的人物一网打尽，苏哈托也曾有幸入围富豪榜，竟然高居第四位，财富之多令人咋舌。在印尼的重要权力机构中，苏哈托安插了众多亲属和亲信。多名子女和儿媳是国会议员，长女曾担任国家社会事务部长，二女婿长期担任陆军战略后备部队司令。专业集团党的贪污腐败、裙带政权导致民怨沸腾，葬送了政权。统治中国台湾地区长达50年之久的“百年老店”中国国民党在2000年选举中遭遇惨败，宣告了国民党一党单独连续执政时代的终结。严重的腐败是国民党失败的重要原因。国民党在历史上没有留下什么好名声，败退到台湾后国民党的腐化状况不但没有改善，反而进一步恶化。特别是李登辉任内大搞“黑金政

① 王长江、姜跃：《世界执政党兴衰史鉴》，中共中央党校出版社2005年版，第181—182页。

治”，官场贪渎、工程弊案如雪球般遍地滚，贿选成为台湾的选举文化，党营事业更是成为国民党贪污腐败的祸根。台湾民众对“黑金政治”厌恶至极，对国民党失望透顶，民进党也在竞选中将国民党腐败问题作为攻击重点。可以说，“百年老店”的崩塌是民众对国民党廉耻荡然、腐败老朽做出的必然选择。

历史忠实地记载着每一个国家、社会、民族及个人走过的足迹，蕴含着丰富的涉及成败得失、兴衰安危、廉贪义利、荣辱正邪等方面的经验教训，是后来者实现更好发展的现成教科书、促人警惕的清醒剂和谆谆教导的老师。我们党和国家的性质宗旨同封建王朝、农民起义军和国外政党有着本质区别，不可简单类比，但以史为鉴可以知兴替。对历史经验，要本着择其善者而从之、其不善者而去之的科学态度，牢记历史经验，吸取历史教训，为深入推进反腐败斗争提供有益借鉴。习近平指出：“在历史的长河中，那些帝国的崩溃、王朝的覆灭、执政党的下台，无不与其当权者作风不正、腐败盛行、丧失人心有关。”[①] 人民群众最痛恨消极腐败现象，腐败是执政党面临的最大威胁。在长期执政的背景下，我们党面临的执政环境的复杂性和严峻性，执政考验、改革开放考验、市场经济考验、外部环境考验的长期性和复杂性，精神懈怠危险、能力不足危险、脱离群众危险、消极腐败危险的长期性和复杂性，都决定了反腐败形势依然严峻复杂。因此，保持战略定力，有效防范消极腐败现象侵蚀党的健康肌体，是党必须长期面对的重大课题。我们要从历史中汲取营养，借鉴我国历史上反腐败的宝贵遗产，借鉴世界其他国家反腐败的有益做法，特别要倍加珍惜我们党在党风廉政建设和反腐败斗争长期实践中积累的成功经验，下最大气力解决好腐败问题，推动全面从严治党向纵深发展，确保党始终同人民心连心、同呼吸、共命运。

---

① 习近平：《之江新语》，浙江人民出版社 2007 年版，第 258 页。

二 深入推进反腐败斗争是对政党执政规律的科学把握

20 世纪 80 年代以来，世界上一些大党、老党因为腐败先后失去政权，有的甚至走向衰亡。这些政党既有马克思主义政党，也有同宗异途的其他工人阶级政党，还有西方资产阶级政党。这说明，这些政党兴衰成败背后蕴含着共性的东西。集中到一点，就是它们执政不合格，严重违背了执政规律，失去了民众的信任和支持。如此看来，一个政党对执政规律的把握与否关系着该党的兴衰存亡。无论什么性质的政党，也无论政党在历史上曾经取得过多么辉煌的成就，只要不按执政规律办事，都逃脱不了丧失执政地位的命运。因此，任何有志于在政治舞台上有所作为的政党都必须科学认识执政规律，正确把握执政规律，自觉遵守执政规律，完成政党的历史使命。

规律是物质运动过程中客观存在的本质联系和必然趋势。规律由客观条件、主客体及其他相关因素构成，是诸多因素相互联系、相互作用的结果。规律亦称法则，表明这种互动的、内在的本质联系是客观的，不以人的意志为转移，只要条件存在，规律总会以铁的必然性起着作用。同样，政党执政规律也是一种客观存在和客观要求，它与政党获取、行使和控制权力紧密相关，集中反映政党政治本质和发展必然性，是政党在政治活动中必须遵循的法则。政党是民主政治的产物，是由具有共同理念、遵守共同纪律约束、代表特定阶级、阶层或群体利益的政治中坚分子为了夺取或巩固政权而组成的政治组织。显然，政党的政治目标和显著特征就是参与政治、夺取和巩固政治权力，那么，政党执政本质上就是代表部分或者全体民众对公共权力进行掌控和运用，进而实现社会治理和社会发展的目标。因此，执政党的所有活动都是围绕政治权力展开，包括权力的获得、权力的实施、权力的监督、权力的分配等。政党无论是进行利益表达、利益综合，还是进行政治录用、政治社会化，都要服从和服务于这个政治目标。据此，我们从马克思主义建党学说、中国共产党执政正反两方面经验、世界社会主义运动实践、国外政党执政经验教训中，可以形成对政党执政规律的基本认识。

执政党必须始终防范来自权力的腐蚀。权力具有天然的腐蚀性。德国历史学家弗里德里希有警醒名言："腐败是附着在权力上的咒语，哪里有权力，哪里就有腐败的存在。"[①] 腐败是执政的大敌。执政党掌握着公共权力，但是公共权力的非公共运用会削弱其对公共权力的控制。这是因为，权力实际上是人们在选择以力量对比和力量制约方式作为实现和维护自己利益要求的过程中，聚集形成的一种力量。这种力量是在特定的力量对比关系中，政治权力主体拥有的对其他社会和政治力量以及其他政治权力客体的制约力量。政治权力及其运行，实际上是人们基于共同利益的公共性而选择的一种实现方式和机制，即以政治力量的强制和约束来实现和维护社会公共利益。[②] 正如恩格斯所说的那样，"政治权力不过是用来实现经济利益的手段"。执政党作为民众控制公共权力的工具，对公共权力的构成和运作施加全面影响。当然，公共权力是执政党用来兑现对民众的承诺、为民众谋取福利、增进民众福祉、推动经济社会发展的，绝不能用来为一党谋取私利。但是，在一党长期执政的条件下，由于执政党控制着绝大多数资源，政党之间的力量平衡容易被打破，特别是其他政党无法对执政党继续进行有效监督和制约，权力的失衡出现并发展，从而使执政党在治国理政的过程中有可能利用行政权来控制立法权和司法权。同时，由于地位相对稳定，权力越发巩

① 姜跃：《政治合法性与执政党的自身建设》，《理论学刊》2003 年第 4 期。

② 王浦劬：《政治学基础》，北京大学出版社 2018 年版，第 81、86 页。

固，执政党的外在压力变小，自律动力不足，本来政党就对监督和制约较为排斥，在一党长期执政情况下，这种趋势越发明显，即使存在来自各方面的监督，这些监督在某些重要环节上也是低效或无效的。不受制约和监督的权力必然出现任性空间和真空地带，极易滋生腐败。无数事实已经证明，如果执政党不能科学运用权力，有效防止权力的腐蚀，那么，无论它的地位看似多么固若金汤，都可能被其他政党取而代之，甚至在一党制条件下，也摆脱不了这种命运。从这个意义上说，为政清廉才能取信于民，秉公用权才能赢得人心。任何执政党都必须加强对权力的监督与制约，严厉惩治腐败。

执政党必须高度重视并处理好党群关系。“水则载舟，水则覆舟。”对于在野的选举型政党来说，处理好党群关系是成为执政党的唯一途径；对于执政党来说，处理好党群关系亦是扩大执政资源、巩固执政地位、争取更长久执政的不二法宝。党群关系，本质上就是政党与社会的关系。具体来说，党群关系存在于政党与利益集团、政党与公共舆论、政党与人民群众、政党与自治型组织的错综复杂的网络关系中。在现代西方政党政治中，政党与利益集团密不可分，甚至后者成为前者的后援组织，是政党赢得选票的有力武器。今天，几乎所有政党都在学习如何与媒体打交道，从而掌握公共舆论的动向。有的政党成立调查研究机构，制造对本党有利的民意调查，从而达到自己生产舆论、引导舆论的目的。政党与普通公民的关系是最重要的党群关系，几乎政党都要求党员与人民群众打成一片，因为没有民众的支持，政党是无法上台执政的，即使成为执政党，如果不能继续得到民众的拥护也会从政坛上跌落下来。自治型组织的大量出现，一定程度上对政党的利益表达、利益综合、政治录用、政治社会化等功能造成极大冲击，政党只能通过这些自治型组织联系相应的民众，同时通过适当方式来影响自治型组织，以应对“政党衰落”对政党发展造成的困惑。[①] 腐败对党群关系的伤害最大。对于任何政党而言，处理好党群关系都是永恒的考题。腐败失去民心，失去民心必然垮台，这是一条铁律。

三　深入推进反腐败斗争是提高政党认同的必然要求

在西方政治学中，政党认同是研究公众政治行为的核心理念。简单说，政党认同是民众对某一政党的心理认同、拥护支持和自觉服从，表现为民众对某一政党的忠诚和归属。一种稳固的政党认同需要较长时间的积累，一旦形成则保持相对稳定，虽然由于受众多因素影响也会发生变化，但变化过程一般是比较缓慢的。政党认同是一个政党正常运转的前提和基础。没有了政党认同，任何政党的行为都会成为无源之水、无本之木，这样的政党也不会有持久的生命力。从马克思主义政党的角度来看，政党认同直接影响着执政党的执政基础和社会基础，决定着执政方略的实施和执政目标的实现。因此，探索政党认同基本规律，不仅有助于深化对西方政党政治的理解，而且对执政党掌握政党执政规律、加强自身建设具有积极意义。

在现代民主政治中，政党有三种类型，分别是组织中的政党、选民中的政党和政府中的政党。政党认同对于不同政治体制、不同政党制度、不同类型政党的影响形式有所不同，然而这些影响相互联系、相互渗透，在本质上是一致的。对于组织中的政党来说，政党认同本质上就是政党成员对于所在组织的忠诚度，而这种忠诚度“来源于组织代表了组成人员的利益，并最大限度整合了内部和外部

① 祝灵君：《一致与冲突》，人民出版社 2006 年版，第 36—40 页。

的利益差距”①，决定了政党的政治领导力、思想引领力、群众组织力、社会号召力，是政党的生命所在、力量所系，是政党能否赢得选举和能否取得良好政绩的内在保证。对于选民中的政党而言，政党认同决定着选举结果，是选民投票倾向的直接体现，是政党能否上台执政的“通行证”，也是新组政府的合法性来源。在长期选举实践中，选民形成政党认同，即投票时以政党划线，只要认可某个政党维护自己的利益，就将选票投给这个政党提名的候选人，这表明选民真正在意的是政党而不是具体候选人。只要选择了政党，候选人是谁反而没有那么重要，这样选举结构就呈现出明显的政党结构特征，久而久之形成投票的政党认同路径依赖特性。在政党认同的框架下，“认同提供了做出投票决定的捷径——一个‘长期不变的决定’”②。也就是说，每逢大选时，选民投出手中的一票并不是一件很难抉择的事情，按照政党路线投票的原则做出取舍就能够解决问题。因此，认同民主党政策和理念的选民将会毫不犹豫地把手中的选票投给参选的民主党候选人，而认同共和党政策和理念的选民则很自然地将选票投给参选的共和党候选人。做出这种选择时，他们可能没有意识到做出这种决定是早已形成的政党认同在起作用。对于政府中的政党来说，政党认同本质上是执政党的执政实践，尤其是施政绩效能否赢得民众的正面评价，即增强执政合法性和非权力性权威，它既是下次选举选民投票的依据，又为政党发展壮大营造良好环境。

越来越多的经验教训证明，腐败是导致政党认同降低的重要因素。任何政党，尤其是执政党，如果不能清醒认识并正确对待权力，而且放纵腐败现象滋生蔓延，那就很难逃脱被民众抛弃的命运。腐败把公共权力用于私人目的，脱离了公共权力为民众谋利益的前提，

---

① 王庆兵：《发展中国家政党认同比较研究》，中国经济出版社 2007 年版，第 36 页。

② ［美］迈克尔·罗斯金、罗伯特·科德、詹姆斯·梅代罗斯、沃尔特·琼斯：《政治科学》，华夏出版社 2001 年版，第 243 页。

自然得不到人民的认可。首先，腐败导致政党衰败。政党是一个具有共同理想信念和价值追求的政治组织。正是信仰的力量将志同道合的阶级先进分子吸引、凝聚到一起，为了共同的奋斗目标而进行政治活动。从这个意义上讲，政党应该是组织和主义的结合体，组织是政党的“肉体”，主义是政党的“灵魂”。然而，当整个社会奢靡之风弥漫、贪污腐败盛行时，政党组织的成员就会放弃政治目标，竞相追逐私利，出现政治蜕变、经济贪婪、生活腐化，政党就会失去精神和灵魂，沦为自私自利者的松散联盟，甚至形成既得利益集团。因为腐败，政党内部纪律松弛、组织涣散、争权夺利、派系林立，权力运行无法按照既有的规范和要求进行，反而潜规则大行其道，政党逐步失去吸引力、凝聚力和战斗力，最后变成一盘散沙。[①]因为腐败，党员对政党的忠诚随之降低，这就必然导致党员人数减少，政党危机出现。本来政党在政治生活中履行着政治录用的重要职能，通过有组织的活动，把符合政党能力要求、具有共同价值观念的社会精英吸纳到党内，储存起来，等到选举时把他们作为本党的候选人推荐给选民。但是，对于一个因腐败而声名狼藉的政党，除了投机分子和动机不纯之人，理论上很难吸引到优秀人才。随着政党认同的下降，优秀人才大量流失，执政党极有可能在与其他政党的竞争中处于不利地位，甚至失去执政地位，被竞争对手取代而逐渐衰败甚至消失。苏共垮台给我们的重要教训之一，就是一个因腐败而丧失灵魂的政党就失去了存在和发展的根本，苏联人民为苏共举行平静的“葬礼”就是政党认同彻底丧失的最好宣示。其次，腐败降低执政绩效。政党认同在执政党治国理政中具有极为重要的作用，甚至可以说是完成执政目标的根本保证。有学者认为，民众的心理认同决定了政治体系的权威性输出的认可和服从程度，换言之，执政党制定的政策、发出的指令能否取得预期效果很大程度上

① 陈方勐：《转型社会中的中国共产党》，中央编译出版社 2010 年版，第 239—240 页。

由本国公民的政党认同决定。“缴纳税款，遵守法律，愿意在战争中做出牺牲，这在很大程度上同全体人民或某些集团中通行的感情、价值观和其他态度有很大关系。”① 执政党制定的政策如果能够得到民众的理解和认同，那么，不需做很多的动员和宣传，政策就能得到很好的贯彻执行。即使国家遭遇严重困难和重大挑战时，甚至其中有些问题是由于执政党的失误造成的，但只要执政党真正以人民为中心，勇于为了人民坚持正确的、纠正错误的，人民群众也会心甘情愿与执政党一起风雨同舟、患难与共、共渡难关。相反，腐败就像一堵无形的墙把政党和民众隔开，把民众推向对立面，使政党失去根基、失去血脉、失去力量。对于一个贪污腐败的执政党，它所推出的政策能得到民众的普遍认同和全力配合吗？执政党能取得令人信服的执政业绩吗？美国学者希尔斯曼的解释则很有说服力地回答了上述问题，“即使在行政系统，总统制定政策也不能仅仅依靠他们自己发号施令就能使政策得以贯彻执行。他们必须取得他人的合作和支持，获得某些人的赞同，另一些人的默许，还有一些人的热心帮助”②。这充分说明了掌握权力是施政的前提，但是执政绩效的优劣却是由民众的支持与否决定的。最后，在政党政治中，选民投出的选票为政党认同做出权威评判。腐化堕落的政党必然衰败，政党衰败导致执政能力低下，进而引发民怨载道，降低政党认同，削弱政党的竞争力，政党认同危机不断发展的结果就是选民最终将执政党抛弃而将选票投给其他政党。

政党认同对于实现全面建成社会主义现代化强国的第二个百年奋斗目标、实现中华民族伟大复兴的中国梦，具有重要意义。首先，政党认同是党长期执政的现实要求。在内忧外患、危机深重的背景

---

① ［美］加布里埃尔·A. 阿尔蒙德等：《比较政治学：体系、过程和政策》，曹沛霖译，上海译文出版社 1987 年版，第 414 页。

② ［美］希尔斯曼：《美国是如何治理的》，曹大鹏译，商务印书馆 1986 年版，第 23 页。

下，中国共产党主动肩负起实现中华民族伟大复兴的初心使命，团结带领中国人民浴血奋战、百折不挠，自力更生、奋发图强，解放思想、锐意进取，自信自强、守正创新，取得了人类社会发展史上惊天动地的发展奇迹，谱写了中华民族几千年历史上最壮丽的篇章。中国共产党百年奋斗的光辉历程，再次雄辩地向世界庄严宣告，中国共产党成为执政党并将在世界上最大的发展中国家中长期执政，这是历史的选择、人民的选择。只有得到人民的认同与支持，我们党才能长期执政。人民的认同也意味着党可以利用的执政资源的增加，意味着党能够游刃有余地使用各种执政资源，更好地为人民掌好权、执好政。我们党的执政地位，是通过领导广大人民顺应历史发展潮流，推翻旧制度、建立新制度而取得的；又是在广大人民群众的支持和拥护下长期执政的。广大人民群众的衷心拥护和全力支持，是党执政的强大社会政治基础，是党的力量源泉，更是我们党宝贵的执政资源。党的执政地位并非与生俱来，也不是一劳永逸的。"得民心者得天下。"如果失去人民群众的衷心拥护和全力支持这一最宝贵的执政资源，党执政的合法性就会丧失，执政地位就会动摇。所以，在实现中华民族伟大复兴的新征程上，走好新的赶考之路，必须不断提高政党认同，依靠人民群众的拥护和支持，更好地完成肩负的历史使命。其次，政党认同是降低执政成本的现实条件。在政治实践中，每个执政党都必须考虑执政成本。一个忽视执政成本的政党很难取得理想的执政绩效，最终也难以逃脱被民众抛弃的命运。一个政党为实现自己的执政目标而付出的全部人力、物力、财力，都属于执政成本。倾听群众呼声，广泛收集民意，准确反映群众要求，进行利益表达，需要支付成本；把群众意见和要求通过分析综合进行利益整合，需要支付成本；通过政治录用把精英人才吸引到党内来，储备人才，向政权机关推荐人才，需要支付成本；动员舆论，宣传教育民众，动员民众为实现执政党提出的目标而奋斗，当然也需要支付成本。既然执政必须付出成本，毫无疑问成本越低，效益就越高，同时也意味着执政绩效越优。政党认同提高，党在执行路线方针政策时遇到的阻力就会很小，进展就会比较顺利。我们党从成立之初起，就把自己定位在代表民意、引导民意、实现民意的政治组织上。在长期艰苦卓绝的奋斗中，党用行动证明自己确实是全心全意为人民服务的政党，因而在人民群众中享有崇高的威望。这种政党认同，无疑大大降低了党的执政成本。最后，政党认同顺应了市场经济和民主政治发展的现实选择。随着社会主义市场经济和民主政治的不断发展，人们的民主意识、自主意识在不断增强，利益诉求、政治参与意识以及实现自我价值的愿望也在与日俱增。① 这就要求执政党必须健全总揽全局、协调各方的领导制度体系，尊重民意、汇集民智、凝聚民力、改善民生，使治国理政全部工作顺应时代潮流、符合发展规律、体现人民愿望，巩固党执政的阶级基础，厚植党执政的群众基础，与腐败现象做坚决斗争，严厉惩治贪官污吏，特别是着力防范脱离群众的危险，实现长治久安。

深入推进反腐败斗争，不断清除身上的“病毒”，这是提高政党认同的必然要求。我们党代表人民执掌政权，党的全部活动都是为了维护好、实现好、发展好最广大人民群众的根本利益，而一切腐败行为都会损害人民群众的利益，是与党的性质和宗旨格格不入的。腐败现象是侵入党和国家机关健康肌体的病毒，如果任其发展下去，就会严重腐蚀党的干部队伍，削弱党的战斗力，危害党群关系，最终危及党的执政地位。大量事实告诉我们，作为执政党，经济搞不好会垮台；经济搞上去了，如果腐败现象泛滥，贪污贿赂横行，严重脱离群众，丧失人心，同样也会垮台。根本原因就在于，腐败现象侵害人民群众的利益，使他们对政党失去信任和信心，也使政党认同丧失殆尽。一言以蔽之，腐败是使政党认同降低的毒瘤。

---

① 姜卫平：《论执政党的非权力性权威》，《唯实》2006 年第 2 期。

我们党以零容忍态度反腐败，说到底，就是为了在新形势下巩固和加强党同人民群众的联系，提高人民群众的政党认同，真正赢得人民的心、守住人民的心，使我们党更好地完成肩负的时代使命。人民群众最深恶痛绝腐败现象，腐败是我们党巩固执政基础的最大威胁。坚定不移推进党风廉政建设和反腐败斗争，代表了最广大人民的意志，是我们党有信心、有力量的表现，这将有力地提高党在人民群众心中的威望。

四 深入推进反腐败斗争是推进党的自我革命的迫切要求

自我革命精神是党永葆青春活力的强大支撑。① 推进自我革命是加强党的建设的永恒课题。勇于自我革命是我们党最鲜明品格和最大优势，也是我们党区别于其他政党的显著标志。党的伟大不在于不犯错误，而在于从不讳疾忌医，积极开展评判和自我批评，敢于直面问题，勇于自我革命。② 党的十八大以来，习近平总书记多次强调，要发扬勇于自我革命精神，将党的自我革命进行到底，着力解决好“其兴也勃焉，其亡也忽焉”的历史性课题，走好长期执政条件下的赶考之路，增强党“自我净化、自我完善、自我革新、自我提高”的能力，并且在中央政治局第十五次集体学习时对自我革命这个重大命题进行了科学系统阐释，形成了新时代自我革命理论创新最新成果，为加强新时代党的建设，继续推进党的自我革命，确保党永葆旺盛生命力和强大战斗力、始终成为坚强领导核心指明了

---

① 《中国共产党第十九届中央委员会第六次全体会议文件汇编》，人民出版社2021年版，第100页。

② 《中国共产党第十九届中央委员会第六次全体会议文件汇编》，人民出版社2021年版，第101页。

努力方向，提供了根本遵循。

推进党的自我革命，就是要在不断增强“自我净化、自我完善、自我革新、自我提高”能力上下功夫。“自我净化、自我完善、自我革新、自我提高”是中国共产党勇于自我革命的生动实践和具体体现，也是使我们党永葆先进性和纯洁性的制胜法宝和内在动力。“自我净化、自我完善、自我革新、自我提高”是一个紧密联系、相辅相成、辩证统一、有破有立的有机整体。自我净化，就是先解决好“总开关”问题，提高政治免疫力，同时过滤杂质、清除毒素、割除毒瘤，对痼疾顽症下猛药，对有扩散风险的病灶动刀子，不断纯洁党的队伍，永葆党的肌体健康，永葆清正廉洁政治本色。自我完善，就是着眼于提升党的长期执政能力、保持党的先进性和纯洁性，着力固根基、扬优势、补短板、强弱项，加强源头防范、治理苗头隐患、发现露头就打，堵塞制度漏洞，构建完备、规范、有效的制度体系，把中国特色社会主义制度优势更好转化为国家治理效能，确保人民赋予的权力更好地为人民服务。[①] 自我革新，就是勇于创新，敢于变革，永不停滞，永不僵化，冲破思想观念的束缚，克服体制机制的弊端，突破利益固化的藩篱，跳出条条框框的限制，防止形成既得利益集团，坚定不移推进党风廉政建设和反腐败斗争，特别要铲除腐败滋生土壤，营造风清气正的政治生态，确保党不变质、不变色、不变味。自我提高，就是要增强学习本领，在善于学习、勇于实践的氛围中建设学习型政党和学习大国，既要依靠学习走向未来，又能在实践中不断提高政治判断力、政治领悟力、政治执行力，推进国家治理体系和治理能力现代化。一言以蔽之，“自我净化、自我完善、自我革新、自我提高”与我们党以党的自我革命推动党领导人民进行的社会革命的伟大实践相统一，在实践探索中我们党实现了“依靠自身力量直面问题、修正错误、深化改革、不断

① 《〈中共中央关于坚持和完善中国特色社会主义制度、推进国家治理体系和治理能力现代化若干重大问题的决定〉辅导读本》，人民出版社 2019 年版，第 5 页。

提升党的长期执政能力的良性循环”①。

勇于并善于自我革命，是不忘初心和牢记使命，始终保持党的先进性和纯洁性的必然要求。中国共产党自诞生之日起就把初心和使命镌刻在自己的旗帜上，集中体现了党的性质宗旨、理想信念、奋斗目标，是激励中国共产党人不断前进的根本动力。我们党之所以能够从仅有50多名党员的小党发展壮大成为拥有9600多万名党员、490多万个基层组织、领导着14亿多人口大国、具有重大全球影响力的世界第一大执政党，团结带领人民历经千难万险，攻克无数难关险隘，不断从胜利走向胜利，取得了革命、建设和改革的巨大成功，在一个积贫积弱的国度创造了无数彪炳史册的人间奇迹，根本原因就在于我们党在任何时候、任何情况下都能始终初心不改、矢志不渝，以永不懈怠的精神状态和义无反顾的战斗姿态朝着这个目标奋勇前进，始终赢得人民群众的拥护和支持。需要指出的是，如果忘记党的初心使命，就会改变党的性质、党的颜色的基因和底色，就会失去人民的信任和拥护，就会弱化党的阶级基础和群众根基。在自我革命问题上，应坚持“宜将剩勇追穷寇，不可沽名学霸王”的坚韧和执着。因为我们党虽然已经走过一百多年光辉历程，在中华大地上历史性地解决了绝对贫困问题，正在向第二个百年奋斗目标迈进，但是相比过去，在长期执政条件下，我们党面临的执政环境更为严峻复杂，影响党的先进性和纯洁性的风险挑战日益增加，动摇党的执政根基的“四大考验”更加突出。初心易得，始终难守，要始终做到不忘初心、牢记使命、勇于担当，并不是一件容易的事，必须大力弘扬自我革命精神。习近平总书记指出：“不忘初心、牢记使命，说到底是要解决党内存在的违背初心和使命的各种问题，关键是要有正视问题的自觉和刀刃向内的勇气。”② 要不断推

① 《党的自我革命思想继承和发展了马克思主义建党学说——访中国社会科学出版社社长赵剑英教授》，《马克思主义研究》2019年第10期。

② 《习近平谈治国理政》第3卷，外文出版社2020年版，第532页。

进自我革命，始终怀有居安思危的忧患意识，要始终做到从严治吏、防腐戒奢，要始终做到合乎潮流、顺应民意，真正做到与人民休戚与共、生死相依，守住人民的心，永远把人民对美好生活的向往作为奋斗目标，从根本上回答好、解决好始终走在时代前列、永葆先进性和纯洁性、得到人民衷心拥护、实现长期执政这个根本性问题。

党的自我革命理论是建立在马克思主义科学理论基础之上的。马克思主义经典作家虽然没有提出“自我革命”概念，也没有形成系统完备的无产阶级政党自我革命思想，但是马克思主义建党学说中蕴含了这方面的丰富内容，为我们党形成自我革命理论奠定了理论基础。习近平总书记在十九届中央政治局第十五次集体学习时指出：“我们党继承和发展马克思主义建党学说，形成了关于党的自我革命的丰富思想成果。”[①] 这一重要论断，指明了党的自我革命理论的理论来源。马克思恩格斯的理论贡献主要体现在：第一，为无产阶级政党自我革命提供了哲学方法论指导。马克思指出：“辩证法在对现存事物的肯定的理解中同时包含对现存事物的否定的理解，即对现存事物的必然灭亡的理解；辩证法对每一种既成的形式都是从不断的运动中，因而也是从它的暂时性方面去理解；辩证法不崇拜任何东西，按其本质来说，它是批判的革命的。”[②] 唯物辩证法的精髓是以自我否定、自我扬弃来实现自我发展，这是我们党推进自我革命的哲学基础。第二，指出无产阶级政党要经常开展批评与自我批评，承认自身错误，总结经验教训，推动革命运动持续向前发展。马克思恩格斯在创立无产阶级政党时，就特别重视并反复强调运用批评与自我批评这个锐利武器。马克思在《法兰西内战》中总结巴黎公社历史经验时指出：“公社可不像一切旧政府那样自诩决不会犯错误。它把自己的所言所行一律公布出来，把自己的一切缺点都让

---

① 《习近平谈治国理政》第 3 卷，外文出版社 2020 年版，第 532 页。
② 《马克思恩格斯选集》第 2 卷，人民出版社 2012 年版，第 94 页。

公众知道。”① 恩格斯指出，能不能进行自我批评是无产阶级政党区别于其他政党的重要特征。为了批驳德国社民党内的机会主义思潮，彻底肃清拉萨尔主义的影响，恩格斯坚决主张要把批评公开化，并于1891年1月将马克思15年前完成的《哥达纲领批判》发表。随后在给考茨基的信中，他断言：“担心这封信会给敌人提供武器，证明是没有根据的……一个能给自己奉送这种东西的党该具有多么大的内在力量呵！”② 他还自豪地说：“哪里还有另外一个政党敢于这样做呢？”③ 第三，强调共产党是以科学理论武装起来的工人阶级先锋队，必须加强党的思想理论建设，批判和清除各种非无产阶级思想，捍卫无产阶级政党的科学世界观，保证党的纯洁性。马克思恩格斯在给德国党领导人的《通告信》中谈到吸收非无产阶级出身的人参加党的问题时指出，这些人参加无产阶级政党必须对无产阶级运动有益处，而且首先“要求他们不要把资产阶级、小资产阶级等等的偏见的任何残余带进来，而要无条件地掌握无产阶级世界观”④。第四，阐述了正确开展党内斗争的原则。马克思恩格斯总结各国经验，得出一个结论，就是党内斗争是不可避免的。恩格斯在一封信中指出：“看来任何大国的工人政党，只有在内部斗争中才能发展起来，这是符合一般辩证发展规律的。”⑤ 还批判了党内厌烦斗争而追求无原则团结的错误思想倾向，强调“无产阶级的发展，无论在什么地方总是在内部斗争中实现的。而现在第一次建立工人政党的法国也不例外。在德国，我们已经走过了这种内部斗争（同拉萨尔派）的第一阶段，其他阶段还摆在我们面前。在可能团结一致的时候，团结一致是好的，但还有高于团结一致的东西。谁要是像马克思和我那样，一生中对冒牌社会主义者所作的斗争比对其他任何人所作

---

① 《马克思恩格斯选集》第3卷，人民出版社2012年版，第109页。
② 《马克思恩格斯全集》第38卷，人民出版社1972年版，第36页。
③ 《马克思恩格斯全集》第38卷，人民出版社1972年版，第36页。
④ 《马克思恩格斯选集》第3卷，人民出版社1995年版，第685页。
⑤ 《马克思恩格斯选集》第4卷，人民出版社1995年版，第651页。

的斗争都多（……），那他对爆发不可避免的斗争也就不会感到十分烦恼了”①。第五，强调无产阶级政党必须实行严格的纪律。马克思恩格斯严厉批评巴枯宁等人的支部自治等错误观点，强调党内必须有集中和纪律，否则导致组织涣散。马克思在致恩格斯的一封信中指出：“我们现在必须绝对保持党的纪律，否则将一事无成。”② 遵守党的纪律，就必须少数服从多数，全体成员必须遵守代表大会的决议，要对违反纪律的党员给予纪律处分，直至开除党籍。

列宁在领导第一个社会主义国家的伟大实践中，创造性地运用马克思主义建党学说原理，积极探索无产阶级执政党建设规律，提出了进行党的自我革命的一系列基本原则。第一，强调要提高党员质量，纯洁党的队伍。列宁告诫全党：“我们应当努力把党员的称号和作用提高，提高，再提高。”③ 对于党员标准，列宁有很高的要求，他指出：“徒有虚名的党员，就是白给，我们也不要。”④ “宁要好梨一个，不要烂梨一筐。”⑤ “世界上只有我们这样的执政党，即革命工人阶级的党，才不追求党员数量的增加，而注意党员质量的提高和清洗‘混进党里来的人’。”⑥ 列宁特别重视纯洁党的队伍，他认为：“以健康的有力的先进阶级作为依靠的执政党，要善于清洗自己的队伍。”⑦ 为此，列宁提出一系列具体措施，包括严格入党条件和入党手续，对新党员规定预备期，加强对党员的思想教育，清洗不合格党员等。1921 年开始的清党，约有 17 万党员被清除出党，占当时党员总数的 25% 左右。虽然党员人数减少，但是党组织得到净化，战斗力有很大提升。第二，要求党要始终同群众保持密切联系。列

① 《马克思恩格斯选集》第 4 卷，人民出版社 1995 年版，第 653 页。
② 《马克思恩格斯全集》第 29 卷，人民出版社 1972 年版，第 413 页。
③ 《列宁全集》第 7 卷，人民出版社 1986 年版，第 272 页。
④ 《列宁选集》第 4 卷，人民出版社 1995 年版，第 51 页。
⑤ 《列宁全集》第 34 卷，人民出版社 1985 年版，第 129 页。
⑥ 《列宁选集》第 4 卷，人民出版社 1995 年版，第 51 页。
⑦ 《列宁全集》第 37 卷，人民出版社 2017 年版，第 26 页。

宁清醒地意识到，由于执政地位的变化，党脱离群众的危险比过去增大了，“对于一个人数不多的共产党来说，对于一个作为工人阶级的先锋队来领导一个大国在暂时没有得到较先进国家的直接援助的情况下向社会主义过渡的共产党来说，最严重的最可怕的危险之一，就是脱离群众”①。他认为，布尔什维克党之所以能取得革命胜利并保持政权，就在于得到了人民群众的拥护，如果没有人民群众的支持，党不要说能够保持政权两年半，就是两个半月也做不到。第三，提出要防止骄傲自大，勇于进行自我批评。列宁指出，公开进行自我批评，不仅不会降低党的威信，反而能更加提高党在群众中的威信，“无产阶级不怕承认它在革命过程中哪些事情做得非常好，哪些事情没有做好。过去所有灭亡了的革命政党之所以灭亡，就是因为他们骄傲自大，看不到自己力量的所在，也怕说出自己的弱点。而我们不会灭亡的，因为我们不怕说出自己的弱点，并且能够学会克服弱点”②。“公开承认错误，揭露犯错误的原因，分析产生错误的环境，仔细讨论改正错误的方法——这才是一个郑重的党的标志。”③第四，坚决反对官僚主义。列宁强调，执政党党员要同各种官僚主义现象做斗争，他指出：“我们所有经济机关的一切工作中最大的毛病就是官僚主义。共产党员成了官僚主义者。如果说有什么东西会把我们毁掉的话，那就是这个。”④ 第五，严厉打击腐败行为，通过反腐败斗争进行党的自我革命。列宁警告全党，“只要有贪污受贿这种现象，只要有贪污受贿的可能，就谈不上政治”⑤。在全党开展刀刃向内的自我革命，开展反腐败斗争，严惩腐败分子，特别是“对共产党员的惩办应比非党人员加倍严厉，这同样是起码常识”⑥。第

① 《列宁选集》第 4 卷，人民出版社 2012 年版，第 626 页。
② 《列宁全集》第 43 卷，人民出版社 1987 年版，第 115 页。
③ 《列宁全集》第 39 卷，人民出版社 2017 年版，第 37 页。
④ 《列宁全集》第 35 卷，人民出版社 1963 年版，第 552 页。
⑤ 《列宁全集》第 42 卷，人民出版社 1987 年版，第 200 页。
⑥ 《列宁全集》第 42 卷，人民出版社 1987 年版，第 426 页。

六，严肃党的纪律，把纪律建设作为自我革命的重要保障。列宁指出，“无产阶级实现无条件集中和极严格的纪律，是战胜资产阶级的基本条件之一”[①]，并将“严格遵守党的纪律”写入俄共（布）八大党章，把党员置于纪律的严格监督之下。正如列宁所言，在苏联布尔什维克党重视自我革命时，就保持了强大生命力，也保持了国家的强盛；相反，就出现亡党亡国结局。

从严治党永远在路上，自我革命也永远在路上。新时代党的自我革命任重而道远，绝不能有停一停、歇一歇的想法。“越是长期执政，越不能忘记党的初心使命，越不能丧失自我革命的精神。”[②]中国共产党之所以能够带领人民进行伟大的社会革命，也勇于进行伟大的自我革命，敢于对自己清除毒素、施药动刀、割除毒瘤，就是因为我们党代表最广大人民的根本利益，始终把人民利益摆在至高无上的地位，这是我们党勇于进行自我革命的动力和底气。心底无私天地宽。不谋私利才能坚持党的性质和宗旨，顺应民心、尊重民意、关注民情、致力民生，不断实现人民对美好生活的向往；才能勇于直面问题，不断检视自己，不掩饰缺点、不文过饰非；才能经常清扫思想“灰尘”，校正思想偏差，对作风之弊、行为之垢进行大排查、大检修、大扫除，增强抵御各种“疾病”的免疫力；才能刀刃向内、真刀真枪，坚决清除一切侵蚀党的健康肌体的病毒和病变。党的自我革命要求必须站稳人民立场，坚持以人民为中心，让人民做自我革命的评判人。“时代是出卷人，我们是答卷人，人民是阅卷人。”任何思想不纯、组织不纯、作风不纯以及贪污腐败等问题，无论怎么掩饰和伪装，都逃不过人民群众的眼睛。党员、干部宗旨意识树立得是否牢固、问题解决得是否到位、自我革命进行得是否彻底，所有这些都要由群众来评价、

---

① 《列宁选集》第 4 卷，人民出版社 2012 年版，第 135 页。

② 《习近平谈治国理政》第 3 卷，外文出版社 2020 年版，第 529 页。

由实践来检验。

深入推进党风廉政建设和反腐败斗争是党的自我革命的题中应有之义，必须加强对权力运行的监督和制约，深化标本兼治，确保党和国家长治久安。人民群众反对什么、痛恨什么，我们就要坚决防范和纠正什么。腐败是我们党面临的最大威胁，对党同人民群众的血肉联系最具杀伤力。人民群众最痛恨各种消极腐败现象、最痛恨各种特权现象，我们就要下最大气力解决好消极腐败问题，永葆无产阶级政党清正廉洁政治本色，始终得到人民衷心拥护。习近平总书记强调："人民把权力交给我们，我们就必须以身许党许国、报党报国，该做的事就要做，该得罪的人就得得罪。不得罪腐败分子，就必然会辜负党、得罪人民。是怕得罪成百上千的腐败分子，还是怕得罪十三亿人民？不得罪成百上千的腐败分子，就要得罪十三亿人民。这是一笔再明白不过的政治账、人心向背的账！"[①] 任何政治力量的前途和命运最终取决于人心向背。这就是我们党强调全党要经受住"四大考验"、防止"四种危险"的目的所在，也是党中央以零容忍态度惩治腐败的出发点和落脚点所在。历史已经反复证明，如果任由消极腐败现象滋生蔓延，任何执政党迟早都会失去执政资格，不可避免被历史淘汰。要深刻领会"两个确立"的决定性意义，增强"四个意识"、坚定"四个自信"、做到"两个维护"，始终牢记"国之大者"，以自我革命的勇气和担当，持之以恒正风肃纪，把"严"的主基调长期坚持下去，巩固拓展中央八项规定精神成果，一体推进不敢腐、不能腐、不想腐，持续深化反腐败斗争压倒性胜利。

---

① 中共中央文献研究室：《习近平关于全面从严治党论述摘编》，中央文献出版社 2016 年版，第 185—186 页。

五　习近平总书记关于反腐败斗争重要论述是党的创新理论重要组成部分

习近平新时代中国特色社会主义思想是当代中国马克思主义、二十一世纪马克思主义，是中华文化和中国精神的时代精华，实现了马克思主义中国化时代化新的飞跃，是我们在前进道路上不断夺取新胜利的指南针、定盘星。在这一博大精深的科学体系中，习近平总书记关于反腐败斗争的重要论述是其中特点鲜明、备受关注、影响深远的部分。

习近平总书记关于反腐败斗争的重要论述是党和人民从严管党治党实践经验和集体智慧的结晶，是习近平总书记躬身实践、深邃思考、不断探索的成果。这些重要论述充分体现了习近平总书记作为马克思主义政治家、思想家的深刻洞察、战略远见、理论创见和忧患意识，充分反映了新时代全面从严治党、深入推进反腐败斗争的大思路、大战略、大智慧。这些重要论述秉持“老祖宗不能丢”的坚定信仰，继承发扬我们党在党风廉政建设和反腐败斗争长期实践中积累的成功经验，借鉴世界上一些国家和政党演变的惨痛教训，彰显出对马克思主义的执着追求，闪耀着马克思主义真理的光芒；这些重要论述又讲出“新篇章”，发扬了与时俱进的理论品格，提出了一系列新思想新论断新要求，以全新的视野深化了对共产党执政规律的认识，丰富发展了马克思主义建党学说，开辟了管党治党新境界。

习近平总书记在长期的政治实践中，根据马克思主义建党学说的基本原理，不断总结党风廉政建设和反腐败斗争的做法经验，使之上升为理性认识，逐步产生和形成了具有中国特色的反腐败理论——习近平总书记关于反腐败斗争的重要论述。习近平总书记关于反腐败斗争重要论述的形成，与中国特色社会主义发展和党的建设新的伟大工程推进相联系，既有主观条件，又有客观条件，是主观条件和客观条件的正确结合，既一脉相承又与时俱进的重大理论创新成果。河北、福建、浙江、上海是习近平同志曾经工作过的地方，是习近平总书记关于反腐败斗争重要论述的重要萌发地，是这一重要论述在局部范围的先行探索，为当代中国马克思主义、二十一世纪马克思主义的孕育和诞生提供了丰富的地方素材和实践经验。习近平总书记立足不同时期反腐败斗争的实际，着眼于解决群众反映强烈的突出问题，抓权力约束、抓制度规范、抓贯彻落实，始终坚定不移、一以贯之地加以推进。

旗帜鲜明讲政治，从严治党，坚决反腐，狠抓作风，整顿纪律，是习近平同志一以贯之的态度。在正定工作期间，习近平同志高度重视党风问题，他指出："执政党的党风问题是关乎党的生死存亡问题……党风的好坏，决定人心的向背；人心的向背，不但决定着社会主义建设的命运，也决定着党的命运。"[①] 党风不纯对党的事业危害极大，"我们必须向党内各种不正之风和腐化现象作斗争，以捍卫党的纯洁性"[②]。针对有的干部利用职权搞特权、谋私利、走后门、拉关系等作风不纯现象，习近平同志提出彻底纠正不正之风、查处违法乱纪、整顿政治纪律，[③] 最根本的一条是抓好党性、党纪和党的根本宗旨教育，这是釜底抽薪的办法、治本的办法，是从根本上杜绝不正之风的措施。[④] 正定县委在习近平同志的提议下出台了《关于改进领导作风的几项规定》，从六个方面要求正定干部转变衙门作风，抓大事、干实事，明确提出要以身作则，不搞不正之风。严于律己，清正廉明，不以权谋私，不搞特殊化。要求一般干部和广大群众做

① 习近平：《知之深爱之切》，河北人民出版社 2015 年版，第 22 页。
② 习近平：《知之深爱之切》，河北人民出版社 2015 年版，第 23 页。
③ 习近平：《知之深爱之切》，河北人民出版社 2015 年版，第 21—22 页。
④ 习近平：《知之深爱之切》，河北人民出版社 2015 年版，第 207 页。

到的，领导干部要首先做到。对各种不正之风，要坚持原则，敢问、敢顶、敢管，敢于碰硬。[①] 习近平同志把党的政治建设和组织建设摆到非常重要位置。他强调，选拔任用干部要严格把好“政治关”，选任干部首先要看其政治表现，[②] 要求各级领导干部“在思想和政治上与党中央保持高度一致，决不能背道而驰、阳奉阴违”[③]，“不准搞不正之风，不准拉帮结伙，不准搞非组织活动”[④]，“政治品质不好，有才也不能重用”[⑤]。只有通过群众路线挑选干部，使推荐上来的干部能真正体现群众的意愿，“打破部门、行业的界限，不拘一格，唯‘德才’是举”，才能“防止任人唯亲、嫉贤妒能，才能避免压抑人才和选不准”[⑥]。针对有的干部信念动摇、阳奉阴违、我行我素、违反纪律等党纪松弛现象，习近平同志强调“要把抓政治纪律放在纪检工作的首位”[⑦]，要求各级党组织、每一个党员都“必须同党中央保持政治上的一致”，“谁违反这一点，谁就要受到党的纪律处分”[⑧]。习近平同志对权力的腐蚀性保持高度警惕，要求共产党人“必须把党和人民的利益放在第一位，把人民给我们的权力用于为人民服务”[⑨]，“绝不允许为了个人私利而滥用人民交给的权力”[⑩]。习近平同志要求党员干部在大是大非面前态度要明朗，弘扬正气，“对好人好事要敢于表扬，在歪风邪气面前要敢于扶正祛邪”[⑪]。抓“牛鼻子”是习近平同志一以贯之坚持的重要方法论。在正定工作时，

---

① 李忠志、曹阳葵：《习近平在正定工作期间坚持群众路线纪实》，《河北日报》2013 年 8 月 27 日第 1 版。

② 习近平：《知之深爱之切》，河北人民出版社 2015 年版，第 92 页。

③ 习近平：《知之深爱之切》，河北人民出版社 2015 年版，第 94 页。

④ 习近平：《知之深爱之切》，河北人民出版社 2015 年版，第 95 页。

⑤ 习近平：《知之深爱之切》，河北人民出版社 2015 年版，第 92 页。

⑥ 习近平：《知之深爱之切》，河北人民出版社 2015 年版，第 93—94 页。

⑦ 习近平：《知之深爱之切》，河北人民出版社 2015 年版，第 94 页。

⑧ 习近平：《知之深爱之切》，河北人民出版社 2015 年版，第 94 页。

⑨ 习近平：《知之深爱之切》，河北人民出版社 2015 年版，第 23 页。

⑩ 习近平：《知之深爱之切》，河北人民出版社 2015 年版，第 27 页。

⑪ 习近平：《知之深爱之切》，河北人民出版社 2015 年版，第 1 页。

习近平同志认为，各项工作要抓出成效，就必须抓住领导干部这个“关键少数”，“从人抓起”“关键在人”，抓住领导干部这个“关键少数”，就等于抓住了“牛鼻子”。习近平同志要求领导干部带头学好党章，“带头提高共产主义觉悟，增强党性，带头按照新党章和中央有关文件的要求，对照检查自己，主动自觉地把自身的不正之风打扫干净”[①]。要求“各级党委的一、二把手亲自抓”，“首先强调的是党委的一二把手亲自抓”，“只有书记带头、决心大、自身清、敢于抓、不怕难、敢碰硬，才能带动党委班子重视；只有党委重视，才能实现党委抓党风”[②]。

在福建工作期间，习近平同志始终强调从严管党治党，持续推进党风廉政建设和反腐败斗争。习近平同志对反腐败工作有了更深入的思考，并且在实践中取得积极成效。他对腐败现状有着清醒的认识，在肯定大多数党员干部讲奉献、立党为公的同时，坦诚“这些年在一些干部中也滋长了官僚主义、主观主义、形式主义、个人主义和以权谋私等腐败现象，有的甚至发展到相当严重的地步”[③]，“党内一小部分人的腐败问题确实已经到了难以容忍，不惩治不足以平民愤的地步”[④]，痛斥如不严厉惩治“以权捞钱、贪污受贿”“甚至侵占用于教育、扶贫和救灾的物资”和“胆大妄为”“中饱私囊”的腐败行为，“我们何以取信270万闽东人民”[⑤]，我们党的宗旨和社会主义制度的本质决定了绝不能容忍腐败现象的滋生和蔓延，共产党人要肩负起廉政建设的历史使命，否则就会失去民心。习近平同志高度重视保持党同人民群众血肉联系的关系，指出中国共产党人赢得民心，“靠的就是廉洁奉公，全心全意为人民服务”[⑥]。他认为，

---

① 习近平：《知之深爱之切》，河北人民出版社 2015 年版，第 28 页。
② 习近平：《知之深爱之切》，河北人民出版社 2015 年版，第 28—29 页。
③ 习近平：《摆脱贫困》，福建人民出版社 1992 年版，第 16 页。
④ 习近平：《摆脱贫困》，福建人民出版社 1992 年版，第 26 页。
⑤ 习近平：《摆脱贫困》，福建人民出版社 1992 年版，第 27 页。
⑥ 习近平：《摆脱贫困》，福建人民出版社 1992 年版，第 26 页。

政之所兴在顺民心，政之所废在逆民心，失掉民心，就会万劫不复；重铸党与群众的血肉联系，必定会赢得全体人民的同心同德。密切联系群众，最重要的就是“坚持走群众路线，从严治党，为人民办实事”[①]，提出并倡导实施“四下基层”工作制度：信访接待下基层、现场办公下基层、调查研究下基层、宣传党的方针政策下基层。“四下基层”工作制度现已成为科学民主决策的重要保证、畅通民意诉求的便捷通道、服务基层群众的有力抓手、干部成长的重要平台。习近平同志强调内因才是党内腐败现象滋生蔓延的根源，“干部素质低，思想意识不好，不但是产生腐败现象的重要原因之一，也是惩治腐败的障碍之一”[②]。所以，党员和领导干部必须接受马克思主义基本理论教育、社会主义和爱国主义教育、革命传统教育，提高政治站位和思想认识，不断增强廉洁奉公的自我约束力。习近平同志要求建立廉政责任制，各级领导干部首先做到洁身自好，正人先正己，从自己做起，当好表率；严格要求自己的亲属、子女和身边工作人员，用党性作为行为准则，严格执行已经拟定的廉洁自守的规定。[③] 反腐败斗争要坚持正确方法论，“抓住重点，常抓不懈”，把严肃查处干部贪污受贿、以权承包工程、违法违规占地建房等大要案作为惩治腐败突破口的同时，着力抓好查处吃喝请客、送礼、赌博、拖欠占用公款的问题，向深度和广度扩展，反腐败斗争和廉政建设取得重大成果后，继续“巩固战果，勇追穷寇，把惩治腐败的斗争引向深入”，让人民群众看到我们是动真格的，敢碰硬的，是真正要惩治腐败的。[④] 习近平同志强调，反腐败要过好两关——自我关和人情关。对于反腐败涉及自己的好友、同学、亲戚如何处理“人情关”时，他毫不含糊地指出：“是刚正不阿、铁面无私，还是手下

① 习近平：《摆脱贫困》，福建人民出版社 1992 年版，第 17 页。
② 习近平：《摆脱贫困》，福建人民出版社 1992 年版，第 28 页。
③ 习近平：《摆脱贫困》，福建人民出版社 1992 年版，第 30 页。
④ 习近平：《摆脱贫困》，福建人民出版社 1992 年版，第 28—30 页。

留情，大事化小，小事化了？——如果是这样，我们在一个人身上丧失原则，我们就会在千百万人心上失去信任！”[①] 在宁德清查干部违规私建住宅时，针对干部中存在的畏难情绪，他严厉批评，拍案而起：我们是得罪几千名干部，还是得罪几百万群众？[②] 习近平同志延续一贯注重从源头上预防和治理腐败问题的思路，提出从根本上铲除腐败现象赖以生存的温床——滥用权力，把建立一整套系统、全面的制度以制约和监督权力的使用作为杜绝腐败的根本性措施，除了继续坚持和不断完善已实行“两公开一监督”制度，还要广泛接受人民群众的评判监督，这是共产党人有力量的表现，也是践行宗旨的具体表现。[③] 习近平同志在福建工作 17 年半期间，从铁腕清房、出台廉政 12 条，到精简“文山会海”、狠刹公款吃喝玩乐，到率先推进机关效能建设、行政审批改革、政务公开，建设服务型政府……从厦门到宁德，从福州到省委省政府，无论在什么地方什么岗位，习近平同志从严管党治党的决心和行动始终是坚定有力的。[④]

在浙江工作期间，习近平同志就如何加强顶层设计、构建惩治和预防腐败体系进行深入思考，并在探索中取得了实践成果和理论成果，为党的十八大以后在推进反腐败斗争奠定了坚实基础。习近平同志要求探索从源头上预防和惩治腐败的有效途径，构筑适应改革开放和市场经济要求、具有浙江特色、有较强可操作性的防范体系，建立健全思想教育、权力制约、监督管理、法纪约束、测评预警、廉政激励等机制，着重在权力制约、监督管理上下功夫，走出一条预防和治理腐败的新路子。惩治和预防腐败体系要体现教育、制度、监督三者并重、整体推进，通过严格制度规范让其“不能为”，通过强化警示作用使其“不敢为”，通过增强自身“免疫力”

---

① 习近平：《摆脱贫困》，福建人民出版社 1992 年版，第 28 页。

② 华实：《“得罪千百人，不负十三亿”》，《经济日报》2018 年 2 月 20 日第 1 版。

③ 习近平：《摆脱贫困》，福建人民出版社 1992 年版，第 28—29 页。

④ 福建日报采访组：《始终与人民心心相印——习近平同志在福建践行群众路线纪事》，《福建日报》2014 年 10 月 30 日第 1 版。

促其“不想为”[①]。健全行政权力的“退出”和“强化”机制，形成结构合理、配置科学、程序严密、制约有效的公共权力体系，减少权钱交易的机会。[②] 习近平同志指出，对腐败多发领域和重要部位、关键岗位的廉政建设，要完善制度、强化监督，做到关口前移，着眼防范。[③] 他要求领导干部要算好“三笔账”（“经济账”“法纪账”“良心账”），始终坚持“三原则”（利益原则、法纪原则、良知原则），[④] 并带头向全省人民公开做出六项廉政承诺。[⑤] 习近平同志要求加强对领导干部的纪律约束，防止权力失控、行为失范，为廉政建设和反腐败斗争提供有力保障。要求抓基础、抓重点、抓关键、抓执纪、抓龙头、抓治本，把反腐败贯穿于改革发展的全过程，寓于各项重要政策措施之中。[⑥] 进一步规范“三权”（事权、财权、人事权），完善“四中心”（行政服务中心、招投标中心、会计核算中心、经济发展环境投诉中心），从源头上预防和治理腐败问题。[⑦] 强调抓住“关键少数”，要求“越是领导干部，越是主要领导，越要廉洁自律，加强监督，以身作则，当好表率”[⑧]。强调省市县乡领导班子换届是对领导干部党性观念和组织观念的一次重大考验，各级领导干部必须讲党性、强责任、树正风、守纪律，不托人情、不打招呼、不拉庸俗关系，努力形成风清气正的良好环境。习近平同志要求按照党要管党、从严治党的方针，加强党风廉政教育和廉政文

---

① 习近平：《之江新语》，浙江人民出版社 2007 年版，第 70 页。

② 习近平：《干在实处走在前列》，中共中央党校出版社 2006 年版，第 448—449 页。

③ 习近平：《之江新语》，浙江人民出版社 2007 年版，第 68 页。

④ 习近平：《干在实处走在前列》，中共中央党校出版社 2006 年版，第 447 页。

⑤ 即坚决抵制跑官要官；坚决拒收钱物；自觉管住配偶、子女、亲友和身边工作人员，决不以权谋私；带头坚持“两个务必”，始终保持公仆本色；带头遵纪守法，自觉接受监督；严格执行党风廉政建设责任制。

⑥ 习近平：《在省委十一届二次全体（扩大）会议上的报告》，《今日浙江》2003 年第 1 期。

⑦ 习近平：《在省委十一届二次全体（扩大）会议上的报告》，《今日浙江》2003 年第 1 期。

⑧ 习近平：《之江新语》，浙江人民出版社 2007 年版，第 81 页。

化建设，强化党风廉政建设责任制，严格执行领导干部廉洁从政各项规定，严肃查处违法违纪案件，严惩腐败分子，坚决纠正损害群众利益的不正之风。

在上海工作期间，习近平同志对党风廉政建设和反腐败斗争规律认识进一步深化，关于反腐败斗争的论述更加全面系统，从严管党治党思想更加成熟。习近平同志强调，领导干部要算好“三笔账”，坚持“三大原则”，过好“五关”（思想关、权力关、社会关、亲属关和生活关），真正做到讲官德、有原则，对党和人民负责、对自己负责。习近平同志强调反腐败斗争必须综合施治、多管齐下，坚持标本兼治、综合治理、惩防并举、注重预防方针，建立健全教育、制度、监督并重的惩治和预防腐败体系，从教育、制度、监督、惩处、改革五位一体上整体推进，只有这样才能形成反腐败的合力。习近平同志一以贯之坚持把权力关进制度的笼子里的理念，他强调要紧紧抓住正确行使权力这个关键，加大源头治本的改革力度，深化体制改革，推动制度创新，提高权力运行的公开性，努力消除引发权力滥用、权力“寻租”的因素，防止揽权、越权等行为的发生，切实形成用制度管权、管事、管人、管物的体制机制，从源头上铲除腐败现象滋生蔓延的土壤和条件。鉴于监督仍然是一个薄弱环节，失去监督的权力必然出现腐败，他要求切实加强对领导干部的监督，特别是对领导干部八小时以外的监督，拓宽监督渠道，充分发挥人大监督、政府专门机关监督、政协民主监督、司法监督、群众监督、舆论监督的作用。习近平同志强调要加大惩治腐败的力度，保持高压态势，形成不敢腐的威慑，同时也要加强反腐倡廉思想教育，尤其要重视抓好警示教育、法纪教育和廉政文化建设，筑牢拒腐防变的思想道德防线。①

习近平同志到中央工作，特别是担任总书记以来，站在确保党

---

① 缪毅容：《要切实过好“五关” 全面推进反腐倡廉建设》，《解放日报》2007 年 8 月 11 日第 1 版。

长期执政的战略高度，系统总结党的反腐败斗争的丰富经验，形成了习近平总书记关于反腐败斗争的重要论述，成功地解决了在市场经济条件下和两个大局中，建设一个始终走在时代前列、人民衷心拥护、勇于自我革命、经得起各种风浪考验、朝气蓬勃的马克思主义执政党这一极其艰巨的任务，极大地丰富和发展了马克思主义建党学说。习近平总书记关于反腐败斗争的重要论述，许多都可以在河北、福建、浙江、上海等他曾经工作过的地方找到它们的缘起和影子，既一脉相承，又与时俱进。党的十八大后出台的一系列从严管党治党、正风肃纪、惩贪治腐的制度规定和举措，既是习近平同志坚持从严治党理念的生动体现，也是习近平同志从严治党理念的新发展。

习近平总书记关于反腐败斗争重要论述的特色和贡献：一是强调坚持党的全面领导。旗帜鲜明提出，党的领导是党和国家的根本所在、命脉所在，是全国各族人民的利益所系、命运所系。党的领导是全面的、系统的、整体的，保证党的团结统一是党的生命；党中央集中统一领导是党的领导的最高原则，加强和维护党中央集中统一领导是全党共同的政治责任，坚持党的领导首先要旗帜鲜明讲政治，保证全党服从中央。增强“四个意识”、坚定“四个自信”、做到“两个维护”。要求党的领导干部提高政治判断力、政治领悟力、政治执行力，胸怀“国之大者”，对党忠诚、听党指挥、为党尽责。健全党的领导制度体系，确保党在各种组织中发挥领导作用。坚持民主集中制，建立健全党对重大工作的领导体制，强化党中央决策议事协调机构职能作用，完善推动党中央重大决策落实机制，严格执行向党中央请示报告制度，确保充分发挥党始终总揽全局、协调各方的领导核心作用。坚持党的全面领导，是反腐败斗争取得压倒性胜利并全面巩固的根本保证。二是坚定理想信念，牢记党的宗旨，挺起共产党人的精神脊梁，解决好世界观、人生观、价值观这个“总开关”问题，时刻想着为党分忧、为国奉献、为民造福。

三是坚持无禁区、全覆盖、零容忍，坚持重遏制、强高压、长震慑，坚持受贿行贿一起查，坚持有案必查、有腐必惩、有贪必肃、有逃必追、除恶务尽，不定指标、上不封顶，没有免罪的“丹书铁券”，也没有“铁帽子王”，以猛药去疴、重典治乱的决心，以刮骨疗毒、壮士断腕的勇气，坚定不移“打虎”“拍蝇”“猎狐”。四是把权力关进制度的笼子里，加强对权力运行的制约和监督，依纪依法设定权力、规范权力、制约权力、监督权力，保证权力不被滥用。坚持不敢腐、不能腐、不想腐一体推进，惩治震慑、制度约束、提高觉悟一体发力，确保党和人民赋予的权力始终用来为人民谋幸福。五是抓住“关键少数”，用刚性制度管住一把手，保证一把手正确用权、谨慎用权、干净用权，位高不能擅权，权重不能谋私，坚决反对和防止个人或少数人专断。要求领导干部强化带头意识，自觉接受监督，坚持“三严三实”。六是严明党的纪律，严格遵守政治纪律和政治规矩，严肃党内政治生活，发展积极健康的党内政治文化，推动营造风清气正的良好政治生态。七是坚持小切口、大突破，出台中央八项规定，持之以恒整治“四风”，坚决反对特权思想和特权现象，着力解决人民群众反映强烈、对党的执政基础威胁最大的突出问题，推进基层减负，倡导勤俭节约、反对铺张浪费，刹住了一些过去被认为不可能刹住的歪风，纠治了一些多年未除的顽瘴痼疾。八是善于运用法治思维和法治方式惩治腐败，加强反腐败国家立法，加强党风廉政建设和反腐败党内法规制度建设，让法律制度刚性运行。九是完善党和国家监督体系，推动设立国家监察委员会和地方各级监察委员会，构建巡视巡察上下联动格局，构建以党内监督为主导、各类监督贯通协调的机制，加强对权力运行的制约和监督。用好巡视反腐“利剑”，发挥巡视威慑作用，创新巡视形式，完善工作机制，拓展巡视监督内容，加强“回头看”，巩固和深化政治巡视，增强巡视工作针对性和实效性，切实运用好巡视成果。十是坚决整治群众身边腐败问题，深入开展国际追逃追赃，清除一切腐败分子。聚焦政治问题和经济问题交织的腐败案件，防止党内形成利益集团。在世界社会主义发展史上，提出如此系统、严密、完整、彻底的反腐败斗争思想，并将其贯彻到全面从严治党全过程各方面，这是前所未有的。它从理论和实践相结合、历史和现实相贯通、国际和国内相关联、党内和党外相融汇的宏阔视野，科学地解答了马克思主义执政党长期执政面临的一系列重大问题：如何始终保持党同人民群众的血肉联系；如何使权力不被腐化；如何始终不忘初心、牢记使命，保持党的先进性、纯洁性等，从而极大深化了对共产党执政规律的认识。

第二章　深入推进反腐败斗争的时代背景

问题是时代的声音。纵观人类社会发展历史，一切社会进步无不是在破解时代问题中实现的。腐败是世界各国普遍面临的社会问题，无论发达国家，还是发展中国家都曾经或正在为腐败问题所困扰。惩治腐败犯罪，寻求反腐良方，已经成为世界各国共同关注的话题。我们党将腐败视为执政的最大威胁，始终坚持坚决反对腐败、建设廉洁政治的鲜明政治立场。新时代深入推进反腐败斗争，必须立足我国发展新的历史方位，提高政治站位，放眼世界大势，树立历史眼光，强化理论思维，坚持问题导向，以更宽广的视野、更长远的眼光来思考和把握反腐败斗争的理论和实践问题，在迅速变化的时代中赢得主动，巩固发展反腐败斗争压倒性胜利。

一　新时代

党的十九大庄严宣告："经过长期努力，中国特色社会主义进入了新时代。"这一重大政治判断，是我们党在科学把握世情国情党情的基础上作出的一项事关全局的重大战略判断。

党的十八大以来，我们党把握时代大趋势，回答实践新要求，顺应人民新期望,[①] 统筹中华民族伟大复兴战略全局和世界百年未有之大变局，统筹推进“五位一体”总体布局、协调推进“四个全面”战略布局，党和国家事业取得历史性成就、发生历史性变革，为实现中华民族伟大复兴提供了更为完善的制度保证、更为坚实的物质基础、更为主动的精神力量。[②] 新时代我国社会主要矛盾由人民日益增长的物质文化需要同落后的社会生产之间的矛盾转化为人民日益增长的美好生活需要和不平衡不充分的发展之间的矛盾。社会主要矛盾的变化是关系全局的历史性变化，揭示了影响和制约我国经济社会发展的症结所在，反映了党和国家事业发展的重点所在。需要指出的是，我们既要认识到并牢牢把握我国社会主要矛盾的“变”，还要看到并牢牢立足我们党对一些重大问题的判断并“没有变”。具体来说，就是我国社会主义初级阶段的基本国情和最大实际没有变，我国是世界上最大的发展中国家的国际地位没有变。“变”和“没有变”是辩证统一的，这是我们在新时代坚定自觉地开创美好未来的前提和基础。在新时代正确看待和坚持这两个“没有变”，最根本的就是既要增强历史耐力，立足社会主义初级阶段这个基本国情，又要保持战略定力，全面贯彻党的基本理论、基本路线、基本方略并保持其稳定性、延续性。

中国特色社会主义进入新时代，在中华人民共和国发展史上、中华民族发展史上和世界社会主义发展史上、人类社会发展史上都具有重大意义。首先，近代以来，由于西方列强的入侵，由于封建统治的腐败，中国陷入黑暗境地，中华民族遭受前所未有的苦难。面对苦难，无数仁人志士不甘忍受命运的摆布，英勇顽强地进行抗争，进行各种各样的尝试，但是所有努力都没有改变旧中国半殖民

① 习近平：《决胜全面建成小康社会　夺取新时代中国特色社会主义伟大胜利——在中国共产党第十九次全国代表大会上的报告》，人民出版社 2017 年版，第 8 页。

② 习近平：《在庆祝中国共产党成立 100 周年大会上的讲话》，人民出版社 2021 年版，第 7 页。

地半封建社会的性质和中国人民的悲惨命运。中国共产党成立后，就肩负起伟大的历史使命，带领人民进行28年浴血奋战，建立了中华人民共和国，完成了新民主主义革命。经过70多年的艰苦奋斗，中国共产党团结带领中国人民创造了社会主义革命和建设的伟大成就、改革开放和社会主义现代化建设的伟大成就、中国特色社会主义的伟大成就，书写了中国历史上最恢宏的史诗，中华民族迎来了从站起来、富起来到强起来的伟大飞跃，实现中华民族伟大复兴进入了不可逆转的历史进程。[①] 其次，20世纪80年代以来，我们党经历了苏联解体、东欧剧变带来的冲击和挑战，始终坚持走中国特色社会主义道路，确保中国经济发展、政治稳定、文化繁荣、社会和谐、生态良好、民族团结，创造出彪炳史册的人间奇迹，在世界上重振了人们对社会主义的信心，以实际行动挽救和捍卫了世界社会主义。邓小平同志曾指出："只要中国社会主义不倒，社会主义在世界将始终站得住。"[②] 中国特色社会主义在世界上独树一帜，对引领和塑造、振兴和发展21世纪世界社会主义做出了独特贡献，向世人昭示：我们坚持的中国特色社会主义是科学社会主义而不是其他什么主义，既不走封闭僵化的老路，也不走改旗易帜的邪路。沿着这样一条正确发展道路，到21世纪中叶我国将全面建成社会主义现代化强国，基本实现全体人民共同富裕。我们有理由相信，中国特色社会主义必将是振兴21世纪世界社会主义的中流砥柱，使科学社会主义在中国乃至全世界焕发出强大生机活力。再次，社会主义制度建立以后，中国共产党面临着如何建设社会主义的任务和挑战。中国共产党人从苏联在社会主义建设中出现的失误和存在的问题中得到了有益的警示，吸取他们的教训，不盲目照搬所谓的苏联社会主义模式，而是独立思考按照中国的情况办事，领导社会主义建设。

---

① 习近平：《在庆祝中国共产党成立100周年大会上的讲话》，人民出版社2021年版，第7页。

② 《邓小平文选》第3卷，人民出版社1993年版，第346页。

从1956年到1976年，毛泽东同志对中国社会主义建设道路进行了长达20年的艰辛探索，在社会主义建设和社会主义国家如何实现现代化等许多重要问题上提出了有价值的思想和观点。必须认识到，在当时的情况下，我们党没有任何成功的经验可供借鉴，也无法从马克思主义经典作家那里找到现成的方案。因为马克思主义创始人对于什么是社会主义、怎样建设社会主义只是提出了一般性的设想和基本原则，至于在社会主义制度框架下能否以及如何实现现代化，则基本上没有涉及。虽然俄国十月革命胜利后，社会主义在苏联从理论变成了实践，成为一种现实的社会制度，而且苏联取得了社会主义建设的巨大成就，以至于在很长一段时间里，世人将社会主义看成只有苏联式社会主义一种模式，这种状况在中国实行改革开放后才逐步改变。中国共产党领导中国人民进行改革开放新的伟大革命，成功地开辟了中国特色社会主义道路，形成了中国特色社会主义理论，坚持和完善了中国特色社会主义制度，推动中国特色社会主义事业实现了伟大飞跃，使中国大踏步赶上时代。党的十八大以来，习近平总书记对关系新时代党和国家事业发展的一系列重大理论和实践问题进行了深邃思考和科学判断，就新时代坚持和发展什么样的中国特色社会主义、怎样坚持和发展中国特色社会主义，建设什么样的社会主义现代化强国、怎样建设社会主义现代化强国，建设什么样的长期执政的马克思主义政党、怎样建设长期执政的马克思主义政党等重大时代课题，提出了一系列原创性的治国理政新理念新思想新战略①，形成了习近平新时代中国特色社会主义思想，将科学社会主义基本原则由雏形和不成熟状态变成了具有强大生命力的实践创造。在新时代，社会主义在中国呈现出勃勃生机和活力，

① 《中共中央关于党的百年奋斗重大成就和历史经验的决议》，人民出版社2021年版，第25—26页。

中华民族正以崭新姿态屹立于世界的东方。[①] 由此，越来越多的国家将目光投向中国，试图解读中国经济稳健、政治清明、社会稳定背后的制度密码，中国特色社会主义全面彰显出比资本主义更广泛的制度优势。中国特色社会主义制度建设，既没有可供延续套用的制度母版、模板，也没有对其他国家的制度模式进行再版、翻版，却为社会主义社会如何更好地进行现代社会治理积累了丰富经验，为发展21世纪世界社会主义进行了宝贵实践探索。邓小平同志指出："我们的制度将一天天完善起来，它将吸收我们可以从世界各国吸收的进步因素，成为世界上最好的制度。"[②] 随着新时代中国特色社会主义制度越来越成熟定型，我们有理由相信，新时代中国特色社会主义制度是当代世界最具优势的制度模式，不仅能够为实现建成社会主义现代化强国的第二个百年奋斗目标和实现中华民族伟大复兴的中国梦提供制度保障，而且能够不断扩大中国模式的说服力、影响力、感召力，对世界社会主义发展产生更加广泛和深远的影响。[③]

今天，我们实现了从"赶上时代"到"引领时代"的伟大跨越。我们党要肩负起新时代的历史使命，走好新时代的"长征路"，引领中国特色社会主义的巨轮破浪前行驶向民族复兴的光辉彼岸。我们党在领导人民进行伟大社会革命的过程中开创了中国特色社会主义，也必将在伟大社会革命中继续坚持和发展中国特色社会主义，昭示科学社会主义的鲜活生命力，展现中国人民气吞山河的伟大力量。回望党的百年历程，我们党通过不断推进党的伟大自我革命、不断深化党的建设新的伟大工程，我们党才能始终走在时代前列、得到人民衷心拥护、保持蓬勃朝气，才能领导人民不断取得社会革

① 习近平：《决胜全面建成小康社会　夺取新时代中国特色社会主义伟大胜利——在中国共产党第十九次全国代表大会上的报告》，人民出版社2017年版，第10页。

② 《邓小平文选》第2卷，人民出版社1994年版，第337页。

③ 姜卫平、蒋岩桦：《新时代中国特色社会主义对世界社会主义的重大贡献》，《党建研究》2018年第12期。

命的胜利。在新时代，我们党比历史上任何时期都更接近、更有能力实现中华民族伟大复兴，同时也面临着前所未有的风险挑战，这就决定了必须一以贯之推进党的建设新的伟大工程，让自身始终过硬，始终走在时代前列，始终是全国人民和中华民族的主心骨，始终是党和国家事业的坚强领导核心。为此，我们要时刻保持清醒，深刻懂得我们这样一个百年大党，能打败我们的只有我们自己，必须始终做到居安思危、保持励精图治的精神状态，始终做到节俭内敛、敬终如始，始终做到严以治吏、防腐戒奢，始终做到顺乎潮流、顺应民心。我们要以自我革命的政治勇气，发扬壮士断腕的精神，敢于直面问题，勇于修正错误，毫不动摇把党建设得更加坚强有力，确保世界第一大党永葆青春、充满活力和保持强大战斗力，继续书写中国特色社会主义新篇章。

二　全面从严治党

全面从严治党是协调推进“四个全面”战略布局的重要保障，也是“四个全面”战略布局的重要组成部分，是党的十八大以来以习近平同志为核心的党中央做出的重大战略部署，是深入推进党的建设新的伟大工程实践探索的重大成果。党要管党、从严治党是党的建设的一贯要求和根本方针。百余年来，我们党接续推进党的建设“伟大的工程”和“新的伟大工程”，实现了从“从严治党”到“全面从严治党”的历史跨越。从一定意义上说，中国共产党的百年征程，就是一部紧密联系又与时俱进的从严管党、治党、建党的历史。

从严治党的思想和理念体现在党的各个历史时期和党的建设的各个方面。作为具体表述，党的十四大通过的党章第一次将“坚持从严治党”写进总纲。2000 年 1 月 14 日，江泽民同志在十五届中央纪委四次全会上指出：“党的性质、党在国家和社会生活中所处的地位、党肩负的历史使命，要求我们治国必先治党，治党务必从严。”“从严治党，是我们党的优良传统和宝贵经验，也是我们党的一贯方针。坚定不移地贯彻好这个方针，是保持党的先进性和纯洁性，增强党的凝聚力和战斗力的重要保证。”① 2009 年 9 月 18 日，党的十七届四中全会通过的《关于加强和改进新形势下党的建设若干重大问题的决定》，科学总结了我们党执政 60 年来加强自身建设的六条基本经验，其中第六条就是“坚持党要管党、从严治党，提高管党治党水平”。2011 年 7 月 1 日，胡锦涛同志在庆祝中国共产党成立 90 周年大会上强调，“执政考验、改革开放考验、市场经济考验、外部环境考验是长期的、复杂的、严峻的。精神懈怠的危险，能力不足的危险，脱离群众的危险，消极腐败的危险，更尖锐地摆在全党面前，落实党要管党、从严治党的任务比以往任何时候都更为繁重、更为紧迫”②。党的十八大报告强调要坚持党要管党、从严治党，全面加强党的思想建设、组织建设、作风建设、反腐倡廉建设、制度建设，增强自我净化、自我完善、自我革新、自我提高能力。③

在党的十八大闭幕后的中外记者见面会上，习近平总书记明确表明了新一届党中央全面从严治党的决心、信心、恒心，强调“打铁还需自身硬。我们的责任，就是同全党同志一道，坚持党要管党、从严治党，切实解决自身存在的突出问题，切实改进工作作风，密切联系群众，使我们党始终成为中国特色社会主义事业的坚强领导核心”④。“‘打铁还需自身硬’是我们党的庄严承诺，全面从严治党是我们立下的军令状。”⑤ 为了从小切口实现大突破，将从严治党的要求进行细化和具体化，2012 年 12 月 4 日，中共中央政治局会议审

---

① 《江泽民文选》第 2 卷，人民出版社 2006 年版，第 496 页。

② 《胡锦涛文选》第 3 卷，人民出版社 2016 年版，第 528 页。

③ 《胡锦涛文选》第 3 卷，人民出版社 2016 年版，第 653 页。

④ 《习近平谈治国理政》第 1 卷，外文出版社 2018 年版，第 4 页。

⑤ 习近平：《在第十八届中央纪律检查委员会第六次全体会议上的讲话》，《人民日报》2016 年 5 月 3 日第 2 版。

议通过中央政治局关于改进工作作风、密切联系群众的八项规定，既是中央政治局为自己立的规矩，也是给全党立的规矩。2014 年 10 月 8 日，习近平总书记在党的群众路线教育实践活动总结大会上强调："历史使命越光荣，奋斗目标越宏伟，执政环境越复杂，我们就越要增强忧患意识，越要从严治党，做到'为之于未有，治之于未乱'，使我们党永远立于不败之地。"[①] 并从八个方面对新形势下坚持从严治党做出部署和安排。2014 年 12 月，习近平总书记在江苏调研时明确提出"全面从严治党"，强调"全面从严治党是推进党的建设新的伟大工程的必然要求"，并将"全面从严治党"与全面建成小康社会、全面深化改革、全面依法治国并提，要求"协调推进全面建成小康社会、全面深化改革、全面推进依法治国、全面从严治党，推动改革开放和社会主义现代化建设迈上新台阶"[②]。这是习近平总书记第一次，也是我们党历史上第一次提出"全面从严治党"这个概念，同时也是第一次把"三个全面"上升为"四个全面"。2015 年 2 月 2 日，习近平总书记在省部级主要领导干部学习贯彻十八届四中全会精神全面推进依法治国专题研讨班开班式上，首次把"四个全面"上升为战略布局，并将全面从严治党作为实现全面建成小康社会战略目标的重要战略举措纳入"四个全面"战略布局，要求做到"四个全面"相辅相成、相互促进、相得益彰。从"四个全面"的思想脉络和实践探索中，可以清晰地看到，习近平总书记提出"四个全面"时，不是作为一般性问题来讲的，而是作为党在新的历史条件下治国理政方略和实现中华民族伟大复兴中国梦的重要保障来谋划和部署的。正如习近平总书记所指出的，"四个全面"战略布局是从我国发展现实需要中得出来的，是从人民群众的热切期

① 习近平：《在党的群众路线教育实践活动总结大会上的讲话》，《人民日报》2014 年 10 月 9 日第 2 版。

② 《主动把握和积极适应经济发展新常态推动改革开放和现代化建设迈上新台阶》，《光明日报》2014 年 12 月 15 日第 1 版。

待中得出来的，也是为推动解决我们面临的突出矛盾和问题提出来的。[①] 全面从严治党，要放在“四个全面”战略布局中来把握，要放到推进国家治理体系和治理能力现代化总体进程中去考察，要在实现中华民族伟大复兴的中国梦背景下去认识，要在“四个全面”内在逻辑关系中去深化。只有将全面从严治党落到实处，“四个全面”才能获得根本支撑和政治保证，第二个百年奋斗目标才能如期实现。[②]

党的十八大以来，在理论和实践的双重探索中，我们党紧盯管党不严、治党不力这个突出问题，不断总结发扬历史上行之有效的好经验好做法，不断深化对管党治党规律的认识，对全面从严管党治党原则、理念和思路做出新概括，集中起来就是做到“六个统一”。经验弥足珍贵，我们要长期坚持、不断深化。[③]

正确理解和全面把握全面从严治党，不仅需要从理论上进行分析和阐释，更需要在实践中探索方法和规律。坚持全面从严治党，源头在党要“治党”。治党是一个政党赖以生存和发展的内在要求。一个政党如果解决不好“治党”难题，肯定难有作为，这是为世界政党发展史所充分证明了的一条“铁律”。苏共拥有 20 万名党员时夺取了政权，拥有 200 万名党员时打败了法西斯侵略者，而拥有近 2000 万名党员时却失去了政权，根本原因就是治党不力，打了败仗。对于我们这样一个拥有 9600 多万名党员、在一个 14 亿多人口大国长期执政的大党，既要应对“四大考验”和“四种危险”，又要应对国内外严峻复杂形势，必须把全面从严治党作为根本性、基础性的战略举措，确保党在新时代坚持和发展中国特色社会主义的历史

---

① 徐隽：《习近平同党外人士共迎新春》，《人民日报》2015 年 2 月 13 日第 1 版。

② 姜卫平：《从严治党是场总体战》，《人民日报》2015 年 4 月 14 日第 5 版。

③ 即坚持思想建党和制度治党相统一，坚持使命引领和问题导向相统一，坚持抓“关键少数”和管“绝大多数”相统一，坚持行使权力和担当责任相统一，坚持严格管理和关心信任相统一，坚持党内监督和群众监督相统一。《全面贯彻落实党的十九大精神以永远在路上的执着把从严治党引向深入》，《人民日报》2018 年 1 月 12 日第 1 版。

进程中始终成为坚强领导核心。

坚持全面从严治党，根本在“全面”。不全面，难免出偏差。治党必须是党的全面系统的自我净化、自我完善、自我革新、自我提高，是党的建设各领域改革和改进的联动和集成，在治党目标上形成总体效应、取得总体效果，致力打赢总体战。首先，要做到对象全覆盖。要对所有党员严格要求、严格管理、严格监督，绝不允许有“铁帽子王”，特别要抓住领导干部这个“关键少数”。其次，要做到领域全覆盖。要对党的政治建设、思想建设、组织建设、作风建设、纪律建设五大领域从严设计、从严要求、从严推进、从严考核，并把制度建设贯穿其中，深入推进党风廉政建设和反腐败斗争，不断提高党的建设质量。最后，要做到责任全覆盖。要落实党委主体责任，特别是党委（党组）书记第一责任人的责任。

坚持全面从严治党，关键在“从严”。天下事必成于严。纵观世界各国政党，运用严格纪律来约束党员行动、保持党内团结、增强竞争力，是通行做法。一些政党设立“党鞭”，督导同党议员执行党的意志，确保党的团结一致。英国工党规定，如果工党议员使党的名誉受到损害，党的领袖有权把他们开除出党。德国社民党在党内设立了检查委员会和仲裁委员会两个监督机构，并在党章中规定了“调查和确认程序”和“党纪审理程序”。我们党是一个胸怀天下、兼容并蓄、海纳百川的政党，借鉴其他政党的治党经验，要把从严治党抓出成效，坚持零容忍的态度不变、猛药去疴的决心不减、刮骨疗毒的勇气不泄、严厉惩处的尺度不松，持续保持遏制腐败高压态势，让人民群众看得见、享受得到全面从严治党、推进党风廉政建设和反腐败斗争的成果，不断增强对党的信心、信任和信赖。[①]

反腐败斗争是全面从严治党的重要组成部分。全面从严治党永

---

① 姜卫平：《从严治党是场总体战》，《人民日报》2015 年 4 月 14 日第 5 版。

远在路上，反腐败也永远在路上。党风廉政建设和反腐败斗争是一场输不起的斗争，必须决战决胜。

三 社会转型

社会转型是一个社会学意义上的概念。学界对于社会转型下过各种各样的定义，总体来看，社会学家们都认为社会转型是指社会从传统型社会向现代型社会的过渡过程。社会转型有广义与狭义之分。广义的社会转型是指人类社会从一种标志性社会形态到另一种标志性社会形态的明显转型；狭义的社会转型是指在社会形态转变的过程中，社会生活的丰富内容发生较大甚至较为剧烈的变化。[①] 我们在狭义的意义上使用社会转型概念，即指改革开放以来，特别是20世纪90年代以来我国社会生活的丰富内容发生较大甚至较为剧烈的变化。它包含两个维度：一是从传统农业社会向现代工业社会转变；二是由传统计划经济体制向社会主义市场经济体制转变。

1978年召开的党的十一届三中全会开启了改革开放的进程，同时也揭开了中国40多年社会变迁和转型的序幕，对中国的经济、政治、社会等各方面都产生了广泛而深远的影响。20世纪90年代以来，中国社会转型进入新阶段。社会转型的速度、烈度、深度和广度前所未有，身处其中的各种人群都已感受到社会转型带来的强烈震撼。不管我们承认与否，一个与20世纪80年代有着很大不同的新社会已经出现在我们的生活中，正在重塑着社会生活的新框架和基本特征。在错综复杂的历史背景和社会剧烈变革的现实条件下，中国共产党的治国理政面临着前所未有的挑战和考验。

---

① 袁聚录：《社会转型视阈内的中国民主文化转型》，《长白学刊》2009年第1期。

中国社会转型进入新阶段，社会出现新的演变趋势，这与下面几个重要背景因素有密切的关系。[①] 第一，从社会必需品时代到耐用消费品时代的转型。在 20 世纪 90 年代之前，中国处在计划经济体制之下，国家控制生产和分配。尽管社会需求非常旺盛，但是有效供给严重不足，生活必需品和社会服务短缺，生产与消费长期处于严重失衡状态。总体上，人们的消费取决于生产，国家生产多少，人们就消费多少，这种消费关系通过各种供给制被政府牢牢掌控。可以说，以供给制为特征的社会必需品时代压抑了人们的欲望和需求，整个社会呈现同质化。但是，在 20 世纪 90 年代之后，中国开始逐步进入耐用消费品时代。耐用消费品的生产和消费成为主流，生活必需品的生产和消费不再是人们日常生活的主要内容。以恩格尔系数为例，我国城镇居民恩格尔系数在“八五”末期下降到 50% 以下，1999 年下降到 41.9%，2000 年下降到 39.4%，2010 年变为 35.7%，2011 年变为 36.3%，2012 年变为 36.2%。2000 年，农村居民家庭恩格尔系数为 49.1%，2010 年这个数字变成 41.1%，2011 年变成 40.4%，2012 年变成 39.3%。城镇居民和农村居民的恩格尔系数总体趋势都在下降，但是依然保持着一定的差距，这反映了城乡居民的消费方式还有很大的差异，农村居民的生产与城市居民的消费之间的联系依然松散。从城乡居民收入差距来看，2013 年、2015 年、2017 年、2019 年城镇居民家庭人均可支配收入分别为 26467 元、31195 元、36396 元、42359 元，同期农村居民家庭人均可支配收入分别为 9430 元、11422 元、13432 元、16021 元，二者的比例分别为 2.8 : 1，2.7 : 1，2.7 : 1，2.6 : 1。[②] 表面差距维持在 2.7 : 1 左右。中国发展研究基金会发布的《中国发展报告 2013/2014》指出，2013 年中国城乡居民收入比虽然回落至 3.03 : 1，但这样的城乡收入比在世界上也是少有的，超出了绝大多数发展中

① 孙立平：《现代化与社会转型》，北京大学出版社 2005 年版，第 251—258 页。
② 数据来自国家统计局网站。

国家。[1] 城乡二元结构不但没有打破，城乡差距反而被拉大（见图2－1）。

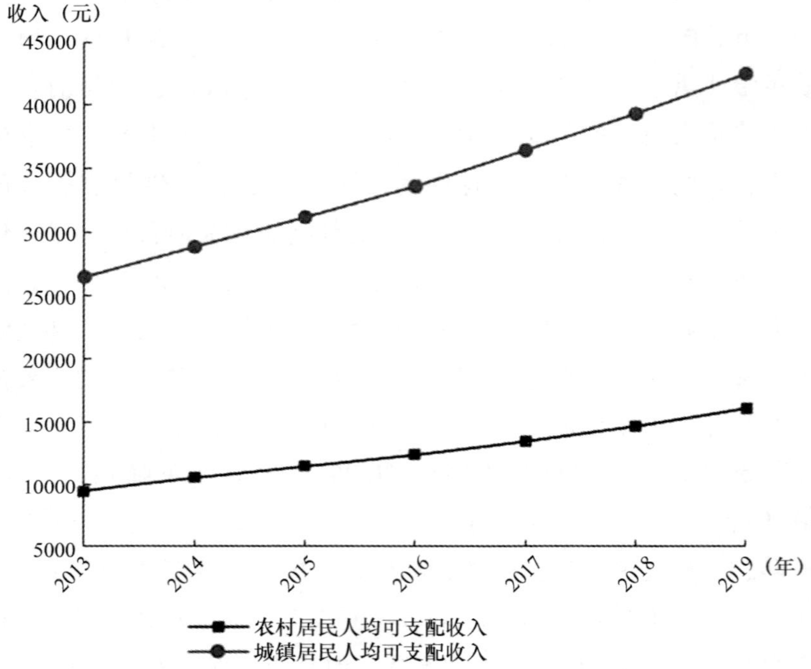

图 2－1　2013—2019 年中国城乡居民收入对比

资料来源：国家统计局网站。

第二，从资源扩散向资源积聚的转变。我国的改革开放首先从社会的边缘部分和底层部分发端，以家庭联产承包责任制为突破口启动的农村经济体制改革和城市经济体制改革是在农村、基层、沿海个别城市和地区向更广范围推进，农民、回城知识青年、刑满释放人员等群体走在了改革的潮头。改革开放初期，这些人成为最早的致富者，但是，其他社会群体利益并未受损，社会中的绝大多数

① 汪苏：《中国发展报告之一》，财新网，2014 年 12 月 18 日，http：//china. caixin. com/2014－12－18/100764539. html。

人都是改革的受益者，整个社会“共同富裕”，出现了财富增长和资源扩散的局面。但是，20世纪80年代末90年代初，随着改革的深入发展，资源分配的扩散模式开始转变为资源积聚。首先，由于存在价格“双轨制”，这就给一些拥有或接近政治权力的人提供了寻租空间。于是，一部分人利用计划内与计划外之间的巨大差价而获得了高额利润，迅速完成原始资本积累，率先富裕起来。其次，在全国各地掀起的“开发热”中，地方政府以极低的价格把土地卖给开发商，开发商又把这些廉价土地多次转手倒卖牟取暴利。时至今日，土地仍然是滋生腐败的一个重要领域，许多官员落马都与此有关。再次，党的十五大以后的国有企业改革由于制度不规范、信息不透明等原因，许多企业领导人与外部人员勾结，大肆侵吞和瓜分国有资产，造成了国有资产大量流失，致使国家财富流入个人腰包。最后，日益蔓延的消极腐败加剧了社会财富向少数人积聚。我们党历来高度重视反腐败斗争，反腐的力度不断加大，但是贪污受贿现象一度蔓延，大要案件频繁发生，过亿元的案件也屡见报道，腐败使大量财富被腐败官员据为己有，给国家造成巨大损失。另外，税制改革使政府的“钱袋子”更加饱满，大城市特别是特大城市成为新增的财政收入的主要流向；金融市场的发展，资产重组与并购，将资金、技术等要素集中到少数企业和个人手中。所有这些，都加剧了社会资源的积聚。①

尽管每个国家在现代化过程中都要经历社会转型的考验，但是，中国的社会转型与西方国家相比有其独特性。亨廷顿曾经提出一个著名观点：“现代性孕育着稳定，而现代化过程却滋生着动乱。”②我国的社会结构、社会组织形式、社会利益格局发生着深刻的变化，

---

① 姜卫平：《社会转型期中国共产党社会整合能力问题研究》，中国社会科学出版社2012年版，第69—70页。

② ［美］塞缪尔·P.亨廷顿：《变化社会中的政治秩序》，生活·读书·新知三联书店1989年版，第39—54页。

人们的思想活动空前活跃，独立性、选择性、多变性和差异性明显增强，社会价值观呈多样化趋势。于是，许多深层次的矛盾和问题逐渐显现，社会矛盾多样化与社会控制力下降之间的矛盾不断激化。中国社会转型的过程、逻辑和机制的特殊性使中国在经受着现代化带来的阵痛的同时，也面临着新的社会问题。比如，因劳动者权益受损而导致的劳资对立，由土地征收征用、城市建设拆迁、环境保护、企业重组改制和破产、涉法涉诉等因素导致的干群对立，因腐败问题导致的党群对立，因贫富悬殊、两极分化导致的贫富对立等。

在社会转型期，要高度重视腐败问题。腐败是公职人员个人或小团体为了私人目的而滥用公共权力的行为。[①] 因此，只要有公权力存在，腐败在任何国家、任何时候都存在。但是，有学者研究发现，腐败最容易在社会转型时期集中爆发。[②] 首先，社会转型开辟了新的财富与权力的来源。由于处理某些财富以及如何使用权力的制度规定尚不完备，于是一些新兴的社会集团通过对掌权者行贿而获取更多的直接利益，同时也通过贿赂选民去获取政治权力。其次，在转型社会中，传统农业社会中的血缘、地缘关系即“熟人社会”为腐败的滋生提供了土壤。在许多发展中国家，社会新兴集团之所以与政府官员相互勾结，是因为有天然的血缘、地缘关系的联结与庇护，形成了利益联盟与利益共同体。最后，腐败是改革过程的“副产品”。社会转型的逻辑应该是社会的转型与政治等各方面改革同步进行，形成二者之间的良性互动。但是，在这个转型过程中，如果社会的转型在一个时期内超越了政治等其他方面改革的步伐，腐败就有了一定生长空间。从这个意义上说，当前中国的腐败问题是社会转型与政治经济社会等各方面改革的落差所形成的制度真空的衍生

---

① 何增科：《简析腐败面面观》，《中国监察》2003 年第 10 期。

② ［美］塞缪尔 · P. 亨廷顿：《变化社会中的政治秩序》，生活 · 读书 · 新知三联书店 1996 年版，第 54 页。

物。在改革过程中，政府职能的转变一方面使政府的权威扩大，另一方面政府管制的空间与对象也发生了改变，因为存在制度真空，无论哪种情况都会造成官员被“围猎”的可能。也就是说，如果政府出台的新法律或新政策使某个团体处于不利地位，那么这个集团就容易成为官员腐败潜在的根源；如果政府管制范围扩大或转移，那么新的被管制对象就容易变成行贿的主体。而管制所制造的“成本”越高，腐败越容易产生。[①]

腐败是中国共产党执政的大敌。腐败是社会毒瘤，是政治之癌。腐败的产生与掌握公共权力密不可分，但是腐败所导致的公共权力的非公共运用又会削弱对公共权力的控制。得天下从本质上讲得到的是民心，失天下从根本上讲失去的也是民心，守江山其实守的就是民心。人民群众的拥护和支持、党同人民群众的血肉联系、亲如一家的党群干群关系是党立于不败之地的最坚强保障和长期执政的最深厚根基。人心向背决定着一个政党或一个政权的前途命运和生死存亡。历史告诉我们，消极腐败现象和特权现象是人民群众最无法容忍、最痛恨的社会之弊，这些现象是破坏党同人民群众血肉联系的杀手。因为腐败，执政党的执政基础不仅不会巩固反而会被削弱，执政能力不仅不能提高反而要降低，社会基础不仅不能扩大反而要萎缩，执政地位不仅不能巩固反而要动摇。就像习近平总书记所指出的，如果任凭腐败问题愈演愈烈，最终必然亡党亡国。因此，必须坚定不移推进党风廉政建设和反腐败斗争，彻底清除侵蚀党的健康肌体的病毒，消除影响党的性质宗旨的因素，提高党员质量，纯洁党的队伍，把不坚定的党员、不忠诚的分子、野心家和其他危害党的分子尤其是腐败分子从党内清除出去，在新时代保持党同人民群众血肉联系，巩固党的执政基础和执政地位。

---

① 陈方勐：《转型社会中的中国共产党》，中央编译出版社 2010 年版，第 33—34 页。

四　全球化

全球化时代，世界日益成为一个交往频繁、联系便利、全面渗透、加速融合、不可分割、相互依存的有机整体。全球化主要是指经济全球化，但全球化绝不意味着只是经济全球化，它还包括政治、意识形态、文化、科技、价值观念、安全、生活方式等诸多要素的交流、融合和制约。如果把马克思所说的资本主义扩张时期的历史看作全球化的发端，经过20世纪八九十年代全球化进程以前所未有的速度加快推进，今天人类社会已经进入以信息化为特征的新的“全球社会”时代。这个时代既是人类社会彼此关联、有机互动并整体性地向前发展的时代，也是一个互相影响、互相竞争的时代。[①] 全球化对人类社会产生广泛的影响，特别是经济全球化带来的影响尤为深刻，其造成的物质和精神力量的跨国交流、碰撞、冲突与融合，正从根本上改变着国家间的关系与世界格局。世界已经成为相互影响、互联互通的地球村，没有哪个国家能够独自应对人类面临的风险挑战，也没有哪个国家能够回到闭关自守的状态，人类只有秉持开放、普惠、包容、共赢的理念，加强交流、互鉴、共存、对话，减少隔阂、冲突、傲慢、对抗，才能构建起休戚与共、守望相助、共同繁荣、持久和平、普遍安全的人类命运共同体。

经济全球化已成为奔涌向前、不可逆转的时代潮流。改革开放以来，中国逐步融入全球化的进程并成为全球发展的贡献者和国际秩序的维护者。邓小平同志总结了17世纪以来中国人由于昧于世界大势、抗拒全球化、抗拒市场经济、因而一再与机遇擦身而过的惨

① 陈方勐：《转型社会中的中国共产党》，中央编译出版社2010年版，第56页。

痛教训，认为经济全球化是不可抗拒的历史潮流，要求进行改革开放与国际接轨，“闭关自守不行……开放不坚决不行”，要坚决“按照国际惯例办事”，建立市场经济制度，全面参与经济全球化进程，把中国融入世界。他凭着自己多年的革命经历和出色的治国理政能力以及丰富的处理国际问题的经验，精辟地概括出和平与发展是全球化时代的两大主题，指出这两个问题“关系全局，带有全球性、战略性的意义”[①]。为使全球化趋势朝着既有利于发达国家，又有利于发展中国家的健康道路发展，邓小平同志提出超越社会制度和意识形态发展国家间的关系；在和平共处五项原则和平等互利的基础上，建立国际政治新秩序和国际经济新秩序等思想。江泽民同志对经济全球化有深刻认识，称其将为世界经济带来“新的发展机遇”[②]。因此，在当今开放的世界中，任何国家都不能回避这一趋势、脱离世界而孤立地生存和发展。

中国积极面对和参与经济全球化，加入世界贸易组织，完善了有关法律制度，清理、修改和废止了与世界贸易组织规则和我国对外承诺不符的法律、法规、规章等。加快行政体制改革和法制建设，转变政府职能，与国际规则接轨。

我国坚持长期实行对外开放的基本国策，开放的大门不仅不会关闭，而且只会越开越大。党的十八大以来，以“一带一路”建设为重点，全面实行准入前待遇加负面清单管理制度，大幅度放宽市场准入，扩大服务业对外开放，保护外商投资合法权益。2018 年 4 月 10 日，习近平总书记在博鳌亚洲论坛 2018 年年会开幕式上宣布将采取加强知识产权保护、主动扩大进口等扩大开放重大举措。[③] 2019 年 6 月 28 日，习近平总书记在二十国集团领导人峰会上宣布进

---

① 高屹：《邓小平新时期的外交战略思想述论》，《党的文献》1996 年第 2 期。

② 谭宏伟：《江泽民指出应全面审视经济全球化并加强引导》，中国新闻网，2000 年 11 月 15 日，http://www.chinanews.com/2000-11-15/26/56030.html。

③ 习近平：《开放共创繁荣创新引领未来：在博鳌亚洲论坛 2018 年年会开幕式上的主旨演讲》，《人民日报》2018 年 4 月 11 日第 3 版。

一步推出加快形成对外开放新局面的若干重大举措。[①] 2020 年以来，面对新冠肺炎疫情给世界经济带来严重影响、保护主义抬头、单边主义上升等复杂形势，中国坚定不移扩大改革开放，放宽市场准入，持续优化营商环境。

党的十一届三中全会以来，我国不断提高开放水平，在建立外商投资准入前国民待遇加负面清单管理制度方面取得重大进展（见图 2－2）。2017—2019 年，我国连续三年大幅消减外商投资准入限制措施，在金融、汽车等行业领域推出一系列重大开放举措。2020 年 6 月 24 日，国家发改委、商务部进一步缩减负面清单，提高了服务业、制造业、农业等行业领域开放水平。[②] 每一个负面清单条目的取消或放宽都意味着一个更加开放的领域，会带来相应的外资流入（见图 2－3）。[③] 2017—2019 年，虽然经受了新冠肺炎疫情的巨大冲击，我国吸引外资依然稳居世界第二位，并且稳中有增、稳中提质。

放眼人类历史进程，全球化从来都不是一帆风顺的，而总是在曲折中前行。目前，国际环境日趋复杂，世界面临的不稳定性、不确定性明显增强，人类面临着许多共同挑战。全球疫情仍在持续演变，世界经济深度衰退，国际金融市场动荡，保护主义、单边主义抬头，逆全球化趋势不断加强，贸易争端持续升级，外部环境更趋复杂严峻。当前这些逆全球化动向只不过是全球化潮流中的几股逆流，阻挡不住全球化大潮。“青山遮不住，毕竟东流去。”“当今世

---

① 习近平：《携手共进，合力打造高质量世界经济：在二十国集团领导人峰会上关于世界经济形势和贸易问题的发言》，《人民日报》2019 年 6 月 29 日第 2 版。

② 国家发改委、商务部对外发布《外商投资准入特别管理措施（负面清单）（2020 年版）》和《自由贸易试验区外商投资准入特别管理措施（负面清单）（2020 年版）》。外商投资准入负面清单条目从 2019 年的 40 条缩减到了 33 条，压减比例为 17.5%，还有 2 条部分开放；自贸试验区清单条目则从 37 条缩减到了 30 条，压减比例为 18.9%，还有 1 条部分开放。

③ 陆娅楠：《外商投资准入负面清单再压减 17.5%》，《人民日报》2020 年 6 月 26 日第 2 版。

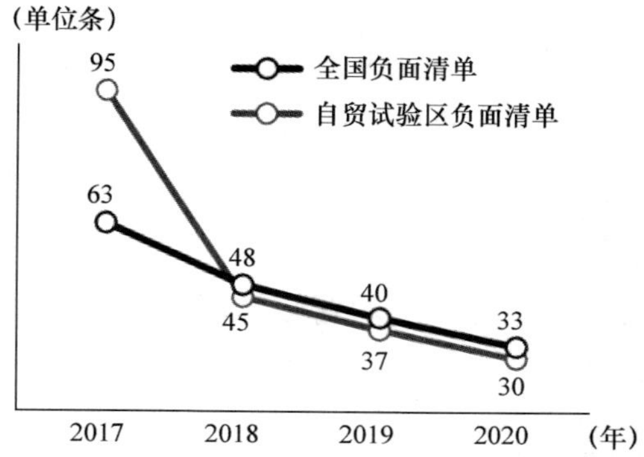

图 2－2　外商投资准入负面清单压减

资料来源：国家发改委，引自《人民日报》2020 年 6 月 26 日第 2 版。

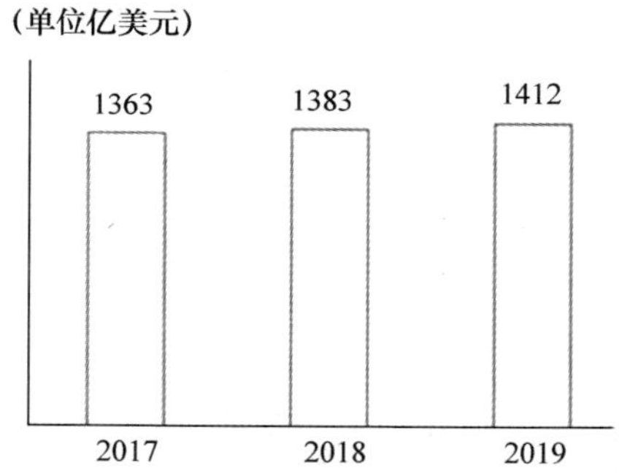

图 2－3　中国吸引外资实现稳中有增、稳中提质

资料来源：国家发改委，引自《人民日报》2020 年 6 月 26 日第 2 版。

界正经历百年未有之大变局，和平与发展仍然是时代主题”①，从经济产业融合到文明交流互鉴，从气候变化到生物保护，从海洋命运共同体到网络空间命运共同体，人类的命运早已紧密相连。构建人类命运共同体，是人类面对全球性挑战、解决全球性问题的必然选

① 《中共中央政治局召开会议决定召开十九届五中全会》，《人民日报》2020 年 7 月 31 日第 1 版。

择和妙药良方。我们要在一个更加不稳定不确定的世界中，站在历史正确的一边，秉持开放合作共赢理念谋划发展，推动经济全球化朝着正确方向发展，推动建设开放型世界经济。[①]

在全球化时代，反腐败斗争面临着新情况新问题新挑战。其中一个最突出的表现就是腐败问题日趋国际化。阿根廷《民族报》曾经刊登过一篇题为《全球化了的腐败》的文章，文章认为“腐败就像常见的流行性感冒，没有国家能对其免疫，腐败已成全球化的现象”[②]。形象地反映出腐败是无处不在的国际现象。然而，问题的要害还不止于此。我们必须正视的一个现实是，一国国内腐败现象滋生蔓延越发受到国际政治环境的影响。腐败问题一般都与各国的历史、制度和文化密不可分，但同时也越来越受到国际因素的影响。特别是随着全球化的深入发展，国家间的政治、经济和文化交往日益密切，世界范围内的各种思想文化交流交融更加频繁、文明交流互鉴不断深化深入，这在促进文化多样化共生发展的同时，也导致了多样化社会思潮纷杂呈现，多元化思想观点激烈交锋，社会舆论场分化纷争，而且可能成为西方国家进行和平演变和意识形态渗透的工具。美国为了保持在全球范围内的霸权地位和对全球事务的主导权，通过各种手段压制任何对其霸权构成威胁或挑战的力量，不遗余力地宣扬和推销所谓“民主国家体系”“自由体制”及其价值观，“通过自身的政治理念和文化价值观的输出不断给对手制造麻烦，动摇其挑战现状的信心”[③]。西方敌对势力认为中国的发展是对资本主义社会制度和西方价值观的挑战，是对现存国际秩序的挑战，或者大肆渲染“中国威胁论”“中国称霸论”“中国不遵守国际规则论”等，或者制造各式各样的“陷阱论”，甚至歪曲中国社会制度

---

① 《坚持用全面辩证长远眼光分析经济形势　努力在危机中育新机于变局中开新局》，《人民日报》2020 年 5 月 24 日第 1 版。

② 万霞：《反腐全球化》，《世界知识》2004 年第 1 期。

③ 汪伟民：《联盟理论与美国的联盟战略：以美日、美韩研究为例》，世界知识出版社 2007 年版，第 143 页。

等，企图混淆视听，迟滞中华民族伟大复兴进程。西方敌对势力对我国实施西化、分化、弱化的图谋一直没有改变，有时还会借机插手我国国内矛盾和问题，蓄意制造各种事端。[①] 发达国家插手发展中国家腐败问题的现象应引起高度关注，透明国际曾指出，“发达国家向发展中国家提供了大量的贿赂，并将在未来几年里成为影响国际商业交易的中心问题”[②]。

在全球化时代，腐败问题的国际化使得我们在治理国内腐败问题时越来越需要加强国际合作，在全球治理体系改革和建设中加以解决。随着经济全球化的发展，资本、人员在国家间的流动更为频繁，这就为腐败人员和贪腐资金的外逃提供了更多的便利条件。为了掩饰隐瞒腐败犯罪行为、逃避国内法律的制裁，腐败分子千方百计选择潜逃到其他国家隐匿，或者寻求政治庇护，同时通过各种方式将腐败资金或腐败非法所得转移到境外，而且腐败资金外逃的手段也越来越隐蔽，使得追究腐败犯罪的难度大大增加。腐败分子转移不义之财的方式不尽相同，有的是通过虚假海外投资或外贸合同，将大额非法资金打着政府款的旗号流出境；有的腐败分子利用子女、家属、亲戚或朋友将赃款带出去；有的直接在国外受贿，由贿赂人将赃款直接存入受贿人境外的账下。由于金融业早已实现全球化、电子化，国内的银行在海外都有分设机构、代表处，一些腐败分子通过网络直接把赃款存入国外的账号。这些都为腐败分子转移资金提供了通道。经济全球化在推动全球金融业发展的同时，也加大了国家对流动资本的监管难度，使得资本外逃的机会增大，客观上使我国的反腐败斗争面临着较过去更多阻力，突出地表现为国际追逃追赃越发成为一个世界性难题。这是因为不同国家和地区的法律体

① 姜辉：《新时代意识形态工作要在增强凝聚力和引领力上下功夫》，《中国党政干部论坛》2018 年第 9 期。

② 叶帅斌、侯震：《国际反腐败合作中的政治文化和价值观的差异》，《中外企业家》2014 年第 28 期。

制、政治制度、文化传统、意识形态存在差异，要达成引渡协议和追回转移出去的腐败资产绝非轻而易举的事。如果在国家间尚未签署引渡、遣返等国际司法协作条约，那么将海外逃犯缉捕归案、外逃资金追回将面临更多实际难题。在这种情况下，国家在追逃追赃的时候迫切需要得到相关国家和地区以及国际组织的协助配合，才能将腐败分子引渡回国并将腐败资金追回。

随着跨国腐败现象频发，人们开始意识到开展国际合作的重要性。世界各国各地区在加大国内惩治腐败力度的同时，积极开展反腐败国际合作，寻求其他国家的支持与配合。从区域到全球，一张全球反腐大网已经张开。2015 年 6 月，中美开展第七轮战略与经济对话，最后达成 127 项成果，其中第 6 项就是“反腐败合作”。2015 年 5 月 8 日，习近平总书记和俄罗斯总统普京在莫斯科克里姆林宫举行会谈后共同签署并发表联合声明，将“加强反腐败合作”写入联合声明中。2015 年 12 月 9 日，在第十二次国际反腐败日，时任联合国秘书长潘基文呼吁：“各国联合努力，在全世界发出明确的信息，即坚决反对腐败并拥护透明、问责和善治的原则。这将有利于各个社区和国家，有助于实现人人享有的更美好未来。”① 自 2008 年后，几乎每届 G20 峰会都会涉及和关注反腐败问题并形成一定成果。2010 年 11 月，韩国首尔 G20 峰会《领导人宣言》正式声明通过《反腐败行动计划》，谋求预防和消除腐败；② 2014 年 11 月，澳大利

① 李秀娟、周兴月：《当前国际反腐败形势分析》，《中国纪检监察》2016 年第 7 期。

② 认识到腐败问题严重阻碍经济增长和发展，我们支持二十国集团反腐败行动计划。在此前宣言基础上，我们认识到，作为主要贸易国领导人，我们在国际预防和打击腐败事业方面负有的特殊使命。我们承诺支持以共同方式建立有效的全球反腐败机制。在这方面，我们将在行动计划有关关键领域内做出表率，包括：加入、批准和有效执行《联合国反腐败公约》，推动透明和全面的审议进程，通过和实施反对向外国官员行贿的法律，防止腐败官员进入全球金融体系，考虑建立对腐败官员拒绝入境、引渡、资产追回问题的合作框架，保护检举人及反腐败组织等。为了在商业领域及公共部门推进规范、诚实、透明的行为，我们承诺采取努力措施建立公私合作伙伴关系以打击腐败。G20 将会对自己的承诺负责。除了参与现行国际反腐败标准同行审议机制，我们授权反腐败工作组向以后的峰会逐年报告行动计划的落实情况。https://www.sohu.com/a/110729032_121315。

亚布里斯班 G20 峰会制定了旨在进行全球反腐合作的《布里斯班行动计划》；2016 年 9 月，杭州 G20 峰会核准了《反腐败追逃追赃最高原则》，并决定在中国设立 G20 反腐败追逃追赃研究中心。[①] 由此可见，反腐败问题已经成为一个全球治理问题，越来越多的国家参与到反腐败国际合作中来。中国在推动一系列国际反腐合作的过程中发挥了关键作用。可以说，推动反腐败国际合作是中国国内正在推进的反腐败斗争的一个延伸。

中国启动国际追逃追赃“天网”行动以来，腐败分子有很大一部分逃到北美、澳大利亚等尚未与我国签署引渡条约的国家。在这种情况下，追逃追赃的效率较低。2014 年以来，中国加强反腐败国际合作，在《联合国反腐败公约》等国际性条约框架下，以更加务实的方式推动国际追逃追赃工作。中国严厉惩治腐败的行动，逐渐得到腐败分子逃往的一些国家的配合和支持。比如，2015 年 4 月 11 日，美国国土安全部部长约翰逊表示同意精简遣返中国非法移民的程序，这表明美国在事实上对中国境外追逃追赃的行动采取配合态度。澳大利亚、新西兰等国家开始展开与中国的反腐败司法合作。此外，中国的追逃追赃行动也得到了相关国际组织的支持。[②] 国际社会认可中国国际追逃追赃工作取得的成效，许多国家认为，中国的反腐败经验非常值得借鉴。[③]

制定签署区域和全球范围国际反腐协议，加强与各国反腐国际合作，国际追逃追赃持续发力，中国反腐败斗争实现“全球化”，从国内到国际任何角落实现无缝对接，让腐败分子无处遁形，寻找“避罪天堂”只是贪官一厢情愿的幻想。截至 2020 年 6 月，“天网行

---

① 张丽华、王博文：《全球化背景下反腐败国际合作分析》，《学习与探索》2018 年第 4 期。

② 李秀娟、张雷：《国际社会积极评价中国追逃追赃》，《中国纪检监察》2015 年第 13 期。

③ 李秀娟、张雷：《国际社会积极评价中国追逃追赃》，《中国纪检监察》2015 年第 13 期。

动”共追回外逃人员 7831 人，其中党员和国家工作人员 2075 人，追赃 196.54 亿元，“百名红通人员”已有 60 人归案[①]。加强反腐国际合作，必将大大提升反腐败的效果，为全面巩固反腐败斗争压倒性胜利打下坚实基础。

① 《“四个全面”擘宏图》，《人民日报》2021 年 8 月 20 日第 5 版。

第三章　国外不同类型政党廉政建设考察

腐败是政治的毒瘤，更是国家发展的陷阱。腐败导致社会价值观念扭曲变异，破坏社会稳定。腐败必然损害执政党和政府的威信，削弱执政党和政府的公信力，导致社会纷争，甚至引发社会动乱；腐败必然破坏党群关系，动摇甚至瓦解执政党的执政根基，使执政党和政府失去民心，进而造成政党衰亡、政权更替。纵观历史，因为腐败造成国家由盛转衰以致丧失政权的例子不胜枚举。为了应对腐败带来的巨大挑战，世界许多国家和政党都采取措施进行反腐防腐。随着经济全球化的发展，腐败在全球范围蔓延，呈现多样多发态势，一系列反腐败国际公约不断出台昭示着廉政建设也进入全球化时代。在廉政建设问题上，我们应该打开视野，借鉴其他政党正反两方面的经验，有效地解决我们所面对的问题。

一　马克思主义政党廉政建设

20世纪80年代末90年代初，国际形势和世界政党格局发生了巨大变化。就马克思主义政党的情况来看，原苏联东欧社会主义国家的共产党相继垮台；除中国外，越南、朝鲜、老挝、古巴四个社会主义国家的执政党在国内经济困难的形势下仍牢牢掌握着政权。

这些社会主义国家政党的兴衰存亡，都与其党风廉政建设的好坏有直接的关系。[①]

（一）越南共产党廉政建设实践

越南共产党是越南国内唯一的政党，是越南国家和社会的领导力量，领导人民走上了社会主义道路。但是，越南共产党受苏联影响较深，盲目照搬苏联建设社会主义的方法，急于实现社会主义长远目标，导致越南经济曾一度陷入危机。为解决国内经济问题，1986 年 12 月，越共六大正式提出实行革新开放政策，越南国家的工作重心转移到了经济建设上，人民生活水平大幅提高，国际形象得以改善，经济进入高速发展时期，焕发出了前所未有的生机和活力。

但是，革新开放以来，越南共产党面临着腐败问题的威胁。有一个时期，越南共产党党内腐败泛滥，行贿受贿盛行，奢侈浪费司空见惯，腐化堕落见怪不怪，违法乱纪极为猖獗，腐败案件呈上升趋势。越南共产党十大召开前夕，越南交通运输部爆出一起集体腐败的惊天大案，在越南社会引起轩然大波。[②] 越南共产党清醒地认识到，党内贪污腐败现象严重，腐败问题已成为越南当前面临的四大危机之一[③]，是越南的“国难”，反腐是党建工作的重中之重，是保证党性纯洁、巩固党的统治地位的有效手段。[④] 为此，越南共产党重拳出击，多管齐下，严厉惩治党内腐败分子，坚决整肃党政干部中的走私、贪污受贿、挥霍浪费等消极腐败现象。

1. 加强思想理论建设

第一，坚持以马克思列宁主义和胡志明思想作为思想基础和行

---

① 吕薇洲：《国外社会主义政党党风廉政建设启示录》，《上海党史与党建》2009 年第 7 期。

② 李慎明主编：《执政党的经验教训》，社会科学文献出版社 2008 年版，第 42 页。

③ 1994 年越共七届中央委员会代表大会提出党在革新开放中面临着经济落后（与邻国经济差距拉大）、偏离社会主义方向、官僚腐败、“和平演变”四大危机的问题。

④ 李果仁、李菡：《越南反腐败的主要做法及其借鉴》，《上海党史与党建》2009 年第 11 期。

动指南，保持越南共产党和党员的政治属性。越南共产党一直将马克思列宁主义作为指导思想，坚持人民在社会发展和国家事业中的中心地位。即使在苏联解体、东欧剧变，世界社会主义运动陷入低潮的时候，越南共产党依然坚持马克思列宁主义的指导地位，坚持以人民为中心，在这个根本问题上没有丝毫动摇。越南共产党认为，腐败是背离马克思列宁主义本质、严重损害人民利益的行为。坚持马克思列宁主义，不但可以校正政治生活的方向，而且能够坚持正确的政治策略，是有效遏制腐败的重要保证。同时，越南共产党将马克思列宁主义与越南国情相结合，形成了胡志明思想。越南共产党七大第一次正式提出“胡志明思想”概念。越南共产党九大对胡志明思想给予明确定位，强调胡志明思想是马克思列宁主义在越南具体实践中运用并发展创造的产物，它继承发展了民族传统，吸收了人类文化的精华，是解决越南革命基本问题的完整思想体系。胡志明思想日益深入人心，其倡导的为人民、依靠人民、勤劳、廉洁、正直、至公无私等思想，提升了国家公职人员的道德素质，为越南共产党推进反腐败斗争提供了思想指南。

第二，加强廉政教育。胡志明思想是一个宏大的理论体系，按照传统分类法，可以分为思想、道德、方法和风格等部分。道德部分可分为道德思想和道德榜样。越南共产党在廉政建设过程中，开展了“学习和践行胡志明道德榜样”活动，要求所有党员和各级党组织都要认真学习胡志明，并在实际工作中时时做到以胡志明为榜样。这一活动，磨炼了党员的道德素质和生活作风，增强了干部的爱国、节约、奉献、廉洁意识，促进干部队伍素质不断提高，对贪污腐败起到一定的遏制作用。此外，越南共产党还通过讲座、国际廉政建设交流等形式，定期或不定期开展一些廉政教育活动。通过媒体的持续广泛宣传，接受各种形式的教育，国家公职人员逐步树立起拒绝腐败的意识。

2. 制定反腐败规章制度

在反腐败实践中，越南共产党认识到制度建设对于反腐败斗争的重要作用，于是先后制定出台了一批关于反腐倡廉的规章制度。比如，实行干部和干部工作定期检查、考核制度；制定干部、公务员的一般行为准则；实行干部、公务员财产申报、财政公开制度；反对特权特利；[①] 制定关于党员19条不准的规定；实行各级干部用车、住房、电话等标准规定；实行领导干部责任制度，要求各级党委主要领导人对本单位、本地方出现贪污腐败承担责任的规定；实行关于对检举中央管理的党员干部的信件的处理规定等；实行干部轮换制度，以解决比较突出的“关系网”“裙带风”等消极腐败问题；建立单位建设工程招标和设备购置公开化制度和堵塞漏洞、健全各项财政、资产和经济管理机制；越南共产党按照制定的各项规章制度，对一些有问题或不称职的各级干部进行通报批评和组织处理，对触犯法律的予以严惩。[②]

3. 制定新的中央机构工作制度

越南共产党九届三中全会重新制定了中央委员会、政治局、书记处、中检委的工作制度，以及从总书记到中央委员的职责、权利和工作方法。新的制度规定，所有中央领导机构及其成员工作制度由过去的政治局制定改为由中央委员会制定。中央委员会实行集体领导，鼓励坦率争论，实行批评与自我批评、质询制度，保证中央委员会工作的民主性。[③]

4. 完善反腐败法律法规

越南共产党中央坚持依法惩治腐败，运用法律同贪污腐败及其他社会弊端作斗争。1998年3月，越南国会通过并颁布《反贪污腐

---

① 靳义亭：《越南共产党反腐的主要措施及启示》，《当代世界与社会主义》2009年第3期。

② 李慎明主编：《执政党的经验教训》，社会科学文献出版社2008年版，第42页。

③ 要求包括总书记在内的所有中央委员都要深入基层，倾听群众意见，参与实践总结，确保中央决策符合实际。越共九届五中全会首次提出，中央全会设置质询程序，任何一位中央委员都可以对包括总书记、政治局委员、中央书记处书记在内的其他中央委员提出质询，也可以对政治局、书记处、中检委集体提出质询，接受质询的人必须如实回答，直到提问人满意为止。李慎明主编：《执政党的经验教训》，社会科学文献出版社2008年版，第40页。

败法》《干部公务员法》，为开展反腐败斗争提供有力的法律武器。2005 年 11 月，越南国会通过《预防和反对腐败法》,[①] 标志着越南反腐败斗争正式步入法制化、制度化轨道。同年，越南国会修订了《申诉控告法》，标志着越南正式启动舆论反腐、民众反腐、网络反腐进程，标志着深度反腐机制的启动。[②]

5. 完善廉政监督机制，形成监督合力

为了更好地推进党风廉政建设，越南共产党建立了由越南共产党中央检查委员会、政府监察总署、舆论监督以及群众监督组成的等多层次、多方位的监督机制，监督对象主要是越南共产党和越南政府及其公务人员。其中，作为党的纪律检查监督机构，越南共产党中央检查委员会负责监督越南共产党中央政治局和书记处，监督检查各级党组织及党员贯彻执行越南共产党的路线方针政策情况。作为政府内行政监察部门，政府监察总署司职监督检查国家行政机关及工作人员执行法律、法规情况，受理公民对国家行政机关工作人员的检举和控告，查处其违纪行为。为发挥反腐败职能部门作用，越南共产党成立了预防和惩治腐败指导委员会。近年来，越南共产党在不断完善党和政府监督机构的同时，更加重视发挥人民群众在反腐败斗争中的作用，保证人民参与对干部、党员的检查监督。[③] 2006 年 8 月，越南政府开通了反腐败热线电话，鼓励群众提供腐败线索和信息，同时也积极鼓励新闻媒体警醒监督。[④] 此外，越南共产党还注重发挥大众媒体的监督作用。

---

① 《预防和反对腐败法》对各政府部门、各企事业单位的主要负责人的相关责任做出了严格细致的限制规定，对各类贪污腐败行为制定了严厉的惩处措施，对以欺诈手段掩盖贪污行为、利用职权妨碍执法执纪、拒不退还贪污所得的，一律从严惩处。

② 《申诉控告法》规定人民群众有权向有关党政部门、群众组织控告违反党纪国法的现象，控告人对处理结果不满意，还可向上一级部门申诉，甚至可向法院起诉。

③ 李果仁、李菡：《越南反腐败的主要做法及其借鉴》，《上海党史与党建》2009 年第 11 期。

④ 解桂海、唐贤秋：《略论革新条件下的越南共产党廉政建设》，《广西社会科学》2008 年第 3 期。

6. 加强党的自身建设

消极腐败现象严重损害了越南共产党在人民群众心目中的形象。越南共产党认识到，要改善党在群众心中的形象，增强凝聚力和影响力，就必须加强自身建设。1992 年，越南共产党七届三中全会通过了《关于革新和整顿党的决议》，提出要“以经济建设为中心、以党的建设为关键”。1999 年，越南共产党八届六中全会通过了《关于当前党建工作若干基本和紧迫问题的决议》，决定自 1999 年 5 月到 2001 年 5 月在全党开展为期两年的党的建设和整顿运动。2001 年 4 月，越南共产党九大强调，从中央到基层都要坚决将反腐败斗争进行到底。时任越南共产党中央总书记农德孟指出，对待腐败案件要明确、客观，对于有问题的人，无论其社会地位多高，都要予以严惩，这是“保证党完全纯洁和健康，巩固人民对越南党和国家的信心和信任的唯一手段”[①]。越南共产党十大充分认识到腐败现象的严重性和危害性，强调反腐败斗争任务艰巨。越南共产党十大之后，越南共产党增强开展反腐败斗争的责任感，紧密结合党的建设开展反腐败斗争，通过反腐斗争的成效来提高党的执政能力和战斗力。[②] 此外，越南共产党高度重视加强党的纪检部门廉洁建设，严防和严惩不法行为，确保纪检机构自身干净。越南共产党做出加强党的纪律检查工作的决定，对纪检工作的内容、对象和做好信访工作等都做出明确规定。越南共产党要求中央检查委员会加强对公安、检察、法院等部门的检查和监督。越南共产党把反腐败斗争作为一项长期任务，严厉惩治党内腐败分子，每年清除出党的人数占党员人员的 1%，受党纪处分的占 3%。[③]

---

① 许宝友：《转型时期的越南执政党建设：特点、挑战与应对》，《科学社会主义》2001 年第 6 期。

② 解桂海、唐贤秋：《略论革新条件下的越南共产党廉政建设》，《广西社会科学》2008 年第 3 期。

③ 李慎明：《执政党的经验教训》，社会科学文献出版社 2008 年版，第 43 页。

（二）古巴共产党廉政建设实践

古巴是西半球唯一的社会主义国家。古巴共产党一直是古巴的执政党。[①] 由于美国长期对古巴实行经济封锁、贸易禁运、外交孤立、意识形态渗透、军事威胁和颠覆破坏等敌视政策，古巴面临着艰难的生存环境；特别是20世纪八九十年代苏联解体和东欧剧变对古巴造成前所未有的困难和冲击。古巴共产党能够领导古巴人民战胜一个又一个艰难险阻，捍卫革命成果并且取得社会主义建设的巨大成就，使古巴顽强地发展而屹立不倒，使社会主义在古巴保持强大生命力，一个重要原因就是，古巴共产党一直十分重视加强自身建设，大力开展反腐败斗争。[②]

古巴共产党加强廉政建设，持之以恒推进反腐败斗争的措施和特点主要表现在以下几个方面。

1. 古巴共产党领导人高度重视反腐败斗争

古巴建国初期，腐败问题并不严重。但是，随着国内外形势的变化，特别是随着逐步实行对外开放，腐败现象出现蔓延趋势。古巴共产党与腐败现象展开坚决斗争，惩治腐败的决心越来越大。

1980年12月17日，时任古巴共产党中央第一书记和国务委员会主席菲德尔·卡斯特罗在古巴共产党二大报告中指出："我们的生活确实是简朴的，不奢华也不富有。然而，我们坚定不移地相信，我们的思想、尊严和道德是正义的，我们有能力拿起这些武器向帝国主义的所谓消费社会的一切腐败现象挑战。"1986年2月4日，卡

① 20世纪50年代，在反对巴蒂斯塔独裁统治的斗争中，在古巴逐渐形成三支有代表性的革命力量：以菲德尔·卡斯特罗为首的"七·二六运动"，人民社会党，"三·一三革命指导委员会"。1959年古巴革命取得全国胜利后不久，1961年7月，古巴三个主要革命组织合并成革命统一组织。1962年5月，革命统一组织改名为古巴社会主义革命统一党。1965年10月3日，在古巴社会主义革命统一党基础上正式建立古巴共产党，由卡斯特罗担任党的第一书记。

② 李瑞：《古巴廉政建设经验的总结和思考》，《湖北经济学院学报》2016年第8期。

斯特罗在古巴共产党三大上强调，“不管在哪里出现哪怕极小的资产阶级化和腐化堕落的表现形式，都要消灭它”。卡斯特罗还强调，“在腐败未侵蚀党的肌体之前，就必须把毒瘤切除”①。

2011 年 4 月，劳尔·卡斯特罗当选为古巴共产党中央第一书记。劳尔执政以来，更加强调推进反腐败斗争的重要性。2011 年 12 月 21 日，劳尔在古巴共产党中央六届三中全会上强调，“今天腐败等于反革命。我们应根据法律，对这些现象毫不留情，我们决不能袖手旁观，应该采取相关措施，党在这场反腐斗争中应起主角作用。反对腐败的斗争不容留情，应该言必行”。2012 年 1 月 29 日，劳尔在古巴共产党全国代表会议闭幕式上再次强调，“在目前阶段，腐败已成为革命的主要敌人之一，它要比美国政府和它在古巴国内外的盟友花费上百万美元的颠覆和干涉计划更为有害”。他呼吁全党与腐败现象作斗争，坚信古巴能够赢得反腐败斗争，首先是遏制腐败现象，然后是将其消除。2013 年 7 月 7 日，在古巴第八届全国人大第一次会议闭幕式上，劳尔严厉抨击古巴社会上存在的种种腐败和不道德现象，他号召古巴民众积极与这些恶行作斗争。②

2. 密切联系群众

古巴共产党重视作风建设，要求党员特别是干部要密切联系群众。古巴的领导人处处以身作则，艰苦朴素，不搞特殊化，而且经常带头深入基层，倾听民声，了解民意，改进工作。自 20 世纪 90 年代初以来，古巴领导人的工资一直没有增加，部级领导人的工资不到 20 美元。菲德尔·卡斯特罗说：“我的工资同 40 年前大体持平，甚至还要少一些”，“我无意要求为我增加工资，因为幸福不是建立在金钱的基础之上的”③。古巴共产党对于领导干部没有基本生活品特殊供应，没有为领导干部建设独立的高档住宅区，很多高级

① 徐世澄：《古巴的反腐斗争》，《中国人大》2014 年第 4 期。

② 徐世澄：《古巴的反腐斗争》，《中国人大》2014 年第 4 期。

③ 李慎明主编：《执政党的经验教训》，社会科学文献出版社 2008 年版，第 76 页。

干部混居在普通居民区内，上下班步行或骑自行车。古巴共产党制定了领导干部定期下基层视察的制度，规定中央政治局委员每年至少6次到地方视察，其中4次必须深入基层。① 古巴共产党五大通过的党章规定，党的基层组织“必须同劳动者、社区民众保持经常的联系，了解他们的疾苦，倾听他们的意见，向他们学习”②。每逢遇到重大事件或自然灾害，古巴共产党领导人总是亲临第一线，或者手持生产工具下田地和民众同劳动，或者身先士卒手拿武器冲锋陷阵，或者领导人民抵御飓风灾害。

3. 严格要求党员

古巴共产党为保持先进性和纯洁性，对党员提出十分严格的要求。古巴共产党要求党员发展对象必须是由基层劳动者大会选举产生的劳动模范，或是由共青联盟基层组织推荐的已超龄的共青团员。每两年对党员进行考评。新党员入党后，必须在基层党校接受100小时的党性教育，以加强对党、对社会主义的信念，同时提高工作能力。1997年古巴共产党五大通过的党章对党员提出17条要求，包括：为加强党的思想和组织的团结一致和党的队伍的纯洁做出贡献；遵守党、国家和社会的纪律；在工作中开展批评和自我批评，揭露工作中的缺点和错误；在党内开展批评和自我批评；在提议、选拔和评价领导人、合作者和官员时，应根据其政治和专业能力、其贡献大小和思想的坚定性，而绝不能根据同自己的友情、亲戚关系或私人关系；保持谦虚和谨慎，不应忘记党员无权享有特权，应永远将社会利益置于个人利益之上；在居民区和在履行群众组织的任务时，发挥共产党员的模范作用；应在对待自己的家庭成员的态度，特别是对子女的思想、政治和社会教育方面成为榜样；

① 中联部研究室编：《外国政党建设的经验与教训》，当代世界出版社2002年版，第23页。

② 李慎明主编：《执政党的经验教训》，社会科学文献出版社2008年版，第76页。

等等。[①]

4. 加强道德和纪律建设

古巴共产党高度重视纪律建设，充分发挥道德在反腐败斗争中的作用。1996 年 7 月，古巴共产党制定并颁布《国家干部道德法规》，卡斯特罗等古巴共产党主要领导人带头在法规上签字。该法规对国家干部提出了 27 条规定，其中包括：扬廉弃耻，维护荣誉及尊严；自觉遵守纪律，忠于党，尊重宪法和法律；为人正直，自觉开展批评和自我批评；联系劳动群众和人民，尊重并信任他们，及时了解他们的想法、征求意见；同志间友好关系应建立在原则和革命精神的基础上；正确掌握国家财物；掌握的权力及财物只能用于工作；热爱并全身心地投入工作，正确履行自己的职责；对不履行职责的人，国家行政机关不给予任何特殊权利和待遇；反对腐败和姑息腐败现象的行为；根据政绩和能力决定干部的任免；应把权力视为光荣和责任，而绝不能作为谋取私利的资本等。[②] 反腐败法律法规的制定，在一定程度上为古巴共产党加强廉政建设，推进反腐败斗争，提供了法律和制度保证。[③]

5. 严惩腐败分子

古巴共产党抓住高级领导干部这个“关键少数”治党管权治吏。规定部级以上干部及其配偶子女不能经商办企业；高级干部不允许有特供；高级干部不能去旅游饭店消费，高档礼品一律上缴等。古巴共产党还规定，领导干部贪污受贿金额在 300 比索（约 10 美元）以上者，不论其职位高低，坚决撤销其领导职务，该依法处理的要依法处理。1989 年六七月间，古巴掀起了一场声势浩大的肃贪反腐运动，将参与贩毒和走私、腐败和挪用公款的 14 名高级军官和官员

① 李慎明主编：《执政党的经验教训》，社会科学文献出版社 2008 年版，第 74 页。

② 李慎明主编：《执政党的经验教训》，社会科学文献出版社 2008 年版，第 78—79 页。

③ 唐贤秋、解桂海：《苏东剧变后古巴共产党加强廉政建设的经验》，《世界政党》2008 年第 2 期。

逮捕并判刑，其中包括原古巴驻安哥拉驻军司令奥乔亚中将在内的4人被判处死刑。同期的古巴内务部部长、部长会议副主席兼运输部部长，财政局、民航局局长，海关总署署长，内务部移民局、情报局、消防局、边防局局长等一批官员因为渎职、非法占用公款、腐化等原因被撤职和判刑。20世纪90年代以来，古巴共产党政治局委员、国务委员兼外交部长，渔业部部长，旅游部部长，古巴共产党政治局委员、国务委员兼基础工业部部长等高级领导干部因为渎职、腐败等原因被撤职。①

6. 建立健全监督预防体系

古巴共产党中央设立了全国反腐败委员会，由中央政治局委员、国务委员会副主席、中央组织部长担任主席，成员包括总检察长、国家部长会议代表、监察审计部部长、卡斯特罗主席办公室代表、内务部长等。该委员会每月定期开会研究反腐败形势，尤其是大案要案的查处。古巴在政府层面设立了监察委员会，由中央政治局委员、国务委员会副主席、部长会议执行主席任主席。该委员会定期召开各省省长会议，由监察审计部部长通报反腐败工作情况，并布置每一阶段的监察审计工作。古巴政府致力于建立一套完善的政府监督体系，着力加强政府内部监督机制，加强公职人员的思想道德建设，协调政府监督部门与司法监督部门的关系，提高监督效率。为有效实施内部监督，古巴成立了国家监督委员会，由监察审计部部长担任委员会主席，委员由检察院、司法部、财政部、税务局等部门的领导担任。该委员会主要负责宏观政策指导和内部协调工作，讨论决定重大案件的审理和处理事项，提出对法律法规的修改意见。② 此外，古巴还设立审计监察部、申诉委员会，后者采取中央、省、市三级垂直领导方式，保持工作的独立性，对监督和严惩腐败、违法乱纪行为发挥了重要作用。

---

① 李慎明主编：《执政党的经验教训》，社会科学文献出版社2008年版，第79页。

② 徐小庆：《古巴、巴西的廉政建设和反腐败工作》，《当代世界》2008年第8期。

（三）老挝人民革命党廉政建设实践

人民革命党是老挝唯一的合法政党，也是唯一的执政党，是老挝政治生活中的唯一领导力量。老挝自实行革新开放政策以来，国内经济步入正常平稳发展的轨道，社会充满活力，人民生活水平不断提高，但与此同时，党员干部队伍中出现了利己主义、官僚主义、脱离群众、滥用职权、以权谋私、贪污受贿等消极腐败现象，严重损害了党的形象，破坏了党群关系，成为阻碍革新事业顺利推进的严重问题，人民群众对此深恶痛绝。为了扫除革新事业发展道路上的障碍，老挝人民革命党大力加强党的建设，特别注重加强廉政建设，加大反腐败斗争力度，向各种消极腐败现象挥起反腐利剑。①

1. 老挝人民革命党中央重视并积极开展反腐败斗争

老挝人民革命党八大政治报告第三部分专门论述了提高党的领导能力和作用、建设坚强廉洁的党的问题。强调加强党的纪律检查，发掘和发扬党内新的积极因素，预防和解决影响执政党领导权威的消极腐败现象。老挝人民革命党十大报告指出，革新开放以来，提升党的领导作用和领导能力，发挥党员先锋模范作用，与消极腐败现象进行坚决斗争，确保党始终坚强、稳固、廉洁是党的建设的宝贵经验。1992 年，老挝人民革命党五届五中全会通过了《反贪污腐败条例》。1993 年 6 月，老挝政府宣布成立中央反贪污委员会，要求中央政府各组成单位到各省、县和规模较大生产单位均成立由一把手直接领导的反贪污委员会，在全国范围内掀起反贪污运动。2014 年老挝启动了全体公职人员财产申报工作，全面加强国家监察署和审计署等部门的作用。

2. 加强思想教育，筑牢反腐思想防线

老挝人民革命党特别重视加强反腐败思想教育。老挝人民革命

---

① 李慎明主编：《执政党的经验教训》，社会科学文献出版社 2008 年版，第 68 页。

党十大首次将凯山·丰威汉思想与马列主义并列作为党的思想理论基础，标志着老挝人民革命党在老挝特色社会主义建设中取得了积极成果。通过加强思想教育来加强党员干部的政治忠诚和廉洁自律意识。老挝人民革命党中央提出反贪污腐败策略后，其党报《人民报》等有关刊物通过发表社论及文章等形式进行广泛的革命传统教育，提醒党员干部应继续发扬优良革命传统，自觉抵制商品经济的冲击和诱惑。

同时，老挝人民革命党宣传部门注意通过宣传典型案例警示党员干部抵御贪污腐败的腐蚀和考验。老挝党政领导人反复强调反腐败的重要性，高度重视纪检工作，严肃批评忽视纪检工作的地区或部门的主要负责人。科学设计培训课程，推动反腐败进课堂，把反贪污、反腐败作为党员干部参加理论培训学习班的必学内容。

3. 加大打击力度，严惩腐败行为

开展反腐工作以来，老挝人民革命党、政府、纪检部门加大了反腐败工作力度，并取得了丰硕成果。[①] 坚决惩处某些党组织领导班子涣散、党员放任自流、腐化堕落的现象，绝不姑息。老挝人民革命党通过开展反贪污腐败斗争和整党等活动，查处了一些大案，清理了一批不合格党员，纯洁了党的队伍，对广大党员干部进行了关于廉政建设的普遍的思想教育。[②]

4. 加强法制建设，为反腐败斗争提供法律支撑

革新开放后，老挝高度重视法制建设，逐步完善法律制度。除刑法中有关于反腐败的某些条款外，其他类型的法律法规也有反腐败的内容，比如《反腐败法案》《监管国家机构建立和职权行使法案》等，都为开展反腐败斗争提供了法律依据。《监管国家机构建立

① 比如，1994 年向财政部等几个存在严重经济问题的单位派出清查小组，查处了一批大案要案，共查实因盗窃、诈骗、走私等不法活动给国家造成的经济损失达 3500 万美元。

② 张焕：《老挝人民革命党反腐斗争初见成效》，《当代世界》1995 年第 8 期。

和职权行使法案》对国家组织监管机构的独立性做出明确规定。[①]

（四）苏共腐败蜕变的启示

腐败导致执政党更迭，是西方国家普遍存在的政治现象。尽管如此，20 世纪 80 年代末 90 年代初发生的苏共垮台、苏联解体，以及随之而来的东欧剧变，却依然带给世人无尽的思考。苏共亡党亡国固然有很多因素，但其中一个很重要的原因是苏共和苏联自己打败了自己，是苏共党内的严重腐败把党和国家送上了不归路。苏共的教训值得深刻吸取。

苏共腐败堕落的原因主要有以下几方面。

1. 高度集中的领导体制

高度集中的领导体制，包括个人集权制、职务终身制、干部任命制等，未能适应时代变化及时进行改革，导致逐渐僵化，这是苏共腐败现象滋生蔓延的重要原因。苏共的历史说明，集权制一旦形成，正常的党内民主生活就无从谈起，正常的社会生活就失去了保障。而且，党内民主机制的无效性，又不断强化着集权制。因此，这种体制的负效运转，使苏共的体制变成一个自身封闭的系统，成为凌驾于社会之上的体系。这样，苏共党内滋生各种与共产党人称号不符的腐败现象和消极现象。苏共二十大以后，干部的自由放纵、领导的胡作非为，在中央和地方都有所滋长。贪污受贿、营私舞弊、出于贪财或玩忽职守的滥用职权、对很多人来说有利可图的经营不善等情况大为增长。[②]

2. 领导干部特权问题

在苏联，有一种说法：布尔什维克消灭了资本剥削，却没有消灭权力剥削。所谓的权力剥削，是指少数人拥有政治特权，利用人民赋予的权力反过来剥削人民。特权的制度化、合法化，导致了

---

① 李莉：《老挝检察制度简介》，《法制与经济》2010 年第 9 期。

② 姜跃：《苏共垮台溯源》，《当代世界与社会主义》2005 年第 3 期。

“特权阶层”（权贵阶层）的形成。所谓苏联的特权阶层，是指按照一定的职务名册直接任命、相应地掌握着国家执政资源并且按职级合法享受不同特权的一部分人。[①] 从苏共的历史来看，斯大林时期不存在产生“特权阶层”的主客观条件，赫鲁晓夫时期开始出现这一群体，勃列日涅夫时期，特权阶层开始形成。这说明，一旦条件具备，特权现象的发展、特权阶层的形成将是迅速的。这个特权阶层肆意地“合法”地侵吞国家财富，位于权力金字塔顶端的官员甚至可以在国家银行开设一个不受限制、可以任意支取的户头。这一阶层不关心人民，关心的是自己的仕途、官职、物质享受和报酬。苏共垮台、苏联解体，使这个特权阶层完成了向一个阶级的转化。

在反思苏共亡党亡国的历史悲剧时，有必要认清特权以及特权阶层的存在对苏联党和国家政治生活造成的危害。特权削弱了苏共意识形态的吸引力和号召力，动摇了人们的理想信念；特权破坏了苏共的团结统一，带来党内的分化和认同危机；特权加深了苏共与社会的鸿沟，加重了民众对苏共的信任危机；特权破坏了党纪国法，潜规则盛行，使政治生活失去了应有的规范。[②]

3. 党内监督问题

从历史发展过程来看，苏联党政机关严重泛滥的官僚主义和腐败现象与党内外的监督不力关系密切。列宁曾非常重视对权力的监督。根据列宁的建议，苏共九大成立了中央监察委员会，直接向代表大会负责。斯大林执政之后，党内监督开始放松。勃列日涅夫时期，腐败现象开始大规模、多层次蔓延。戈尔巴乔夫执政后曾试图通过改革恢复列宁时期的监察体制，但其时党和国家的政治局势失去了控制。[③] 从苏共的发展历史来看，监督不力，腐败就会滋生。一

---

① 姜跃：《官僚特权与政治伤害：对苏共亡党的一点思考》，《中国党政干部论坛》2013年第6期。

② 姜跃：《官僚特权与政治伤害——对苏共亡党的一点思考》，《中国党政干部论坛》2013年第6期。

③ 汪风清：《中外反腐败实践的比较与借鉴》，《江西行政学院学报》2001年第3期。

个政党长期执政、又缺乏严格的党内监督，腐败就会很容易蔓延。

二 社会民主党廉政建设

出现于20世纪40年代的社会民主党又称民主社会党，是民主党和社会党的联合，前者由左翼社会主义者组成，后者由民主共和主义者组成。1869年德国社会民主工党成立后，后建的左翼政党基本上沿用社会民主党这一名称。这些政党的政治立场都偏向社会民主主义或民主社会主义。

欧洲社会民主党，特别是北欧一些国家执政的社会民主党高度重视作风建设，以保持政党同民众的联系，同时加强廉政建设，以思想巩固和制度预防为基础，努力从源头上预防腐败。

（一）开展反腐败教育

芬兰、瑞典、丹麦、挪威等北欧国家高度重视公民的道德和廉政教育。经过长期努力，北欧国家的公民养成了自觉遵纪守法、诚实守信的良好习惯，形成了健康的公民文化道德体系，很自然滥用职权谋取私利则被视为令人不齿的行为。这种强调廉洁、以腐为耻的道德传统和社会风气，对公务员的廉洁自律有很大影响。

社会民主党政府高度重视提高公务员道德修养，突出执法系统自律教育。在北欧国家，公务员接受有关部门的荣誉称号和推荐都可能被视为受贿。瑞典曾被“透明国际”评为世界上最清廉的国家之一。瑞典社会民主党坚持公平公正的社会价值理念，确保公共机构能够有效接受公众监督，最大限度地预防并减少腐败现象的发生。瑞典社会民主党政府的高级官员非常廉洁，不享有特殊权利，他们的孩子和普通人没什么不同。瑞典政府的领导人基本都住在普通居民区，国家不提供特别公共服务，只有议长、首相、外交部长、国防部长等少数领导人配备了公务用车。官员工作时可以使用公车，但下班后只能开私家车。丹麦定期对警察进行职业道德教育，定期对其遵守纪律情况进行统计和分析，防止潜在的违纪和腐败风险。德国利用各种方式普及反腐败教育，将预防职务犯罪作为义务教育和继续教育的必修课，并且列入相关教科书的核心章节；将廉政建设的法律法规编成书刊向社会发行，举办各类讲座和培训，利用新媒体对民众进行普法教育和宣传。德国在公务员招录方面，公开招考且程序非常严格，注重公正性。在岗位设置方面，按照腐败行为出现机会和频率将岗位划分等级，对高危岗位采取有针对性的预防措施。在工作表现方面，当发现公务员有违反日常工作规范的行为或有腐败迹象时，会及时采取间接了解和直接谈话的方式进行排查。

（二）制定反腐败法律法规

社会民主党执政的国家十分重视廉政建设，建立完备的法律制度对权力运行进行制约和监督，维护执政党在民众心目中的廉洁形象，从而巩固党的执政基础。瑞典政府制定了十分严格的保证从政廉洁的法规。瑞典《反贿赂法》规定，政府官员不得接受价值200克朗以上的礼品，企业雇员不得接受500克朗以上的礼品，否则视为受贿行为。瑞典虽然是一个富裕的国家，但对行贿受贿行为的处罚相当严厉，轻者罚款，重者判刑。[①] 德国社民党为每个党员建立了诚信档案，作为考察和提拔党员的参考。诚信档案特别强调对党员家庭经济状况的调查，一旦发现某个党员的消费水平与其收入不相符，则要求该党员必须做出合理解释。德国社民党规定，党内官员实行轮换制和严格的亲属回避制度；政府公车不得私用；官员接待客人必须自己支付费用；接受30欧元以上的私人礼物算受贿礼品并

---

① 红玲：《瑞典廉政建设有方》，《深圳特区报》1995年3月3日。转引自林勋健主编《西方政党是如何执政的》，中共中央党校出版社2001年版，第395页。

被视为受贿。德国社民党还规定了重要工程项目都必须有一个监督党，以实现对每一位党员的监督。北欧国家在廉政建设方面取得的成就也得到了国际社会的认可，这些国家在“透明国际”的排名始终居于前列就是最有力的证明。

（三）建立系统全面立体监督网

社会民主党逐步形成了全面立体的监督网络。该网络由政府内外组织，正式组织和非正式组织，政治和行政、司法系统全面参与。这一网络包括：一是议会限制。议会以立法权、预算权、重大政策批准权控制和监督行政。二是司法限制。坚持司法独立，不受行政干预，从而保障了司法系统能够独立运作。比如，德国的《基本法》和《政党法》虽然没有专门对执政党的权力做出限制，但是这两部法律规范了包括执政党在内的所有政党的活动，即使是掌握大权的执政党也没有凌驾于法律之上行事的权力，这在实际上对执政党权力进行了宏观限制。另外，联邦宪法法院虽然不是政策制定者，但它在政策制定过程中的地位和作用却与日俱增，因为它对政策是否合宪做出判定，对决策者的未来决定制定方向。[①] 三是政党限制。执政党始终处于在野党的监督之下，必须时刻小心提防用权不当，如被发现将有可能失去竞选连任机会。在德国，反对党对执政党的制衡作用，首先是通过联邦议院来实现的，主要是在《基本法》第67条“建设性不信任投票”条款中体现，反对党在特定情况下，可以对执政党总理进行“建设性不信任案”投票。联邦德国成立以来，“建设性不信任案”于1972年和1982年出现过两次，其中1982年的不信任案通过，成为联邦德国历史上首次利用“建设性不信任案”推翻现任总理的实例。另外，执政伙伴的制衡作用也不容小觑。长期以来，德国政党政治实践中一直都是“两个半政党制度”，无论是

---

① 林勋健主编：《西方政党是如何执政的》，中共中央党校出版社2001年版，第226—228页。

德国社民党还是联盟党，离开“半个政党”都无法单独组成内阁，而德国政党体制又不希望看到大联合政府出现，于是绿党和自民党都充当过两大政党的执政伙伴。社民党和联盟党都不得不小心维护与“半个政党”的关系。[①] 四是新闻舆论限制。普通民众可以通过新闻媒体揭发腐败现象，监督政府行为，媒体通过独立的新闻报道、广播、调查和评论，对政府官员的行为进行批评监督。政府及其官员腐败、渎职以及违法等丑闻被曝光，就会对政府形成巨大舆论压力。在德国，大众传媒产业非常发达，传媒要想在激烈的竞争中生存，就必须及时掌握新闻，通过各种手段揭露政府官员的腐败或丑闻。德国政府以立法形式来保障新闻媒体发挥舆论监督作用，对媒体的威胁、攻击或者报复等行为将会被依法追究法律责任。另外，德国新闻总署专门安排工作人员跟踪收集有关政府的报道，并定期召开记者招待会使媒体有机会采访提问政府高层官员，事后新闻总署要代表政府回应对媒体高度关注的问题。德国媒体舆论监督体系非常完善，且具有多主体、全方位、低成本、高效率的优势，有利于对腐败案件进行追踪查办，提高社会参与廉政治理的积极性，同时提高公职人员的自律自觉性。[②] 1974 年京特 · 纪尧姆间谍案被公诸于众，带出了德国总理勃兰特的丑闻，导致其被迫辞职。1999 年，科尔在担任基民盟主席期间曾经秘密接受 200 万马克的政治捐款献金丑闻遭披露后，舆论哗然，而且成为全球媒体和舆论关注的焦点。虽然此时基民盟已不是执政党，但是给其带来的负面影响还是很大的。五是选举限制。通过定期选举，民众通过手中选票对政党做出选择，选出自己支持的政党的议员或行政官员等。

---

① 林勋健主编：《西方政党是如何执政的》，中共中央党校出版社 2001 年版，第 228—229 页。

② 徐菁忆：《德国的廉政治理及其启示》，《中国行政管理》2019 年第 1 期。

（四）实施系统完善的廉政措施

一是实行现代公务员制度。为防止钱权交易，社会民主党政府将政务官与事务官分开。政务官由选举产生，政务官的变动不会影响事务官。事务官的晋升实行绩效考核制，不得无故辞退。公务员如果被指控受贿并被定罪将被立即开除。如果有资金方面的问题，公务员必须退还赃款，甚至还要加倍罚款。

二是实行政治、行政双透明。透明度与公开性是社会民主党政府执政的主要原则之一。除了法律规定的特殊的军事秘密文件不能公开，其他所有档案都要向公众开放，公众可以直接查询政府档案、记录，政府行为接受公民和媒体的监督。瑞典是世界上最早实行新闻自由的国家，出版自由法规定任何印刷品的作者都不负有在印刷品上署真名的义务，而且禁止对消息来源进行调查或透露。这种对新闻来源匿名的近乎极端的保护，目的就是使新闻媒体享有对社会活动进行洞察的最大可能性，从而对政党和政府进行最大限度地监督。1995 年，瑞典媒体揭露了副首相萨林利用政府信用卡为私人购物的腐败事件，迫使其引咎辞职。同年，一些媒体又揭露出几起利用公款进行公费旅游的严重舞弊事件，使当事人收到查处。① 同时，北欧国家实行信息公开和财产申报制度，所有公职人员的财产状况和收入来源都要进行申报。

三是健全规范市场经济体制。北欧国家的市场经济发展历史较长，制度比较健全，政府对企业进行行政控制较少，行政审批的项目数量和权限都非常有限。在军火、市政建设、办公用品、公共服务等方面，政府均实行集中采购、招投标制度，进行市场化操作，从源头上切断了权钱交易。

四是执法体系严格高效。近几十年来，北欧国家在预防和打击

---

① 林勋健主编：《西方政党是如何执政的》，中共中央党校出版社 2001 年版，第 399 页。

经济犯罪、收集犯罪证据等方面建立了新的合作机制，为提高综合协调能力和惩治腐败的效率，开始出现检、警联防的新趋势。[①]

（五）建立协同的多中心反腐治理主体

因为各州在机构设置上具有充分自主权，所以德国没有统一的廉政治理机构，而是形成了多中心治理主体协同反腐机制。首先，联邦和各州议院、检察院、法院等监督机构是德国廉政治理的核心部门。这些机构根据法律赋予的权力和义务进行反腐工作，联邦议院负责监督政府工作，联邦司法部门制定惩治腐败人员的法律规定，联邦法院审理腐败案件。其次，联邦及各州成立协调性反腐败机构，各级政府部门均成立了反腐败小组和防腐专员。反腐小组是一个内部监督机构，它根据部门内部腐败滋生的规律制定反腐规则，并在腐败发生后拥有临时调查的权力。防腐专员是预防和打击贪污腐败问题的直接联络人，主要负责提供建议、接收举报信息、评估腐败环境并提出切实可行的解决方法和对策。联邦、州和市均设有审计机构，独立于立法、行政和司法，不必服从上级指示，可直接审计可疑的预算或支出。特案小组就是联邦审计局成立的机构，要在相关反腐部门和联邦警察局协助下开展工作。最后，德国稳定的社会组织环境构成了廉政建设的社会基础。德国规模较大的社会组织有独立的组织机构和固定的资金来源，可以有效监督政府权力的运行。多数全国性的民间组织都建立了从社区到联邦的庞大网络，呈现出网络化发展趋势，实现了对腐败行为的网络化和系统化监督。[②] 总之，通过国家、个人、社会三方共同合作，德国形成了多中心治理主体协同反腐的综合治理机制，保证了德国廉政治理取得较好的成效。

---

① 吴茜：《欧洲社会民主党党风廉政建设的经验与启示》，《上海党史与党建》2008 年第 5 期。

② 徐菁忆：《德国的廉政治理及其启示》，《中国行政管理》2019 年第 1 期。

三　资产阶级右翼政党廉政建设

21世纪以来，在世界主要资本主义国家中，多个资产阶级右翼政党在各自国家大选中脱颖而出成为执政党，这些政党均注重廉政建设，成效显著。

（一）英国保守党廉政建设实践

1. 严格党纪

首先，英国保守党有严格的党纪党规，注重对党员的言行提出严格要求。如果党员言行违背了党的政治宗旨、目标和价值，或损害了党的财政健康，或可能使党陷入可耻的情况，将暂停其党员身份，严重者甚至直接开除其党籍。为了提高党在议会中的竞争力，保守党还会严格约束议员党员的言行。如果保守党的议会两院议员的行为可能使党陷入不利境地，那么他们会被立即停止议员资格，并对其发起党内诉讼，这意味着议员的政治生涯即将结束。

其次，保守党对党员违纪行为严惩不贷。保守党章程中有相应的纪律条款，如果议员违反相关规定，将会受到惩罚。纪律惩罚主要分为选举惩罚和升迁惩罚。遭受选举惩罚的党员能否继续其议会生涯都会受到很大影响，升迁惩罚将以各种措施或者手段阻碍违纪议员在议会内的发展。

最后，保守党执纪机构权限明确。保守党全国理事会具有纪律检察权和执行权，道德和廉政委员会则负责违纪行为的调查和审判。全国理事会的主要职能首先是确保党员遵守党纪规定，确认党员违反党纪的行为并给予处理；其次是发布书面警告，要求党员在规定时间内改正违纪行为；最后是对违纪行为提起诉讼并执行全国道德和廉政委员会的处理决定。

2. 建立完善的法律体系

英国是世界上第一个制定反腐败法律的国家，已经制定了一系列反腐败，或者包含反腐败内容的法律。[①] 2010 年联合政府上台后，颁布了《英国 2010 年反贿赂法》。这部反贿赂法的法律管辖权宽泛，规定贿赂犯罪只要涉及与英国有关联的个人或公司，无论发生在哪里，均可被起诉，而且处罚非常严厉，因此被称为世界上最为严厉的反腐败立法。

3. 建立多形式、多层次、全方位、立体化的监督机制和监督网络

一是议会监督，监督政府行政行为和权力。一般认为，议会对执政党的监督是最为有效的。议会不仅有立法权，而且享有广泛的监督权。议会通过行使财政监督权、质询权、调查权、倒阁权、弹劾权等，就能够在制度上对执政党政府权力行使和违法失职甚至腐败行为进行有效制约。[②] 20 世纪 70 年代以来，英国下院成立了十多个与政府部委相对应的专门委员会，负责监督政府相关部门，质询政府的内政外交问题，揭露存在的问题，督促改进。二是反对党监督。反对党对执政党的作用主要是监督和制约执政党的政策和行为，防止执政党滥用权力。反对党可以利用质询、调查、听证、辩论、提案、弹劾等方式，向社会公布执政党及其成员的劣迹，必要时还会启动法定程序追究执政党的法律责任。许多执政党的腐败分子就是在反对党的穷追猛打下得到应有的惩罚。英国的法律和政治传统鼓励反对党发挥作用，而且对反对党议员给予特别的人身保护，保证他们免予执政党的打击和迫害。[③] 三是官僚机构监督。英国按照文

---

① 1889 年英国颁布了第一部反腐败法，即《公共机构腐败行为法》；1906 年和 1916 年英国相继颁布《防止腐败法》；2003 年布莱尔政府在整理、综合和修订现存各种反腐法律条文基础上，公布了新的《反腐败法》。

② 林勋健主编：《西方政党是如何执政的》，中共中央党校出版社 2001 年版，第 55 页。

③ 林勋健主编：《西方政党是如何执政的》，中共中央党校出版社 2001 年版，第 58 页。

官制度建立起一套完善的官僚结构，这是政治顺利运作的重要保障。文官的职务不会因为内阁更替而被撤换，能够保持政治中立。对于执政党的违法和犯罪行为，文官可以以违反程序和文官操守为由予以拒绝，并且对于执政党的贪污腐败行为，文官可以开展调查并予以查处。在官僚结构的监督下，执政党很难操纵整个行政机关，以权谋私。[①] 四是司法监督。英国的司法机构完全独立，行使其职权时不受行政和立法部门的干预。法院是司法权的行使机构，通过各级各类法院的判决可以实现对执政党政府（内阁）及其官员行为的监督。[②] 五是审计监督。政府许多部门都设立了内部审计机构，对其部门进行行政监督。议会公共账目委员会是下院常设委员会，负责监督政府和议员。议会审计委员会负责监督一般性审计问题，监测并报告欺诈与腐败行为的发生概率。此外，各地方均设有审计机构。[③] 六是大众媒介监督。英国的新闻传媒和信息产业都十分发达。在英国，舆论和新闻媒体有监督和批评政府的传统。英国新闻媒体在披露政治丑闻、揭露执政党和政府的腐败、抨击违法犯罪官吏方面往往是不遗余力。英国新闻媒体为了发现政治人物违法失职、贪污腐败的事实，往往不惜代价追踪到底，许多政治人物就是因为被媒体揭露了丑闻而身败名裂、丢官罢职。舆论监督和新闻媒体监督能使腐败现象更容易暴露在阳光下，可以有效制约政府滥用职权，在实践中起到了遏制腐败的作用。[④]

（二）加拿大自由党廉政建设实践

加拿大自由党是 20 世纪以来在加拿大执政时间最长的政党。自由党同样是在廉政建设方面颇有建树的政党。

---

① 林勋健主编：《西方政党是如何执政的》，中共中央党校出版社 2001 年版，第 56 页。

② 林勋健主编：《西方政党是如何执政的》，中共中央党校出版社 2001 年版，第 57 页。

③ 赵永仁：《英国的反腐与监督机制》，《中国人大》2014 年第 15 期。

④ 李靖堃：《英国的反腐败机制》，《党建》2006 年第 4 期。

1. 严格的法律和规章制度

加拿大之所以能保持较高的廉洁度，根本原因在于加拿大有非常严格的法律和完备的规章制度对腐败行为进行约束。加拿大从联邦到各省市都制定了详细完整的法律法规，形成了一套覆盖预防、侦查和惩治各环节的完备的反腐倡廉法律体系，有力支撑了反腐败工作的有效运转。

加拿大反腐法律体系严格规定了政府各部门的职责，使各部门的活动都有法律依据支持，确保了部门活动的权威性。同时，加拿大政府高度重视根据新情况、新问题，及时有效地修订和完善相关法律法规。一旦出现新的情况和问题，加拿大总是在总结经验教训的基础上及时构建有效的制度屏障。《游说法》即是在游说领域出现丑闻后，为避免再次出现同样问题而及时出台的法律。目前，在加拿大反腐法律体系中发挥重要作用的主要是《加拿大选举法》《游说法》《审计总长法》《利益冲突法》《公务员揭露保护法》《金融管理法》《加拿大刑事法典》《信息公开法》8 部法律。[①]

2. 完善的反腐败工作组织体系

为确保反腐败法律法规的有效实施，加拿大建立了较完善的反腐败工作组织体系。一方面，在反腐链条的各个环节都设立了常规的专职反腐机构。加拿大各行政层级在预防、侦查和惩处阶段都设立了专门的职能机构，形成了“廉政专员办公室、监察专员办公室、游说登记办公室、审计长办公室”四位一体的独立监督框架，这是加拿大反腐败组织体系的一大特色。同时，在腐败高发易发领域设立“专门反腐机构”。比如，设立“政府采购监管办公室”对政府采购行为进行审查；设立“安大略省市政委员会”，负责裁定对公众有关市级土地规划和土地使用的申诉。另一方面，加拿大注重引导社会多方力量共同参与反腐。比如，“加拿大问责制促进会”是反腐

① 陈群民、李显波：《加拿大反腐经验对我国反腐倡廉的启示》，《探索与争鸣》2011 年第 6 期。

败社会组织的一个典型代表。社会媒体也能在反腐中充分发挥舆论监督的作用。同时，加拿大法律通过合理的制度设计，积极保护社会个人举报腐败行为，所以加拿大社会公众具有很好的参与反腐败的积极性和主动性。①

四　民族主义政党廉政建设

民族主义政党晚于西方资本主义政党的产生，而且产生的历史背景、发展轨迹也与西方国家近现代政党有很大不同。民族主义政党大多以民族主义为旗帜，以寻求民族独立解放、民族发展富强为宗旨。即使这样，在民族主义政党之间，意识形态和政策主张也千差万别。最近几十年特别是冷战结束以来，民族主义政党在政治理念、政策主张和组织建设等方面也呈现出一些新情况和新特点。②

新加坡人民行动党于 1954 年成立，奉行民主社会主义思想路线。新加坡是全世界公认的最廉洁的国家之一，曾连续十年在“透明国际”廉政指数排名中居前十位。在实现经济腾飞、成为亚洲“四小龙”的同时，新加坡成功治理了被称作“东南亚之癌”的贪污腐败。

（一）执政党领导人高度重视反腐工作

新加坡人民行动党认为，反腐败取得成功的关键在于领导人。新加坡贪污调查局局长杨温明介绍新加坡反腐败的成功经验时曾经

① 陈群民、李显波：《加拿大反腐经验对我国反腐倡廉的启示》，《探索与争鸣》2011 年第 6 期。

② 董卫华：《民族主义政党的发展历史、政策调整及前景》，《当代世界》2006 年第 9 期。

说过，肃清贪污的一个重要的先决条件是，政治领袖必须是一些绝对诚实和清廉的人，并且肯为国家彻底消除贪污而献身。[①] 新加坡现任总理李显龙也强调："如果核心人物腐败，不管你有任何条例，都无济于事。"[②]

新加坡开国元首、人民行动党创始人之一李光耀反复强调，反腐必须从最高层抓起、从领导层做起，领导人的一言一行必须发挥标杆作用。他认为，一个国家能否解决贪污问题，关键在于这个国家的领导人本身是否有决心以身作则。作为执政党的最高领导人，李光耀一生清廉，是新加坡国家廉政示范和最重要的政治推动者。在 1959 年 6 月就职仪式上，李光耀率领全体内阁成员身着白色衬衫和白色长裤，用白色象征着廉洁和纯洁，表明要廉洁从政的决心和意志。此后，凡是重要公开场合，官员们都要穿着白衬衫和白长裤，成为新加坡政治生活中的一道亮丽风景线。李光耀就任总理前，对家人提出要求，"我虽然当上了总理，但权力是人民给的，你们不要指望用我的职务谋取任何好处"。李光耀的亲友中没有一个人凭借他的权势谋利。李光耀告诫同僚："无论你为人民做了多少好事，如果你假公济私，为自己和家庭敛财，你就已经堕落了。你在人民心目中的地位受损，也会降低国家的信誉。这怎么行呢?""伟大的领袖是那些为国家和人民鞠躬尽瘁的人，他们从不滥用权势以自肥。只要最高领导洁身自好，他就有机会铲除制度上的贪腐。"李光耀身体力行了自己的从政理念，为国家和社会树立了廉洁标杆。1995 年，李光耀和其子李显龙各自买了一套房子，买房时分别享受了 5% 和 7% 的优惠，这种优惠是房地产行业的惯例。有人对此提出异议，认为他们以权谋私，占了不应有的便宜。时任总理吴作栋下令对购房

---

① 赵付科、季正聚：《新加坡人民行动党廉政建设的基本经验及启示》，《科学社会主义》2013 年第 1 期。

② 赵景芳：《新加坡人民行动党廉政建设的基本经验》，《当代世界与社会主义》2014 年第 5 期。

做全面调查，而且李光耀父子二人还到国会接受质询并进行为期三天的答辩，最终调查结果是他们享受的是正常折扣，没有搞特殊化。李光耀父子打算将100万新元的折扣款交给政府但被拒绝，最后捐给慈善机构。[①]

（二）依法反腐，执法严正

当今世界，新加坡以法律严厉而著称。在反腐败斗争中，新加坡非常重视法制建设，强调依法治理腐败。李光耀早在1967年就曾指出，只有通过“法律创新”才能有效控制腐败。在李光耀领导下，新加坡在《刑法典》《刑事诉讼法典》的基础上，制定了《预防贪污贿赂法》和《没收贪污贿赂利益法》。这两部法律是专门的刑事法律，适用于构成犯罪的腐败行为，成为新加坡政府惩治贪贿犯罪的利器。《预防贪污贿赂法》规定的腐败犯罪主体范围大，不仅包括公职人员，还包括私人、私人机构和半官方机构中的人员；报酬涵盖的范围广，既包括财产或财产性利益，还包括各种非财产性利益，以及任何对金钱、礼物、有价证券、服务、恩惠、好处以及职位、就业、契约、义务的放弃、责任的免除的表示和许诺；贪污贿赂行为的范围宽，不仅包括已取得非法报酬的行为，而且包括企图获得非法报酬的行为；构成犯罪无最低限额要求，即使收了1新元也构成犯罪；构成受贿罪不以实施谋利行为为必要条件，不需要证明受贿者有权力、机会和有无实施行贿人所委托的事项。为了加大对贪污贿赂犯罪的经济惩罚力度，新加坡又制定了《没收贪污贿赂利益法》。这部法律规定，贪污贿赂所得和当事人拥有的与其已知收入来源不相称又“不能向法院做出合理的令人信服的解释”的任何财产或者利益，都属于贪污贿赂利益，都要予以没收。拒不执行没收令的，法院将会在应当判处的刑罚的基础上再增加判处适当

---

① 陆建义：《向新加坡学习小国家的大智慧》，新华出版社2009年版，第53、55页。

的刑罚。[①] 严厉惩处贪污贿赂犯罪，目的就是让腐败分子在政治上身败名裂、在经济上倾家荡产。为了打击尚不构成犯罪的腐败行为，新加坡还制定了《公务（惩戒性程序）规则》等法律。完备的反腐败法律从各方面对腐败行为做出规定，对贪污腐败者布下了法律的天罗地网，使贪腐者无处遁逃、无机可乘，实现了惩治腐败的无死角、全覆盖。

新加坡治贪廉政建设坚持严刑峻法，而且执法必严。对公务员来讲，如果因贪污贿赂被判刑，将付出巨大的代价，甚至会付出他的全部，不仅身败名裂、尊严尽失，而且生计都无法保证，难以在社会上立足。公务员一旦被发现贪污贿赂，都将受到法律的严惩。即使身居高位、功勋卓著的人也不会得到从宽处理，更不能得到法外特权。新加坡开国元勋、李光耀的亲密战友郑远章被查出受贿，向李光耀提出见面请求遭拒绝后畏罪自杀。新加坡环境发展部政务部长黄循文和家人因接受商人旅行赞助和洋房，以贪污罪被判罚款和坐牢。公务员因被判坐牢而开除公职、永不录用，并没收全部公积金和退休金，这绝对是得不偿失的。

（三）设置专门的反贪机构并赋予充分职权

1952 年，新加坡成立了专门治理腐败的机构——贪污调查局。当时新加坡还处于英国殖民统治之下，该机构没有很好地发挥作用。1959 年，人民行动党上台执政后，时任行动党秘书长的李光耀强力反腐，贪污调查局才开始作为有力的惩治贪腐的机构发挥作用，从此，它在世界上开始有了良好声誉。贪污调查局的宗旨是通过迅速、坚定和公正的行动惩治腐败，目标是能够维护新加坡的廉政和善治，使新加坡成为零腐败的国家。贪污调查局只对内阁总理负责，拥有很大的独立调查权，可以独立地对贪腐案件进行立案和侦查。贪污

---

① 徐汉明等：《富有特色的新加坡反贪体制及运行机制》，《中国检察官》2008 年第 8 期。

调查局的职责包括：接收和调查针对公共和私人部门的涉贪举报；调查公职人员的失职渎职行为；审查公共服务部门的工作实务与程序，使腐败机会最小化。当然，为防止出现“灯下黑”，使监督者受到有效监督，贪污调查局行使权力同样受到制衡。这主要体现在两个方面：第一，贪污调查局对涉嫌贪污行为没有检控权和定罪权。检控由律政部负责，而定罪由法院负责。因此，贪污调查局必须将工作做扎实，努力提高办理案件的检控率和定罪率。第二，如果贪污调查局工作人员涉嫌贪污必须停职接受调查，包括局长在内都无例外。另外，虽然法律规定贪污调查局只对总理负责，总理也无权干预该机构的独立调查权。

（四）加强对权力的监督

加强对权力的监督是预防和惩治腐败的重要手段。新加坡人民行动党充分发挥司法监督和社会监督的作用，将权力运行的全过程各环节都置于“探照灯”之下，确保任何人发现贪腐嫌疑都可以进行举报。

司法机构独立是有效监督权力的前提。新加坡的司法系统具有相对独立性，这是有制度保障的。需要指出的是，新加坡司法系统的独立是建立在执政党的领导之下的。这主要体现在国家首席大法官和最高法院的法官由总理提名；首席大法官任期不确定，政府可以提名更换；司法机关绝对尊重议会立法，而议会完全由执政党控制，司法机构对行政裁量行使违法审查权等。当然，司法系统能够保持相对独立、有效监督政府，这主要体现在最高法院法官是终身制；下级法院的法官由首席法官直接提名、总统任命，下级法院法官只对最高法院负责；法官任职后，可以工作至65岁，政府不能干预，也不能改变他们的薪酬；最高法院法官的行为一般不经国会评议。若法官被发现有贪污受贿行为，国会可以弹劾法官；法官在审判过程中独立于所有主体，法官完全根据个人经历、良心和对法律的理解作判决；任何人都必须执行法庭或者法院的判决，不能有任何形式的变通。这些举措保证了法院审判工作不受外力干预，为司法公正提供了制度保障。

新加坡政府积极建设社会监督平台。实时监测和收集民意，通过新型社交媒体，与社区和基层组织保持密切联系；吸收公民参与各种工作小组，为经济社会发展提供建议。政府领导人与民众举行对话会，寻求共识。[①]

① 赵景芳：《新加坡人民行动党廉政建设的基本经验》，《当代世界与社会主义》2014 年第 5 期。

第四章　中国共产党反腐败斗争实践

历史是最好的教科书，也是最好的营养剂。习近平总书记历来重视对历史的学习、总结和运用，特别是高度重视对党史国史的学习研究，要求党员领导干部要认真学习党史国史，知史爱党，知史爱国，并且将“不断总结我们党长期以来形成的历史经验和成功做法，并结合新的形势任务和实践要求加以创新”[①]，作为新时代党的建设的一条重要经验。从某种意义上说，中国共产党的历史也是一部我们党为永葆马克思主义政党先进性、纯洁性而与腐败现象进行不懈斗争的历史。在此基础上形成的优良传统、宝贵经验、成功做法，为新时代深入推进党风廉政建设和反腐败斗争提供了重要参考。

从这一基本定位出发，我们可以从两个视角展开对中国共产党反腐败斗争史的研究。一是系统观点。唯物辩证法认为，事物内部和事物之间相互影响、相互制约。腐败作为一种历史和社会现象，其产生、发展和消亡有不以人的意志为转移的客观规律，不能超过历史的规定性去做超越历史的事情。从政党组织层面看，中国共产党是中国政治体系的重要组成部分，不仅受当时经济社会发展条件、阶级关系等客观环境的制约，而且在政治运作中还要同其他政党、团体等政治主体彼此联系、相互影响。从党员个体层面看，党员也

---

① 欧阳淞：《全面从严治党永远在路上》，《求是》2016 年第 24 期。

不是生活在孤岛上的单个存在，因为“人的本质不是单个人所固有的抽象物，在其现实性上，它是一切社会关系的总和”①。毫无疑问，考察中国共产党的反腐败历史，离不开系统的视角。有的学者从政治生态的角度进行研究，有的学者将反腐败政治体系的构建视为包括政治文化、政治制度、政治关系、政治行为在内的系统工程，探讨彼此之间相互联系、相互作用的关系。②

二是确立标准。与腐败相对应的是廉洁。用什么样的标准来衡量一个政党是廉洁还是腐败呢？我们可以从政党的构成要素中寻找答案。《布莱克维尔政治学百科全书》认为，政党“通常包含着涉及范围极广的各种组织变量：政党决策机构的组成及其权力，以及两者之间的关系；权威集中或分散的程度；政党官僚机构的结构和规模；政党基层单位或者敌方单位的性质与功能；以及两个极其重要的变量——党员资格问题和党内领导的性质”③。有学者认为，政党的构成要素包括两部分：有形的部分，如党员、骨干（干部），各级组织机构等；无形的部分，包括政党组织运行所依据的原则、规范、机制以及长期形成的思维模式和行为模式等。虽然定义不同、对政党的理解各异，但对政党本质及构成因素的认识是相通的，我们据此归纳出政党是否腐败的标准。其一是思想，即政党的指导思想是什么，凝聚什么阶级或者阶层的意志，代表人民群众的根本利益还是维护特定利益集团、权势团体或者特权阶层的特殊利益，这种思想与历史运动的前进方向相悖还是相向。其二是制度，在政党政治实践中，“政党活动的制度化、规范化水平越高，说明政党的现代化水平就越高，与现代民主政治的内在要求

---

① 《马克思恩格斯选集》第1卷，人民出版社2012年版，第135页。

② 朱庆跃：《中国共产党反腐政治体系构建的历史实践研究》，上海三联书店2015年版，第25页。

③ ［英］戴维·米勒、韦农·波格丹诺主编：《布莱克维尔政治学百科全书》，邓正来译，中国政法大学出版社2002年版，第567页。

就越适应”[1]，相应地，反腐败的效果就越好。其三是纪律。党纪对党员的约束力如何，影响着反腐败的效果。其四是党员资格和党员标准。政党成员是阶级或者阶层的先进分子还是“群众的‘尾巴’”，对政党肌体健康与否至关重要。其五是反腐败斗争策略。反腐败是一门艺术，也是一门科学。政党能否根据形势、条件的变化而相应做出改变，采取有效举措，影响着反腐败效果。大致按照上述标准，针对历史条件的不同，有侧重地考察中国共产党历史上反腐败斗争的基本历程。

一　新民主主义革命时期（1921 年至 1949 年）

（一）建党之初及大革命时期（1921 年至 1927 年）

这一时期，我们党是一个初登政治舞台的年轻政党，没有执政经验，物质条件也相对缺乏，但是社会环境对党的自身建设的影响不容忽视，党内腐败现象虽不普遍却依然存在。

这一时期，不良政治文化对一些党员的影响较大。比如，“一人得道，仙及鸡犬”等腐朽思想依然根深蒂固。费孝通在分析乡土中国的特性后提出了差序格局概念，他指出：“私的毛病在中国实在是比愚和病更普遍……从上到下似乎没有不害这毛病的……所谓贪污无能，并不是每个人绝对的能力问题，而是相对的，是从个人对公家的服务和责任上说的。”[2] 在一些党员的价值谱系中，自己家族和小圈子的私利排在第一位，而公共利益被排在最后。再如，传统的权力本位思想顽固存在。“只要在依靠人治的地方，官僚政治因素或者官僚主义都有可能趁虚而入，形成病灶。”[3] 1923 年，

---

① 赵晓乎：《政党论》，天津人民出版社 2002 年版，第 352 页。

② 费孝通：《乡土中国》，上海世纪出版集团 2007 年版，第 24 页。

③ 王亚南：《中国官僚政治研究》，中国社会科学出版社 1981 年版，第 11 页。

张国焘因在党内搞小集团而受到严厉批评，“他的思想非常狭隘，所以犯了很多错误他在党内组织小集团，是个重大的错误”[①]。刘少奇在总结安源路矿工人罢工斗争时尖锐地指出，有些工人领袖官僚主义习气增长，“渐习于官僚绅士的态度，对工人的态度和说话，多骄傲不和悦；且久而见只有牺牲没有权利，就不快活了”[②]。有的“负民校者想跑到政府机关去活动”[③]，王环心、涂振农、帅鼓农等一些党员因到国民党政府做官为荣而受到批评。又如，政治冷漠现象比较突出。大多数人认为搞政治“不是下等人”的事，习惯于“俯首贴命和从属依附”，甚至党赖以存在的阶级基础——工人阶级中不少人也“浸透了保守的传统精神”，这在某种意义上导致监督力量不足。[④]

党员的廉洁观念没有牢固树立，马克思主义觉悟有待提高。在特定的发展阶段，利益的具体有限性与利益发展的无限性之间的矛盾始终存在。正如罗素所言：“人们的欲望仅限于想象力所认为可能实现的范围。假如可能的话，人人都想成为上帝；少数人还不容易承认这是不可能的事情。”[⑤] 这个历史阶段，党处于幼年时期，尚未建立完善的反腐败制度，个别党员干部恰恰是利用了手中权力来支配各种资源，达到满足私欲的目的。另外，党成立不久就投入了血与火的革命运动中，没有及时对党员进行系统深入的马克思主义教育。在这种情况下，党员思想斑杂，“马克思主义者也有，无政府主义者也有，基尔特社会主义者也有，工团主义者也有，莫名其

---

① 中共中央文献研究室、中央档案馆：《建党以来重要文献选编》第1册，中央文献出版社2011年版，第246页。

② 中共中央文献研究室、中央档案馆：《建党以来重要文献选编》第1册，中央文献出版社2011年版，第293页。

③ 《中共中央文件选编》第2册，中共中央党校出版社1989年版，第468页。

④ 中共中央文献研究室、中央档案馆：《建党以来重要文献选编》第1册，中央文献出版社2011年版，第8页。

⑤ ［英］伯特兰·罗素：《权力论——新社会分析》，吴友三译，商务印书馆1991年版，第3页。

妙的也有”[①]。由于“忽略了党员的教育工作”，导致“严重的个人主义倾向。党员往往不完全信赖党”，“党内的同志关系很不密切，彼此很爱怀疑”[②]。此外，还出现了“在经济问题上发生吞款、揩油”的“贪污行为”[③]。比如，省港罢工委员会中就出现舞弊营私、侵吞公款等行为。

需要指出的是，这一时期党内腐败行为往往和官僚主义、斗争精神消退等不良作风联系在一起。我们党很少把反腐败斗争单列出来专门阐述，反腐败斗争的理论和实践往往蕴含在不断发展的党建理论和实践中。

这一时期，中国共产党的反腐败斗争主要从以下几个方面展开。

1. 在政治纲领上明确共产党与腐败水火不容

政治纲领是一个政党的旗帜，也是人们判断这个政党性质的重要依据。马克思主义认为，私有制是腐败产生的根源，而“共产党人可以把自己的理论概括为一句话：消灭私有制”[④]。中国共产党一经诞生就把“消灭私有制”的奋斗目标写在自己的旗帜上，表明了与腐败现象水火不容和彻底铲除腐败根源的坚定决心。中国共产党一大通过的纲领明确提出，党要“消灭资本家私有制，没收机器、土地、厂房和半成品等生产资料，归社会公有”，“承认苏维埃管理制度，把工人、农民和士兵组织起来，并承认党的根本政治目的是实行社会革命”[⑤]。此后，党对自己性质、使命的认识越来越深刻。1922年，中共中央发表的《对时局的主张》就明确指出：“中国共

---

① 中共中央文献研究室、中央档案馆：《建党以来重要文献选编》第1册，中央文献出版社2011年版，第69页。

② 中共中央文献研究室、中央档案馆：《建党以来重要文献选编》第1册，中央文献出版社2011年版，第243页。

③ 中央纪委纪检监察研究所：《中国共产党反腐倡廉文献选编》，中央文献出版社2002年版，第2页。

④ 《马克思恩格斯文集》第2卷，人民出版社2009年版，第45页。

⑤ 中共中央文献研究室、中央档案馆：《建党以来重要文献选编》第1册，中央文献出版社2011年版，第243页。

产党是无产阶级的先锋队，为无产阶级奋斗，和为无产阶级革命的党。”[①]《中国共产党第二次全国代表大会宣言》也明确指出：“中国共产党是中国无产阶级政党。他的目的是要组织无产阶级，用阶级斗争的手段，建立劳农专政的政治，铲除私有财产制度，渐次达到一个共产主义的社会。”[②]《关于共产党的组织章程决议案》指出，党不是学术团体，不是“知识者所组织的马克思学会”；不是高谈阔论的松散联盟，也不是“少数共产主义者离开群众之空想的革命团体”，而是将“无产阶级中最有革命精神的大群众组织起来为无产阶级之利益而奋斗的政党，为无产阶级做革命运动的急先锋”[③]。正如马克思恩格斯所指出的，“无产阶级的运动是绝大多数人的、为绝大多数人谋利益的独立的运动”[④]，“在无产阶级和资产阶级的斗争所经历的各个发展阶段上，共产党人始终代表整个运动的利益”[⑤]。从这些重要文献中可以看出，中国共产党的阶级性质以及利益代表是明确的：中国共产党代表了中国无产阶级运动的方向，为了无产阶级和广大人民群众的根本利益，为了中华民族的根本利益，带领人民开展无私奋斗，既不是谋一党之私的旧式政党，也不是代表某个集团或者阶层利益的狭隘宗派集团。难能可贵的是，早期的中国共产党以国际主义的视野看待自己的事业，将其视为“世界无产阶级争斗”的一部分，从而把本阶级本民族的解放和全人类的解放联系在一起。《中国共产党党纲草案》指出：“此种自中国国民革命进而至世界社会革命之争斗，必须是有觉悟的、统一的，并且了解其必然的目标；而锻炼此种觉悟力统一力及指示此种必然的目标，就是

---

① 中共中央文献研究室、中央档案馆：《建党以来重要文献选编》第1册，中央文献出版社2011年版，第97页。

② 中共中央文献研究室、中央档案馆：《建党以来重要文献选编》第1册，中央文献出版社2011年版，第133页。

③ 中共中央文献研究室、中央档案馆：《建党以来重要文献选编》第1册，中央文献出版社2011年版，第162页。

④ 《马克思恩格斯文集》第2卷，人民出版社2009年版，第42页。

⑤ 《马克思恩格斯文集》第2卷，人民出版社2009年版，第44页。

中国共产党及共产国际之任务。"[①] 可见，先进性和纯洁性是党的内在基因，也是党始终与腐败现象进行不懈斗争的内在要求。

2. 严格党的纪律

有无严格的纪律，是马克思主义政党区别于其他政党的显著标志。受列宁建党学说的影响，加之中国革命的敌人异常强大，党从建立初期就清醒意识到纪律的重要性。党的二大通过的党章首次单列了"纪律"一章，并明确规定了党员六种必须被开除的情形。[②] 党的二大通过的《关于共产党的组织章程决议案》将"党的内部必须有适应于革命的组织与训练"视为两个重大的"律"，强调"无论何时何地个个党员的言论，必须是党的言论，个个党员的活动，必须是党的活动；不可有离党的个人的或地方的意味。离开党的支配而做共产主义的活动这完全是个人的活动，不是党的活动，这完全是安那其的共产主义"[③]。此后，关于党的纪律的规定越来越严格，内容越来越丰富，针对性也越来越强。《中国共产党第三次修正章程议案》将严格党的纪律看作"全体党员及全体党部最初的最重要的义务"，并阐明了党的纪律对党的发展的重要性。该议案还明确了党纪处分的方式，如将对党组织的处分细化为警告、改组或者"举行总的重新登记（解散组织）"；对党员个人的处分细化为警告、党内公开警告、临时取消党内外职务、留党察看和开除党籍。[④] 根据党员犯错的情形采取相应的处分手段，而不是简单地开除了之，这充分

---

① 中共中央文献研究室、中央档案馆：《建党以来重要文献选编》第1册，中央文献出版社2011年版，第253页。

② 即言论行动有违背本党宣言章程及大会各执行委员会之议决案；无故联续两次不到会；欠缴党费三个月；无故联续四个星期不为本党服务；经中央执行委员会命令其停止出席留党察看期满而不改悟；泄露本党秘密。中共中央文献研究室、中央档案馆：《建党以来重要文献选编》第1册，中央文献出版社2011年版，第168页。

③ 中共中央文献研究室、中央档案馆：《建党以来重要文献选编》第1册，中央文献出版社2011年版，第162、163页。

④ 中央档案馆：《中国共产党第二次至第六次全国代表大会文件汇编》，人民出版社1981年版，第201页。

说明党在纪律处分问题上既严肃慎重，又实事求是。这些规章制度虽没有明确提出“腐败”一词，但腐败行为显然触犯了党的纪律，因而必须受到纪律制裁。我们党一直强调从严治党，执纪要严。中国共产党历史上第一个反腐败文件《坚决清洗贪污腐化分子》规定，对贪腐分子“务须不容情的洗刷出党，不可令留存党中，使党腐化，且败坏党在群众中的威望”[①]。针对有的地方党组织“做官热”的现象，中央局规定：“不服从党的命令而自由猎官猎高位的人，亦须严重警告，不停即断然公开开除”[②]。党的一大代表陈公博、周佛海就因触犯党的纪律而被开除出党。

3. 加强对权力的制约和监督

权力的滥用是腐败滋生的温床，加强监督是有效预防腐败的利器。中国共产党历来重视监督。党的一大通过的党的第一个纲领（共计 14 条，其中第 11 条遗漏），有两处就明确提到了“监督”：“工人、农民、士兵和学生的地方组织中党员人数很多时，可派他们到其他地区去工作，但是一定要受地方执行委员会的最严格的监督”，“地方委员会的财政、活动和政策，应受中央执行委员会的监督”[③]。在这个时期，我们党在加强监督方面下了很大功夫：一是加大对党员成为议员或者政府官员的制约。对成为国民政府官员的党员，党的态度是“不能当部长、省长，一般说不应当担任重要行政职务”[④]。这一条要求后来随着形势的发展而有所改变，但党重视监督的态度始终未变。对于国会议员中的共产党党员，党中央要求要绝对受中共中央执行委员会的监督和指挥；省会、市会、县会中的

① 中央纪委纪检监察研究所：《中国共产党反腐倡廉文献选编》，中央文献出版社 2002 年版，第 2 页。

② 《中共中央文件选编》第 2 册，中共中央党校出版社 1989 年版，第 468 页。

③ 中共中央文献研究室、中央档案馆：《建党以来重要文献选编》第 1 册，中央文献出版社 2011 年版，第 2 页。

④ 中共中央文献研究室、中央档案馆：《建党以来重要文献选编》第 1 册，中央文献出版社 2011 年版，第 23 页。

共产党议员，要绝对受中央执行委员会特派员和区及地方执行委员会的监督和指挥；一切重大政治问题，由中央执行委员会授以方略，议会中的共产党党员议员之个人及团体（共产党议会团体）绝对不得自作主张。[①]《中共三大关于党员入政界的决议案》也明确提出要求："凡党员之行动带有政治意义者，中央执行委员会有严重监督指导之权。党员遇有不得已须在政界谋生活时，必须请求中央审查决定。"[②] 二是发动群众进行监督。《关于共产党的组织章程决议案》指出："我们既然是为无产群众奋斗的政党，我们便要'到群众中去'要组成一个大的'群众党'"[③]。湖南农民运动的实践证明，只有群众被发动起来才能实现廉洁政治。"在土豪劣绅霸占权力的县，无论什么人去做知事，几乎都是贪官污吏。在农民已经起来的县，无论什么人去，都是廉洁政府"，足见群众监督的威力，"农民运动好得很。"[④] 三是成立专门的监察机构。以《中国共产党第三次修正章程决案》为例，首次明确规定要在中央和省一级设立党的监察委员会，规定了两级监察委员会与中央和省委的相互制约的关系，并对监察委员做了一些限制性规定。1927 年 4 月，针对党员数量增多而质量退化的现象，党的五大选举产生了中央监察委员会。这是党的历史上首次设立纪检监察机构。大会明确了监察委员会在党中央的地位及其职权，即"中央及省监察委员，得参加中央及省委员会议""中央及省委员会，不得取消中央及省监察委员会之决议"；明确监察委员会成员身份的独立性，即"中央及省监察委员，不得以中央委员及省委员兼任"[⑤]。这一时期，虽然有监察委员会委员的牺

---

① 中共中央文献研究室、中央档案馆：《建党以来重要文献选编》第 1 册，中央文献出版社 2011 年版，第 148、149 页。

② 中共中央文献研究室、中央档案馆：《建党以来重要文献选编》第 1 册，中央文献出版社 2011 年版，第 264 页。

③ 中共中央文献研究室、中央档案馆：《建党以来重要文献选编》第 1 册，中央文献出版社 2011 年版，第 162 页。

④ 《毛泽东选集》第 1 卷，人民出版社 1991 年版，第 14 页。

⑤ 《中国共产党第五次全国代表大会》，中共党史出版社 2007 年版，第 125—126 页。

牲或者被处分、大革命失败后我们党转入秘密状态等主客观原因，监察委员会成立不久就被取消了，但我们党在成立初期就设立专门纪检监察机构的做法，本身就体现了我们党加强监督的强烈意识和与腐败作斗争的坚强决心。四是设立特派员制度。这可以看作巡视制度的前身。党的二大通过的党章规定，“中央执行委员会得随时派员到各处召集各种形式的临时会议，此项会议应以中央特派员为主席”①。1925 年 10 月，中国共产党第四届中央执行委员会第一次扩大会议举行，会议通过《组织问题议决案》。议决案明确规定：“应当增加中央特派巡行的指导员，使事实上能对于区及地方实行全部指导工作。”② 可见，设立特派员的初衷是为了加强中央对地方的指导，对维护中央权威、消除腐败现象有积极作用。当然，特派员制度在施行中也出现了一些问题。

4. 对党员提出更高要求

党员是工人阶级的先进分子，党员个人行为是党的人格化。首先，与其他政党不同，加入中国共产党的门槛要高。中国共产党通过的第一个纲领规定，“在加入我们的队伍以前，必须与那些与党纲领背道而驰的党派和集团断绝一切联系”③。中国共产党党章对党员权利义务等方面的规定日益完善。1922 年党的二大通过的党章“党员”部分只有三条。1927 年 6 月 1 日，《中国共产党第三次修正章程决案》（由中共中央政治局会议通过）的“党员”一章共计十一条，涵盖入党程序、候补党员候补期及候补期权利、入党年龄甚至包括党员“自愿出党”等内容，从程序上为提高党员质量提供保障。其次，对党员的道德素质也提出较高要求。比如，强调党员的行动特质，反对空谈。《关于“民主的联合战线”的议决案》指出，“我们

① 中共中央文献研究室、中央档案馆：《建党以来重要文献选编》第 1 册，中央文献出版社 2011 年版，第 166 页。

② 《中共中央文件选集》第 1 册，中共中央党校出版社 1989 年版，第 473 页。

③ 中共中央文献研究室、中央档案馆：《建党以来重要文献选编》第 1 册，中央文献出版社 2011 年版，第 1—2 页。

共产党不是空谈主义者，不是候补的革命者，乃是时时刻刻要站起来努力工作的党，乃是时时刻刻要站起来为无产阶级利益努力工作的党”①。比如，强调党员的奉献和牺牲精神。“个个党员须牺牲个人的感情意见及利益关系以拥护党的一致。”再如，强调党员要有规则意识。“个个党员须了解共产党施行集权与训练时不应以资产阶级的法律秩序等观念施行之，乃应以共产革命在事实上所需要的观念施行之。”② 这些涉及党员道德品质的要求，无疑是与腐败行为不相容的。因为腐败行为“不仅丧失革命者的道德，且亦为普通社会道德所不容”③。

（二）土地革命战争时期（1927 年至 1937 年）

这一时期，以毛泽东同志为代表的中国共产党人逐渐探索出一条农村包围城市、武装夺取政权的正确道路，形成了工农武装割据的局面。我们党建立的革命根据地，除了面积最大、政权机构和政治制度最完备、政治影响力最大的中央苏区外，还有湘鄂西根据地、闽西根据地、湘鄂赣根据地、鄂豫皖根据地、左右江根据地、陕甘根据地等几十处革命根据地。各个根据地普遍建立了苏维埃政权，党有了局部执政的经验。

这一时期，我们党一如既往重视反腐败斗争。一是因为反腐败斗争关系着党领导的苏维埃政权、军队和根据地的生存和发展。从总体上讲，我们党处于敌强我弱的环境，面临国民党军队围剿的严峻形势。我们党要战胜敌人，发展壮大自己的力量，必须得到群众的支持和拥护。正如毛泽东所指出的：“我们现在的中心任务是动员

---

① 中共中央文献研究室、中央档案馆：《建党以来重要文献选编》第 1 册，中央文献出版社 2011 年版，第 139 页。

② 中共中央文献研究室、中央档案馆：《建党以来重要文献选编》第 1 册，中央文献出版社 2011 年版，第 162—163 页。

③ 中央纪委纪检监察研究所：《中国共产党反腐倡廉文献选编》，中央文献出版社 2002 年版，第 2 页。

广大群众参加革命战争，以革命战争打倒帝国主义和国民党，把革命发展到全国去，把帝国主义赶出中国去。谁要是看轻了这个中心任务，谁就不是一个很好的革命工作人员。”[①] 无数事实已经证明，一个政党、政权和军队，只有清廉才能赢得人心。因此，我们党必须像重视军事斗争一样，勇敢地与腐败现象作斗争。二是因为腐败行为依然存在。各个根据地的物质条件普遍较差，财源基本上来自筹款、战利品和没收土豪劣绅的财产。在党执政经验相对缺乏和制度不完善的情况下，一些党员干部有了利用权力寻租的空间。比如，贪污公款。有的党员干部“借办训练之名，向中央教育部虚报学员伙食费，贪污大洋七十多元”[②]。甚至出现了塌方式腐败的“窝案”，有代表性的案件是于都县原苏维埃主席、县委组织部部长、市区前财政部部长、乡一级苏维埃政权主席等在内的数十名党员干部因贪污受到惩处，“其牵涉面之广、涉及人员之多、社会影响之深，都是突出的，故被称为苏区‘惊天第一案’”[③]。比如，官僚主义严重。曾任中华苏维埃共和国临时中央政府邮电总局局长、红军总司令部第四局局长、中央革命军事委员会总动员武装部部长的杨岳彬因“终日都是坐在机关中，一步也不向群众中间走去”“只是坐在机关中等报告，和偶尔开几次会而已”的官僚主义作风而被撤职。[④]

这一时期，党主要从以下几方面进行反腐败斗争。

1. 加强思想政治教育，筑牢拒腐防变的思想基础

由于中国革命走农村包围城市、武装夺取政权的道路，党的工作重点长期在农村，大量革命农民和其他小资产阶级革命分子加入中国共产党。因此，正确解决党内无产阶级思想与非无产阶级思想

① 《毛泽东选集》第 1 卷，人民出版社 1991 年版，第 136 页。
② 《怎样检举贪污浪费》，《红色中华》第 140 期，1934 年 1 月 4 日。
③ 祝彦：《中国共产党怎样治理腐败问题》，江西人民出版社 2019 年版，第 47 页。
④ 《一个标本的官僚主义者——杨岳彬》，《红色中华》第 140 期，1934 年 1 月 4 日。

的矛盾问题，把农民和小资产阶级分子改造成合格的共产主义战士，使其拒绝腐败并与腐败现象作坚决的斗争，就成为保持党的先进性和纯洁性的关键。毛泽东同志指出，党内各种非无产阶级思想对于“执行党的正确路线，妨碍极大”；如果不能认真对待这些问题，党就难以担负起“中国伟大革命斗争”给予的重大任务。[①] 为此，必须加强对党员的思想政治教育。针对单纯军事观念、极端民主化、非组织观点、绝对平均主义、主观主义、个人主义、流寇思想、盲动主义残余等错误观点，毛泽东把“教育”作为解决问题的重要方法，提出了“从教育上提高党内的政治水平”“从理论上铲除极端民主化的根苗”“教育党员用马克思列宁主义的方法去作政治形势的分析和阶级势力的估量，以代替主观主义的分析和估量”“加强教育，从思想上纠正个人主义”“从思想上肃清盲动主义”等方法。[②] 教育的内容不仅仅包括马克思主义理论教育，还包括群众观、廉洁观等方面教育。《湘赣边界党的第二次代表大会决议案》强调，“目前基本训练工作，应竭力铲除一般同志的机会主义思想和封建小资产阶级思想，确定无产阶级革命的人生观。”[③] 《中国共产党红军第四军第九次代表大会决议案》将党内教育的内容细化为“目前政治分析及红军之任务与计划”“三条纪律建设的理由”“怎样做群众工作”“革命的目前阶段和他的前途”“共产党国民党的比较”等十九种。[④] 党内教育形式也多种多样。《中国共产党红军第四军第九次代表大会决议案》列举了十八种教育方法，如创办党报、政治简报，编辑小册子、集合讲话、个别谈话等，其中创新提出了“启发式”

---

① 《毛泽东选集》第1卷，人民出版社1991年版，第85页。

② 《毛泽东选集》第1卷，人民出版社1991年版，第85—96页。

③ 《井冈山革命根据地》（上），中共党史资料出版社1987年版，第193页。

④ 中共中央文献研究室、中央档案馆：《建党以来重要文献选编》第7册，中央文献出版社2011年版，第741页。

而不是注入式教学，对党内教育发展影响深远。[①] 此外，党还创办了党校、红军学校、培训班等，通过课堂对党员加强马克思主义思想教育。

2. 建立健全机构和制度，加强对权力的监督和制约

完善人民民主制度。苏维埃政府一成立，就亮明了为什么人的鲜明态度。毛泽东同志指出，“要使广大群众认识我们是代表他们的利益的，是和他们呼吸相通的”[②]。这深刻地说明了苏维埃政权的人民民主性质。为了体现人民民主、让群众更好地监督政府，中央苏区采取了“给予一切被剥削被压迫的民众以完全的选举权和被选举权”“建立与健全苏维埃组织的基础——市乡代表会议制度”“给予一切革命群众以完全的集会结社言论出版与罢工的自由”“适当划分行政区域，取消旧的官僚主义的大而无当的行政区域”等四条措施。[③] 政治学理论认为，权力行使者要对权力赋予者负责。人民政权的性质，决定了其与腐败格格不入，其内在的逻辑就是要把腐败分子清理出苏维埃政权。

制定一系列关于加强权力监督的制度。一是建立统一的税收和预算决算制度。中央苏区先后出台了《暂行税则》《暂行财政条例》以及《统一财政编制预决算制度》第 2 号训令，明确“各级行政经费，各军伙食费杂用等经费经造具决算后，统一由上一级财政部依据批准之预算付款。”[④] 二是建立统一的会计制度。设立该制度的初衷是“为了彻底统一财政，防止一切舞弊行为”[⑤]，“节省每一个铜

① 中共中央文献研究室、中央档案馆：《建党以来重要文献选编》第 7 册，中央文献出版社 2011 年版，第 742 页。

② 《毛泽东选集》第 1 卷，人民出版社 1991 年版，第 138 页。

③ 中共中央文献研究室、中央档案馆：《建党以来重要文献选编》第 11 册，中央文献出版社 2011 年版，第 103 页。

④ 窦效民、王良启：《中国共产党反腐倡廉历程》，郑州大学出版社 2006 年版，第 59 页。

⑤ 窦效民、王良启：《中国共产党反腐倡廉历程》，郑州大学出版社 2006 年版，第 60 页。

板为着战争和革命事业，为着我们的经济建设”①。中央苏区还做出统一会计制度的五条规定，并印制了各种单据等。三是建立审计制度。1933年，中央苏区设立了中央审计委员会和地方审计委员会。次年，《中华苏维埃共和国中央政府执行委员会审计条例》出台，这是党的历史上第一个全国性的审计法规。审计委员会具有较高的地位和独立性，与监察委员会密切配合，严厉查处腐败，杜绝浪费现象。四是建立舆论监督制度。张闻天同志明确指出：“苏维埃报刊不仅要无情地揭发苏区存在的消极腐败现象，还必须从正面大量宣传和表扬先进典型、先进模范，要介绍他们具体的生动事迹，树立学习榜样，从而使舆论监督的作用更完整更全面地发挥出来。”② 中华苏维埃共和国临时中央政府机关报《红色中华》开辟了“红板”、“黑板”以及“反贪污浪费”等栏目，每个栏目有不同的定位，对先进人物典型事迹的褒扬刊发在“红板”专栏，批评和监督的文章刊发在“黑板”专栏。时任中华苏维埃共和国临时中央政府副主席的项英就在《红色中华》上刊发过《反对浪费严惩贪污》《发展生产节俭经济来帮助红军发展革命战争》《于都检举的情形和经过》等有影响的文章。此外，巡视制度、国库制度等也都在实践中逐步建立健全。

设立监察机构。一是加强顶层设计，成立中央党务委员会和中央监察委员会。1933年中共中央做出的《中共中央关于成立中央党务委员会及中央苏区省县监察委员会的决议》明确指出，设立这两个机构的目的在于“以布尔塞维克的精神，维持无产阶级政党的铁的纪律，正确地执行铁的纪律，保证党内思想和行动的一致，监视党章和党决议的实行，检查违反党的总路线的各种不正确的倾向主

① 《毛泽东选集》第1卷，人民出版社1991年版，第134页。

② 张闻天：《关于我们的报纸》，《斗争》第38期，1933年12月12日。

义及腐化现象等，并与之作无情的斗争”①。二是设立了由突击队、轻骑兵、工农通讯员和群众法庭构成的群众监督组织。突击队的主要任务是监督和检查苏维埃机关和工作人员是否正确执行政策、是否有贪污受贿等现象。轻骑队的职责是检查苏维埃各机关、各类企业以及合作社组织等是否存在比较严重的官僚主义、贪污受贿、铺张浪费等腐败现象。工农通讯员的职责是及时向工农检察院反映机关人员违法失职、贪污浪费等行为。同时，群众法庭既可以审理那些不涉及犯法行为的案件，也可以履行判决开除有关工作人员并登报宣布其腐败罪状等职责。

3. 对腐败零容忍，严厉惩处清理腐败分子

这一时期，中国共产党制定了一系列惩治腐败的党内法规，针对性强，措施严厉，体现了我们党对腐败行为的零容忍态度。1931 年 11 月，中央苏区第一次党代会召开，大会通过的《关于党的建设问题决议案》对反腐败提出具体要求，“要严格执行党的铁的纪律，防止一切腐化官僚化贪污等现象的产生”，“党应加紧反对官僚腐化贪污等现象的口号，防止那些现象滋长”②。1933 年 12 月 15 日，中央苏区颁布的《关于惩治贪污浪费行为》，堪称土地革命时期最有代表性的反腐败法规文献。这个文件针对“苏维埃机关，国营企业及公共团体的工作人员利用自己地位贪污公款以图私利者”以及“因玩忽职守而浪费公款，致使国家受到损失者”，“严格政治贪污及浪费行为”，根据贪污公款数额、浪费程度不同而将其处罚分为死刑、两年以上五年以下监禁、半年以上两年以下监禁、没收其家产全部或者一部等。③

---

① 中央档案馆：《中共中央文件选集》第 9 册，中共中央党校出版社 1991 年版，第 340 页。

② 中共中央文献研究室、中央档案馆：《建党以来重要文献选编》第 11 册，中央文献出版社 2011 年版，第 625 页。

③ 中央纪委纪检监察研究所：《中国共产党反腐倡廉文献选编》，中央文献出版社 2002 年版，第 10 页。

1931 年 11 月，中华苏维埃共和国临时中央政府在江西瑞金成立。自苏维埃政权诞生之日起，党和苏维埃政府就把惩治贪污腐败作为极端重要的工作。从 1932 年初开始，中央苏区掀起了规模浩大、影响广泛的以反对贪污、反对浪费为主要内容的一次“廉政风暴”，查处了一批大案要案，惩处了一批贪污腐化分子。[①] 比如，叶坪村原苏维埃主席谢步升，因“打土豪的财产归私有”，“收买群众的米，用大斗进、小斗出卖给‘一苏大会’，获利大洋 270 块”，杀害红军军官、抢劫等七条罪状，被处于死刑和没收全部财产，赢得群众的称赞。[②] 在处理于都营私贪污“窝案”中，于都县原县委书记、县苏维埃主席职务被撤销，贪污首犯刘仕祥被判处死刑。这一时期我们党查处的有影响的腐败案件还有左祥云案、谢开松案、黄裕明案等。我们党毫不留情地正风肃纪惩贪，教育了干部，纯洁了队伍，密切了党群关系，赢得了群众的信任和拥护，保持了党的先进性和纯洁性。

4. 营造良好政治生态，培育廉政作风

良好的政治环境对抑制腐败行为有重要作用。在各个革命根据地，普遍形成了比较好的廉政作风。一是形成了实行民主、人人平等、反对特权的作风。井冈山物质条件艰苦、战斗频繁，红军却始终保持“维持不敝”，“民主主义”是关键原因之一。“同样一个兵，昨天在敌军不勇敢，今天在红军很勇敢，就是民主主义的影响”[③]；“什么人都是一样苦，从军长到伙夫，除粮食外一律吃五分钱的伙食。发零用钱，两角即一律两角，四角即一律四角”[④]。二是形成了密切联系群众的作风。毛泽东同志要求党员干部“关心群众的痛痒，就得真心实意地为群众谋利益，解决群众的生产和生活的问题，盐

① 这是中国共产党历史上第一次大规模的反腐败行动。
② 彭诗光：《中央苏区反腐肃贪实录》，中国检察出版社 2009 年版，第 78—79 页。
③ 《毛泽东选集》第 1 卷，人民出版社 1991 年版，第 65 页。
④ 《毛泽东选集》第 1 卷，人民出版社 1991 年版，第 65 页。

的问题，米的问题，房子的问题，衣的问题，生小孩子的问题，解决群众的一切问题。”① 长冈乡的党员干部就是联系群众的典范。农民房子被火烧掉了或者没有饭吃，乡政府就发动群众捐钱捐物进行帮助。党员干部也由此在群众中享有崇高威信，在扩大红军、销公债等方面取得很大的成就，得到毛泽东同志的赞扬。三是形成了艰苦奋斗、甘于奉献的作风。陆定一、邓颖超、陈云、博古、罗迈等同志从白区来到苏区后，虽然没有分田，但发出联名信，明确表示“每天节省二两米，使前方红军吃饭，好打胜仗”，“今年公家不发我们热天衣服，把这些衣服给战士穿。”② 所有这些都证明了“只有苏维埃是空前的真正的廉洁的政府。”③ 中央苏区形成的廉政作风，丰富了中华民族廉政道德资源宝库，并被后来者一代代传承发扬。

（三）全民族抗战时期（1937 年至 1945 年）

1931 年，九一八事变爆发后，日本侵略军迅速占领中国东北。此后，日本帝国主义步步紧逼，并于 1937 年 7 月 7 日挑起卢沟桥事变，中日战争全面爆发，中华民族面临着生死存亡的严峻考验。抗日战争时期，中国共产党始终没有放松反腐败斗争。这是因为，特殊的历史时期产生了导致腐败的特殊历史因素。比如，其他政治力量的存在和影响成为腐败现象产生的诱因。因为要联合一切抗日的力量共同抗击日本侵略者，我们党就要同民族资产阶级、开明绅士、地方实力派、亲英美的大资产阶级等打交道，他们的思想和生活方式不可避免地会对一些党员、干部产生不良影响。另外，在国共合作中，国民党始终没有放弃消灭中国共产党的企图，甚至提出“在抗日战争中削弱共产党力量五分之二”的计划，并且对党员干部施

① 《毛泽东选集》第 1 卷，人民出版社 1991 年版，第 138 页。

② 《中共中央机关外籍工作同志给本报节省运动号召的回答》，《红色中华》第 164 期，1934 年 3 月 20 日。

③ 《关于四个月节省运动的报告》，《红色中华》第 232 期，1934 年 9 月 11 日。

行“升官发财酒色逸乐的引诱”,[①] 助长了一些党员、干部的贪污腐化行为。比如，要克服大量新党员带来的各种非无产阶级思想的影响。1942 年，党员数量从长征结束时的 4 万人发展到 80 万人，但是新党员中 90% 出身于农民或其他小资产阶级。[②] 有一点必须清醒，组织上入了党，并不等于思想上也入了党。有些新党员出身阶级的消极落后思想对党的廉政建设会产生不良影响。同时，一部分党员、干部还出现了“过去艰苦斗争的生活不愿意继续的情绪”,[③] 追求生活享受，甚至以当国民党的官员为荣。1944 年淮北区党委颁布的《关于开展节约运动反对贪污浪费的决定》就列举了一些现象：“一个乡长贪污公粮至三百石之多；××地方税务人员照例不报实收数目；乡公所可以随便支粮，随便支款，事先不作预算，钱粮用了再报……××供给部存在群众家中的棉花已经一年多无人过问，今年发冬衣时不少干部不应领的领了。”[④] 所以，尽管战争环境非常严酷，腐败问题同样不容忽视，必须像对待军事斗争一样高度重视反腐败斗争。

1. 加强思想政治教育，提高全党的马克思主义觉悟

我们党高度重视理论武装，用马克思主义科学理论指导革命、教育党员干部，帮助他们筑牢拒腐防变的思想防线。毛泽东同志将“普遍地深入地研究马克思列宁主义的理论的任务”看作党“亟待解决并须着重地致力才能解决的大问题”，要求全党特别是党的高级干部，认识提高马克思主义理论素养的重要性。为此，毛泽东同志专门号召要“来一个全党的学习竞赛”[⑤]。刘少奇同志认为党“能够教育和改造小资产阶级”[⑥]。实践证明，很多人接受马克思主义教育

---

① 《毛泽东选集》第 2 卷，人民出版社 1991 年版，第 392 页。

② 蒋国海：《毛泽东的政党观》，解放军出版社 2014 年版，第 65 页。

③ 《毛泽东选集》第 2 卷，人民出版社 1991 年版，第 392 页。

④ 祝彦：《中国共产党怎样治理腐败问题》，江西人民出版社 2019 年版，第 71 页。

⑤ 《毛泽东选集》第 2 卷，人民出版社 1991 年版，第 353 页。

⑥ 《刘少奇选集》上卷，人民出版社 1981 年版，第 314 页。

后，“改变了他们性格”，“成为了马克思列宁主义者——无产阶级战士”[①]。这一时期，党的思想政治建设取得了突出成绩：一是明确将毛泽东思想确立为我们党的指导思想。刘少奇同志在《论党》中，对毛泽东思想的科学内涵及历史地位做出了当时历史条件下最全面、最深刻的阐述。他指出，毛泽东思想是马克思列宁主义理论与中国革命实践相统一的思想，既完全是马克思主义的，也完全是中国的；既是“中国人民完整的革命建国理论”，也是马克思主义在半殖民地半封建国家民族民主革命中继续发展的典范。他号召全体党员学习和宣传毛泽东思想，以毛泽东思想作为党的一切工作的指针。“一切党校和培训班，必须用毛泽东的著作作为基本教材；一切干部，必须系统地研究毛泽东同志的著作；一切党报，必须系统地宣传毛泽东思想；为了适应一般党员的水准，党的宣传部门，应将毛泽东同志的重要著作，编为通俗读物。”[②] 二是开展整风运动。整风是我们党采用的创造性的教育方法。延安整风，是党的历史上首次大规模思想教育运动。整风的目的在于反对主观主义、宗派主义、党八股，“就是一个无产阶级的思想同小资产阶级思想的斗争”[③]，“党外有这种不良习气的人，只要他们是善良的，就会跟我们学，改正他们的错误，这样就会影响全民族。”[④] 整风的性质“就是一个无产阶级的思想同小资产阶级思想的斗争”，[⑤] 整风的宗旨是“惩前毖后，治病救人”，整风对象涉及“各部门各级干部在内”，“主要与首先的对象是高中两级干部，特别是高级干部”[⑥]。党中央还成立了以毛泽东为组长、王稼祥为副组长的中央学习组，下发了《关于在全党进行整顿三风学习运动的指示》《关于继续开展整风运动的决定》等文

① 《刘少奇选集》上卷，人民出版社 1981 年版，第 314 页。

② 《刘少奇选集》上卷，人民出版社 1981 年版，第 332—336 页。

③ 逄先知、金冲及：《毛泽东传》（二），中央文献出版社 2003 年版，第 649 页。

④ 《毛泽东选集》第 3 卷，人民出版社 1991 年版，第 812 页。

⑤ 逄先知、金冲及：《毛泽东传》（二），中央文献出版社 2003 年版，第 649 页。

⑥ 逄先知、金冲及：《毛泽东传》（二），中央文献出版社 2003 年版，第 657 页。

件，深入推进整风运动。这次运动“保证了党在思想上政治上的纯洁，和党的组织成分的纯洁”，为实现政治清明创造了思想条件。[①]整风运动是综合性的，反腐败斗争自然包含在内。此外，我们党还成立了抗日军政大学、陕北公学、马列学院、鲁迅艺术学院、青年干部训练班、女子大学等，毛泽东、刘少奇、陈云等领导人亲自去给学员讲课，帮助他们不断提高马克思主义理论素养。

2. 制定廉政纲领，加强廉政领域的制度法规建设

制定一系列体现廉洁政党、廉洁政府的纲领。第一，明确提出建设廉洁政府的目标。1937 年 8 月，洛川会议通过《抗日救国十大纲领》，纲领第 4 条“改革政治机构”规定：“实行地方自治，铲除贪官污吏，建立廉洁政治。”[②] 这是党的历史上首次明确提出建立廉洁政府的主张。1939 年 4 月，陕甘宁边区政府公布《陕甘宁边区抗战时期施政纲领》，这一纲领成为“作为边区一切工作之准绳”，纲领第 11 条规定：“发扬艰苦作风，厉行廉洁政治，肃清贪污腐化，铲除鸦片赌博。”[③] 1941 年 11 月，陕甘宁边区第二届参议会通过的《陕甘宁边区施政纲领》，是抗日战争时期陕甘宁边区的宪法性文件，纲领第 8 条规定：“厉行廉洁政治，严惩公务人员之贪污行为，禁止任何公务人员假公济私之行为，共产党员有犯法者从重治罪。”[④] 这些纲领向世人昭示了我们党建设廉洁政治的无比坚定的决心。其他抗日根据地也出台了自己的施政纲领性文件，普遍提出了建设廉洁政治的目标。如苏皖区党委发布的《为坚持江南敌后抗日之政治纲领》规定，实行民权主义，结束一党专政与腐败的官僚政治，建立敌后抗日民主政权。

第二，建立“三三制”政权。1940 年 3 月 6 日，中共中央发出

---

① 《毛泽东选集》第 3 卷，人民出版社 1991 年版，第 33 页。

② 中共中央文献研究室、中央档案馆：《建党以来重要文献选编》第 14 册，第 475—477 页。

③ 中共中央文献研究室、中央档案馆：《建党以来重要文献选编》第 16 册，第 159 页。

④ 中共中央文献研究室、中央档案馆：《建党以来重要文献选编》第 18 册，第 242 页。

关于《抗日根据地的政权问题》的指示，首次提出建立“三三制”政权[①]。“三三制”政权的性质，“是民族统一战线的。是一切赞成抗日又赞成民主的人们的政权，是几个革命阶级联合起来对于汉奸和反动派的民主专政”[②]。政权的组成形式，是“党外进步分子占三分之一，因为他们联系着广大的小资产阶级群众，对于争取小资产阶级有很大的影响……给中间派以三分之一的位置，目的在于争取中等资产阶级和开明绅士”[③]。从反腐败的角度看，抗日民主政权的建立和发展具有重要意义。一是让非党员干部参与政权管理且“有职有权”，加强了对党员干部的监督，减少了其腐败的可能性；二是对党的廉政建设提出更高要求，某种程度上形成了倒逼效应。中国共产党要在“三三制”政权中取得领导权，必须靠方针政策的正确性和党员干部的模范行动。显然，为小集团谋利而损害群众利益的政策和腐败分子不会得到人民的信任。

第三，不断健全民主集中制。民主集中制既是纪律要求，也是党的根本组织原则。1938 年 10 月，毛泽东同志在党的六届六中全会上作了题为《论新阶段》的政治报告，首次提出“四个服从”原则，即个人服从组织、少数服从多数、下级服从上级、全党服从中央，并将其作为“党的纪律的基本原则”[④]。在党的七大上，刘少奇同志在所作的关于修改党章的报告中指出，“党的集中制是建立在民主基础上的，不是离开民主的，不是个人专制主义”。民主集中制既存在于党内领导者和被领导者之间，也存在于个人和组织、上级组织和下级组织之间。“党内民主的集中制，既是党的领导骨干与广大党员群众相结合的制度，又是从党员群众集中起来，又到党员群众中坚持下去的制度”[⑤]，是党内的群众路线。在执行民主集中制的过

① 《毛泽东选集》第 2 卷，人民出版社 1994 年版，第 741、742 页。
② 《毛泽东选集》第 2 卷，人民出版社 1994 年版，第 741 页。
③ 《毛泽东选集》第 2 卷，人民出版社 1994 年版，第 742 页。
④ 《中共中央文件选集》第 11 册，中共中央党校出版社 1989 年版，第 651 页。
⑤ 《刘少奇选集》上卷，人民出版社 1981 年版，第 359 页。

程中，一定要警惕两种错误的极端倾向，即反民主的专制主义倾向和极端民主化的无政府主义现象，它们是实现党内真正的统一和团结的巨大障碍和严重破坏者。这一时期，中国共产党还出台了一批党内法规和规范性文件，如《关于中央委员会工作规则与纪律的决定》（涉及党的中央委员会），《关于各级党部工作规则与纪律的决定》（涉及党的各级组织）等，为党内贯彻执行民主集中制和开展反腐败斗争提供了制度保障。

3. 制定预防和惩治腐败相关文件，建立健全监察机构

1938 年 8 月 15 日，为惩治行政机关、武装部队和公营企业中出现的贪污现象并形成威慑，陕甘宁边区政府颁布了《惩治贪污暂行条例》。这一条例是我们党领导的边区政权颁布最早的比较系统的反腐败法规。《陕甘宁边区政府惩治贪污暂行条例》内容十分丰富：一是扩大了条例的适用范围，规定贪污犯罪的主体不仅包括“边区所属之行政机关武装部队及公营企业之人员”，也包括“群众组织及社会公益事务团体之人员犯本条例之罪，经所属团体控告者”；二是法条规定较详尽，在当时的历史条件下最大程度堵塞了反腐的法律漏洞。构成贪污罪的行为包括“克扣或截留应行发给或缴纳之财物者”“买卖公用物品从中舞弊者”“盗窃侵吞公有财物者”“强占强征或强募财物者”等十一条；三是加大惩处力度，体现了从严反腐的原则。比如，条例规定：“贪污数目在五百元以上者，处死刑或五年以上之有期徒刑”，“贪污数目在三百元以上五百元以下者，处三年以上五年以下之有期徒刑”，“贪污数目在一百元以上三百元以下者，处一年以上至三年以下之有期徒刑”，“贪污数目在一百元以下者，处一年以下有期徒刑或苦役”①。该法规极大地促进了陕甘宁边区政府廉政建设。各根据地也出台了相应的法规条例。如淮北苏皖边区制定的《惩治贪污暂行条例》（1942 年）、苏中行政公署制定的《惩

① 中国延安干部学院：《中共延安时期廉政建设史论》，中央文献出版社 2011 年版，第 269—270 页。

治贪污暂行条例》（1944 年）、浙东行政区制定的《惩治贪污暂行条例》（1945 年）等。

这一时期，中国共产党逐步建立完善各级监察机构。党的六届六中全会通过的《关于各级党委暂行组织机构的决定》明确要求："由各中央局决定，在区党委之下，得设监察委员会"。监察委员会有五项职权，即"（1）监督党组织和党员干部对党章和党的决议的贯彻执行；（2）稽核与审查党的各种职能部门的账目；（3）审查、决定或取消对违纪党员的处分；（4）审查和决定有关恢复党籍或重新入党的申请；（5）监察党员在革命活动中的道德行为。"①党的七大通过的党章单独设置"党的监督机关"一章，提出"党的中央委员会认为必要时，得成立党的中央监察委员会及各地方党的监察委员会"；明确了监督委员会产生方式，即"中央监督委员会，由中央全体会议选举之。各地方党的监察委员会，由该地方党委全体会议选举，并由上级组织批准之"；明确了监察委员会的任务与职权，即"决定或取消对党员的处分，受理党员的控诉"②。这些纪检监察机构在反腐败斗争中发挥了重要作用。

4. 严惩腐败分子，赢得民心

中国共产党对贪污腐败分子从不手软，这一时期查处了一些大案要案。有代表性的案件，第一当属黄克功案。这是中国共产党历史上从严治党、从严治军的一个经典案例，更是新时代推进全面从严治党的一面明镜。黄克功是参加过井冈山斗争和长征、身经百战立有战功的老红军，1937 年因逼婚陕北公学女学生刘茜遭拒绝恼羞成怒而将其杀害。黄克功案震惊陕甘宁边区，影响波及全中国。在要不要将黄克功判处死刑问题上曾引起议论，有人主张枪毙，有人主张看在其老红军干部的份上，让其戴罪立功。毛泽东同志在写给

---

① 《中共中央文件选集》第 11 册，中共中央党校出版社 1989 年版，第 772 页。

② 中共中央文献研究室、中央档案馆：《建党以来重要文献选编》第 22 册，第 546—547 页。

边区高等法院院长雷经天的信中，主张“处以极刑”，并阐述了理由：“如为赦免，便无以教育党，无以教育红军，无以教育革命者，并无以教育做一个普通的人。”[①] 处决黄克功在人民群众中造成很大反响，人民群众切实体会到中国共产党是将人民利益放在最高位置的党，是对腐败分子毫不留情的党，因而发自内心地拥护党的领导、坚定不移跟党走。二是肖玉璧案。肖玉璧曾经身经百战，战功赫赫，生病住院时毛泽东同志曾将中央特批给自己的半斤牛奶送给他喝。肖玉璧转到地方工作后，在金钱诱惑面前蜕化变质、利欲熏心、贪污受贿、克扣公款，甚至倒卖根据地奇缺的粮、油等物质从中牟利，并携带款项和税票逃跑，叛变革命。陕甘宁边区高等法院依法判处肖玉璧死刑。面对肖玉璧写信求情，毛泽东同志表示：“我完全拥护法院的判决。”[②] 肖玉璧被处决后，《解放日报》专门发表评论，指出：“肖玉璧被判处死刑了，因为他贪污，开小差，为升官发财以至叛变了革命；虽然他还当过一些不小的‘官’——区主席、贸易局副局长、税务分局局长等等……我们一定要做到在廉洁政治的地面上，不允许有一个‘肖玉璧’式的莠草生长！有了就拔掉它。”[③] 此案之后，陕甘宁边区的贪污腐化率猛然下降。

5. 营造良好氛围，发扬良好作风

人民群众对共产党的观感和印象直接源于每一名共产党员的行为，特别是那些在政权机关、民众团体中工作的党员。[④] 在延安时期，党员的廉洁作风非常浓厚，为人民服务蔚然成风。毛泽东专门撰写了《为人民服务》《纪念白求恩》《愚公移山》等文章，并以白求恩、张思德为典范提出合格共产党员的标准，要求全体共产党员要牢固树立与永远秉持正确的世界观、人生观、价值观；永远信守

① 中共中央文献研究室、中央档案馆：《建党以来重要文献选编》第14册，第565页。
② 王关兴、陈挥：《中国共产党反腐倡廉史》，上海人民出版社2001年版，第112页。
③ 祝彦：《中国共产党怎样治理腐败问题》，江西人民出版社2019年版，第88页。
④ 《陈云文选》第1卷，人民出版社1995年版，第127—128页。

全心全意为人服务的根本宗旨，永远将个人的命运与国家、民族的命运紧密联系在一起；英勇无畏地去战胜一切敌人，排除万难去争取中华民族的最终胜利；永远做一个高尚、纯粹、有益于人民的人。在延安，人与人平等，官与民平等，“只见公仆不见官”。毛泽东同志曾描述过延安的清明政治环境：“一没有贪官污吏，二没有土豪劣绅，三没有赌博，四没有娼妓，五没有小老婆，六没有叫花子，七没有结党私营，八没有萎靡不振之气，九没有吃摩擦饭，十没有发国难财。”[①] 毛泽东将其称为一种新的社会风尚——“延安作风”。[②]“延安作风”为此后中国共产党持续推进反腐败斗争提供了文化支撑和宝贵经验，并且最终“延安作风”打败了“西安作风”。

（四）解放战争时期（1945 年至 1949 年）

随着国民党撕毁“双十协定”、对解放区大举进攻，中国革命进入了新民主主义革命最后时期。这一时期是国内阶级矛盾重新成为中国社会主要矛盾的时期，是中国两个命运、两个前途大决战的时期，是中国共产党从局部执政走向全国执政的时期，是党的工作重心从农村转移到城市的时期，也是我们党反腐败斗争思想和实践不断丰富发展的时期。

---

① 《毛泽东选集》第 2 卷，人民出版社 1991 年版，第 718 页。

② 1939 年秋的一天，毛泽东应邀去延安马列学院作报告。马列学院特意安排教育处长邓力群、教育干事安平生、宣传干事马洪和校务处长韩世福四人，前往杨家岭迎接，中途在延河的一座桥上迎面遇到了毛泽东。毛泽东得知他们的来意后，摇摇手说：“这样做有点不好，一个人作报告要四个人接，要不得！要不得！”说话之间，毛泽东又用眼睛盯着他们四个人，哈哈大笑说：“四个人，轿子呢？你们不是抬轿子来接我呀？下回跟你们领导说，再加四个人，来个八抬大轿，又体面，又威风。要是还有人，再来几个鸣锣开道的，派几个摇旗呐喊的，你们说好不好？”毛泽东的风趣幽默，把大家都逗乐了。但毛泽东接着说：“那才不像话嘛，对不对？皇帝出朝，要乘龙车凤辇；官僚出阁，要坐八抬大轿，前簇后拥，浩浩荡荡，摆威风。我们是共产党人，是讲革命的，要革皇帝官僚的命，把旧世界打个落花流水。我们既要革命，既要和旧的制度决裂，就万万不能沾染官僚习气。从杨家岭到马列学院，十里八里路，二万五千里长征都走过来了，这几步路算得了什么？……我们要养成一种新的风气，延安作风。”参见谭逻松、张其俊编著《毛泽东的幽默故事》，同心出版社 1993 年版，第 33—34 页。

这一时期，腐败现象呈现出新的特点。一是党组织和党员存在"成分不纯"问题。随着党员数量的快速增加，"有许多地主分子、富农分子和流氓分子乘机混进了我们的党。他们在农村中把持许多党的、政府的和民众团体的组织，作威作福，欺压人民，歪曲党的政策，使这些组织脱离群众，使土地改革不能彻底。"① 二是出现作风不纯问题。一些党员干部官僚主义、主观主义作风严重。大别山区土改时曾遇到很多问题，"就分配土地的内容来说，很多都是假的"。出现这种问题的原因，邓小平认为在于"我们制订的方针和计划，不是从新区的客观实际出发，而是从主观的愿望出发"，"外来干部用行政命令、包办代替的方法实行分配的结果"②。三是一些党员干部对解放战争的胜利进程估计不足，对工作重点的转移认识不够，再加上旧制度不适用、新制度未建立造成的制度真空，导致出现党员干部为自己或者小集团谋取利益现象。随着一些大中城市的解放，"许多干部均往城市跑，在城市乱抓乱买东西，贪污腐化，严重放松了乡村工作，并引起士兵与乡村干部的极大不满"③。1948 年 6 月 10 日，《中共东北中央局关于保护新收复城市的指示》列举了种种腐败行为，诸如"乱抓物资，违犯纪律，不讲政策"，"借口'军用'，借口没收蒋伪'敌产'因而侵犯工商业，搬运器材，拆卸零件，拿走皮带，损害工厂设备等等"，"只顾本单位的利益，到新收复的城市抢购物资，做买卖"等④。

这一时期，党的主要反腐路径如下。

1. 强化学习，克服党内各种非无产阶级思想

这一时期，中国共产党思想建党的理论逐渐成熟。一是强调理论学习。1948 年，刘少奇同志在《对马列学院第一班学员的讲话》

---

① 《毛泽东选集》第 4 卷，人民出版社 1991 年版，第 1253 页。

② 《邓小平文选》第 1 卷，人民出版社 1994 年版，第 109—110 页。

③ 《中共中央文件选集》第 17 册，中共中央党校出版社 1992 年版，第 54 页。

④ 中共中央文献研究室、中央档案馆：《建党以来重要文献选编》第 25 册，中央文献出版社 2011 年版，第 340 页。

中指出："在中国这个落后的农业国家，一个村长，一个县委书记，可以称王称霸。胜利后，一定会有些人腐化、官僚化。如果我们党注意到这一方面，加强思想教育，提高纪律性，就会好一些。"① 这就强调了理论学习在反腐败斗争中的重要地位。1949 年，党中央编审了包括《共产党宣言》《社会主义从空想到科学的发展》《帝国主义是资本主义的最高阶段》《国家与革命》《共产主义运动中的"左派"幼稚病》《论列宁主义基础》《联共（布）党史》《列宁斯大林论社会主义建设》《列宁斯大林论中国》《社会发展史》《政治经济学》《马恩列斯思想方法论》在内的 12 本马列主义著作供广大党员干部学习。毛泽东同志专门为这套书题写了"干部必读"四个字。二是加强政策学习。能否深刻理解政策、执行政策，影响着党的廉政建设。许多腐败行为的发生，或在于不执行政策、有令不行有禁不止，或在于片面理解政策、执行政策存在偏差。这一时期，我们党面临的国内外形势更为复杂，出台的政策也更多。为此，党把加强政策教育摆在重要位置，要求"全党必须努力提高理论与政策和策略观点的学习"②。《中共中央关于党校教学材料的规定》关于"时局与任务"部分，就列举了"一九四三年六月二十三日为反对军事援蒋法案声明""一九四七年一月十日周恩来评马歇尔离华声明""一九四八年中央五一口号"等 12 项③。三是开展整党运动，结合土改与各种贪污腐败行为作斗争。这也是继延安整风运动后，党内开展的又一次集中教育活动。整党的主要目的，是清洗"混进党内的地主、富农、阶级异己分子和蜕化分子"，"对小资产阶级思想和自由主义要进行思想斗争"，直接目的"是为了广大农民的利益，为了把土地改革这一基本任务完成"。整党内容主要是"三查"

① 《刘少奇选集》（上），人民出版社 1981 年版，第 413 页。

② 中共中央文献研究室、中央档案馆：《建党以来重要文献选编》第 25 册，中央文献出版社 2011 年版，第 473 页。

③ 中共中央文献研究室、中央档案馆：《建党以来重要文献选编》第 25 册，中央文献出版社 2011 年版，第 474—475 页。

和“三整”。一方面查阶级、查思想、查作风，另一方面整顿组织、整顿思想、整顿作风。具体方法是以批评与自我批评为主，“把表扬与批评结合起来”，“把严格与热情结合起来”，同时邀请党外群众参加党的会议，体现了“开门整党”的思想。具体步骤分为两个阶段：第一步是“由上而下思想打通，组织整顿，纪律制裁”；第二步是土改完成后“由下而上地整上来……在毛泽东思想基础上，把党的经常制度、正确作风建立起来，使党的面貌焕然一新”①。经过整党，党内思想更加统一，为人民服务的宗旨意识更加牢固，在惩治腐败行为的同时提升了广大党员干部的思想觉悟。实践证明，“凡是经过整党的，不论抵抗土改，贪污胜利果实，或背着山头包袱的人，绝大部分都能挽救过来”②。

2. 严格党的纪律，加强对权力的监督与制约

加强财政审计制度。财经领域是容易产生腐败行为的领域。解放战争初期，各个解放区相对独立，中央赋予地方较大的自主权。随着解放战争的推进，解放区逐渐统一、扩大，原有各自为政的财经审计制度已不适应形势发展需要。“由于我们未严格掌握制度，缺乏科学管理方法；由于财经干部成分复杂，又无严格管理，因此，贪污浪费现象，日益严重……贪污的数字，是以亿万元计的。至于战争中资财的浪费和损失，更属骇人听闻……”③ 为此，陈云同志提出要“把财经工作放在不次于军事或仅次于军事的重要位置上”④。这一时期，各解放区都十分重视财经审计制度的建立，为反腐败斗争提供制度保障。比如，1946 年 5 月 1 日晋察冀边区发布了《严格执行预决算的通知》，规定必须先有预算，经审核批准后再行开支，否则不予报销。1946 年 7 月 5 日晋冀鲁豫根据地太岳区政府出台

---

① 《刘少奇选集》（上），人民出版社 1981 年版，第 390—395 页。

② 《邓小平文选》第 2 卷，人民出版社 1994 年版，第 101 页。

③ 中国延安干部学院：《中共延安时期廉政建设史论》，中央文献出版社 2011 年版，第 301—303 页。

④ 《陈云文选》，人民出版社 1984 年版，第 268 页。

《太岳区审计制度》，强调严格审查防治单据假造或涂改。1948 年 10 月出台的《陕甘宁晋绥边区暂行条例》决定在西北财经委员会下设审计处。

出台有关城市政策，严肃入城纪律，压缩腐败滋生空间。长期在农村环境生活、斗争的中国共产党，入城后能否继续保持廉洁，避免“李自成”式的悲剧，成为摆在我们党面前不容回避的问题。1945 年 9 月底，党中央发出《关于加强军队纪律坚决执行城市政策的指示》，要求军队严格执行纪律。《中共东北中央局关于保护新收复城市的指示》明确了攻城及入城部队应遵守的六个事项、后方党政军民机关应遵守的三项事项，如规定“攻城部队在战斗结束后，除需要维持城市秩序的一定数量的部队外，其他部队均应撤出城外，在撤出前，必须将看守之工厂、仓库、银行、市政机关等移交清楚。所有部队，一律不准驻在工厂、医院、学校和教堂”①。中央在批转这份文件时要求各中央局、分局、前委收到后，“应即照此颁发同样的文件，并切实遵行”②。

制定专门惩治贪污腐败的法规。华北财经办事处发布的《关于反贪污浪费的指示》规定，财经供给负责机关应当“审查财经供给干部，清洗不可救药的贪污腐化分子，进行经常的管理教育”，“检查并纠正乡村中的贪污浪费现象”③。这一时期影响比较大的法规条例还有《东北解放区惩治贪污暂行条例》《晋冀鲁豫边区惩治贪污条例》《修正淮海区惩治贪污暂行条例》《苏北区奖励节约惩治贪污暂行条例》等。这些条例明确对贪污受贿、挪用公款、敲诈勒索、徇私舞弊、中饱私囊、克扣截留等行为“以贪污论”，情节严重的被

---

① 中共中央文献研究室、中央档案馆：《建党以来重要文献选编》第 25 册，中央文献出版社 2011 年版，第 341—344 页。

② 中共中央文献研究室、中央档案馆：《建党以来重要文献选编》第 25 册，中央文献出版社 2011 年版，第 338 页。

③ 中国延安干部学院：《中共延安时期廉政建设史论》，中央文献出版社 2011 年版，第 301—303 页。

判为死刑、无期徒刑或者10年以上的有期徒刑。

健全纪检监察机构，加强纪检监察力量。这是党加强自我监督的重要举措，其目的在于"监督贯彻执行党的政策的情况，监督教育所有人员好好工作，保证不贪污，不浪费，不造假账，不作假报告"①。1948年8月，华北人民监察院成立。1949年4月，陕甘宁边区政府人民监察委员会成立。华北人民监察院和陕甘宁边区人民监察委员会均将"检查、检举并拟议处分各级行政人员、司法人员、公营企业人员的违法失职"列为重要职责。这些机构的设置，体现出党建设廉洁政治和刀刃向内的决心，从制度和机构上保证了党的先进性和纯洁性。

3. 大力加强作风建设，狠抓"关键少数"

在党的七届二中全会上，毛泽东同志要求全党在胜利面前要保持清醒头脑，在夺取全国政权后要经受住执政的考验，"务必使同志们继续地保持谦虚、谨慎、不骄、不躁的作风，务必使同志们继续地保持艰苦奋斗的作风"②。提出"两个务必"的思想，既是对新民主主义革命时期廉政建设的历史总结，是对即将在全国执政的共产党员敲响拒腐防变警钟，也是党在新的历史条件下对廉政理论做出的新贡献。今天，回首中国共产党百余年历史，可以得出一个结论，正是因为始终强调和坚持"两个务必"，我们党才能保持同人民群众的血肉联系，团结带领全国各族人民战胜前进道路上的各种风险和挑战，不断从胜利走向胜利。我们党还将"两个务必"思想具体化，做出"不做寿、不送礼、少敬酒、少拍掌、不以人名作地名、不要把中国同志和马恩列斯平列"六条规定。这一时期，党的作风建设还体现了"抓关键少数"的思想。比如1947年，针对财政供应问题，朱德同志在元旦献词中指出，"由上级负责人以身作则，降低干部生活水平，表扬艰苦奋斗的作风，严禁铺张浪费、贪污腐化、犯

① 《朱德选集》，人民出版社1983年版，第219页。

② 《毛泽东选集》第4卷，人民出版社1991年版，第1439页。

者要加以严办”[①]。比如，华北财经办事处就明确提出，“机关首长必须以身作则，拒绝一切不应得的享受，否则，便不能与贪污现象进行严肃斗争”[②]。

二　社会主义革命和建设时期（1949 年至 1978 年）

（一）社会主义过渡时期（1949 年至 1956 年）

1949 年，中华人民共和国成立，党的工作重心从农村转向城市，党员、干部面临着执政的考验、接管城市的考验和生活环境变化的考验。当然，执政党也面临着较过去更为复杂的反腐败斗争形势。

从主观方面讲，有的党员干部权力观异化，忘了“革命为了谁”。陈云同志指出：“大家是为革命来的，还是为做官来的呢？回答这个问题也容易。起初是干革命来的，以后是革命加做官，既革命，又做官。后来官越做越大，味道也越来越大，有人就只想做官，不想革命了，把革命忘光了。”[③] 有的党员干部群众观异化，忘记了革命的依靠力量和最深厚的动力在于人民群众的支持，出现了脱离群众的倾向。“这些同志认为革命胜利了，可以睡觉了，可以骄傲了，应该享福了，不必努力了”[④]，或者贪图享受、追求物质利益，或者官僚主义严重、对群众颐指气使，严重损害了党的声誉。

从客观方面讲，一是封建主义的影响依然存在。新民主主义革命的胜利彻底推翻了封建主义的统治，土地改革的完成结束了在中国存在了几千年的土地私有制度，但是，封建主义残余的影响还是

① 《朱德选集》，人民出版社 1983 年版，第 198—199 页。

② 中国延安干部学院：《中共延安时期廉政建设史论》，中央文献出版社 2011 年版，第 301—303 页。

③ 《陈云文选》第 2 卷，人民出版社 1995 年版，第 231 页。

④ 《邓小平文选》第 2 卷，人民出版社 1994 年版，第 159 页。

会长期存在的。周恩来同志就曾指出："我们尽管打倒了封建主义，但封建官僚的习俗在社会上还存在着。脱离群众，高高在上，生活特殊，讲究排场，中国的统治阶级过去是这样的，我们也很容易这样做。"① 毛泽东同志对官僚主义、命令主义产生的根源有着更本质更深刻的认识，将之视为"反动统治阶级对待人民的反动作风（反人民的作风，国民党的作风）的残余在我们党和政府内的反映的问题"②。二是资产阶级向新生政权发起"糖衣炮弹"攻击。一些党员干部经不住资产阶级的腐蚀拉拢，忘记共产党人的初心和使命，很可能会利用手中的权力谋取私利。对于刘青山、张子善的罪行，毛泽东同志指出："必须严重地注意干部被资产阶级腐蚀发生严重贪污行为这一事实，注意处理、揭露和惩处，并须当作一场大斗争来处理。"③ 毛泽东同志从刘青山、张子善案又联想到黄克功案等案件，讲了一段振聋发聩、耐人寻味的话，毛泽东同志说："我们杀了几个有功之臣，'挥泪斩马谡'，这是万不得已的事情。治国就是治吏。礼义廉耻，国之四维；四维不张，国乃灭亡。如果一个个官吏都寡廉鲜耻，贪污无度，胡作非为，而国家还没有办法治理他们，那么，天下一定大乱，老百姓一定当李自成造反！国民党是这样，共产党也是这样。问题若是成了堆，就是积重难返了啊！"④ 三是部分制度不健全。新中国成立初期，百废待兴，在当时的历史条件下，我们党只能构建基础性制度框架，包括权力监督制约体制机制在内的很多制度还不够成熟完善甚至欠缺，这为腐败现象滋生提供了空间。

这一时期，党的反腐败斗争的主要特点是采取群众运动方式反腐。在革命战争年代，党依靠群众运动战胜了一个又一个敌人，在群众运动方面积累了丰富经验。这种制度惯性和思维惯性影响到新

---

① 《周恩来选集》下卷，人民出版社 1984 年版，第 230 页。
② 《毛泽东文集》第 6 卷，人民出版社 1999 年版，第 254 页。
③ 《毛泽东文集》第 6 卷，人民出版社 1999 年版，第 191 页。
④ 薛鑫良：《延安时期的"黄克功案件"及其现实警示》，《中华魂》2015 年第 2 期。

中国成立后的反腐败斗争。针对当时的一些贪污腐败现象，我们党开展了“三反”“五反”运动。“三反”指的是反贪污、反浪费、反官僚主义。“三反”运动的意义在于“一切从事国家工作、党务工作和人民团体工作的党员，利用职权实行贪污和实行浪费，都是严重的犯罪行为”[①]，应将“三反”运动“看作如同镇压反革命的斗争一样的重要”[②]。“三反”运动的方法包括：开门整风，“发动广大群众包括民主党派及社会各界人士”；造成舆论声势，“大张旗鼓去进行”；领导带头，“首长负责，亲自动手”；“号召坦白和检举”[③]。“三反”运动强调，所有的贪污行为都是犯法的，需按情节轻重加以适当处分；一切违反财政纪律的工作人员应一律迅速进行清理；一切有铺张浪费行为的工作人员及一切犯有官僚主义错误的工作人员，应当在群众面前进行公开检讨。[④]“五反”运动主要是针对资产阶级和党政机关干部共同勾结谋取私利的行为，“向着违法的资产阶级开展一个大规模的坚决的彻底的反对行贿、反对偷税漏税、反对盗骗国家财产、反对偷工减料和反对盗窃经济情报的斗争。”[⑤]“五反”运动的方式方法包括揭露资本家违法犯罪事实、组成包括干部、工人、店员积极分子在内的工作组进驻、根据资本家违法程度不同采取说理斗争、鼓励其坦白立功以及人民政府逮捕法办等措施。“三反”“五反”运动，清除了党员和干部队伍中的害群之马，严厉惩治了一批腐败分子，巩固了新生的人民政权，同时也对广大党员干部进行了深刻

---

① 中共中央文献研究室：《建国以来重要文献选编》第 2 册，中央文献出版社 2011 年版，第 425 页。

② 中共中央文献研究室：《建国以来重要文献选编》第 2 册，中央文献出版社 2011 年版，第 442 页。

③ 中共中央文献研究室：《建国以来重要文献选编》第 2 册，中央文献出版社 2011 年版，第 442 页。

④ 中共中央文献研究室：《建国以来重要文献选编》第 2 册，中央文献出版社 2011 年版，第 26—29 页。

⑤ 中共中央文献研究室：《建国以来重要文献选编》第 3 册，中央文献出版社 2011 年版，第 45 页。

的廉政教育。其“最可贵的一条，就是以毛主席为首的党中央对清除党的肌体上发生的腐败现象，表现出了高度的自觉性和巨大的决心与魄力，真正做到了从高级干部抓起，敢于碰硬，从严治党”①。

1. 开展整党整风运动，确保党和政权不变质

1950 年 5 月 1 日，针对党员干部队伍中存在的思想作风不纯、命令主义作风严重、贪污腐化、违法乱纪等现象，党中央决定“进行一次大规模的整风运动，严格地整顿全党作风，首先是整顿干部作风”，其方式是“阅读某些指定的文件，总结工作，分析情况，展开批评与自我批评”②。规定学习的文件包括斯大林《在全苏集体农庄突击队员第一次代表大会上的演说》以及毛泽东《在陕甘宁边区参议会的演说》《在党的七届三中全会上的报告》。1951 年 2 月，党中央决定用三年时间系统整顿基层党组织，开展整党运动。在整党运动中，把党员分成了四部分人：具备党员条件的；不完全具备党员条件，或者有较严重的毛病，必须加以改正提高的；不够党员条件的消极落后分子；混入党内的阶级异己分子、叛变分子、投机分子、蜕化变质分子等。整党的目的是坚决清理第四类人，区别第二、三类人，对经过教育仍不合格的党员劝其退党。整党整风运动是党加强自身建设的重要举措和有效方式，在确保党和政权不变质、建设廉洁政治方面起到积极作用。

2. 加强制度建设，铲除腐败滋生的根源

一是建立人民代表大会制度。1954 年宪法规定，中华人民共和国的一切权力属于人民。人民行使国家权力的机关是全国人民代表大会和地方各级人民代表大会③。从权力授受的关系看，人民将权力委托给政府，政府应当对权力的赋予者负责，而不应利用权力谋取

---

① 薄一波：《若干重大决策与事件的回顾》上卷，人民出版社 1997 年版，第 153 页。

② 中共中央文献研究室：《建国以来重要文献选编》第 1 册，中央文献出版社 2011 年版，第 187 页。

③ 中共中央文献研究室：《建国以来重要文献选编》第 5 册，中央文献出版社 2011 年版，第 451 页。

自己的私利。从人民监督的角度看，这是跳出历史周期率的思想在国家制度上的体现。毛泽东同志指出：“人民政府的一切重要工作都应交人民代表会议讨论，并做出决定。必须使出席人民代表会议的代表们有充分的发言权，任何压制人民代表发言的行动都是错误的。”[①] 二是进行土地改革。私有制是产生腐败的根源。中国共产党领导的土地改革，是“中国人民民主革命继军事斗争以后的第二次决战”[②]。新中国成立不久，1950 年 6 月，《土地改革法》就正式颁布。此后，政务院也出台了与之相配套的法规政策。土地改革的顺利完成，不仅实现了千百年来“耕者有其田”的理想，也是与封建剥削制度的决裂，也意味着从经济制度和所有制关系上铲除腐败根源。

3. 健全纪检监察机构，加强各领域监督

一是成立党的各级纪律检查委员会，开展党内监督。1949 年 11 月，成立了由朱德担任书记的中共中央纪律检查委员会。1950 年，朱德同志在《加强党的纪律检查工作》一文中指出，纪委的任务是：制止和预防党组织和党员“有没有违反党的政治路线和政策，违反党章、党纪和党的决议，有无违犯国家法律和法令，有无损害群众利益及脱离群众的官僚主义等行为和倾向”[③]。纪委在廉政建设方面发挥了重要作用。仅 1950 年，各中央局、分局和人民解放军的纪检机构共受理各种违反纪律案件 8571 起，处分党员 8026 人；中纪委共受理案件 295 起，处分党员 201 人。[④] 二是成立人民监察委员会，加强行政监督。《共同纲领》第十九条规定：“在县市以上的各级人民政府内，设人民监察机关，以监督各级国家机关和各种公务人员是否履行其职责，并纠举其中之违法失职的机关和人员。”中央人民监察委员会第一任主任谭平山阐述了成立该机构的

---

① 《毛泽东文集》第 6 卷，人民出版社 1999 年版，第 71 页。

② 《毛泽东文集》第 6 卷，人民出版社 1999 年版，第 25 页。

③ 中共中央文献研究室：《建国以来重要文献选编》第 1 册，中央文献出版社 2011 年版，第 198 页。

④ 祝彦：《中国共产党怎样治理腐败问题》，江西人民出版社 2017 年版，第 131 页。

初衷：一方面是“消极地制裁”，另一方面是积极“推动厉行廉洁的、朴素的、爱护国家资财的、为人民服务的革命工作作风，防止贪污、浪费、破坏国家资财、脱离人民群众的官僚主义作风的产生”①。1951年，全国的监察机构基本设立，5个大区、1个中央所辖的民族自治区、28个省、12个中央或者大行政区辖市、8个等于省的行政区和345个县都建立了人民监察委员会。② 三是制定反贪条例。1952年4月21日，中央人民政府颁布了《中华人民共和国惩治贪污条例》。这部条例是新中国成立以后颁布的第一部反贪条例。最难能可贵的有两个方面，一是《条例》对贪污罪做出明确界定。《条例》第二条规定，“一切国家机关，企业、学校及其附属机构的工作人员，凡侵吞、盗窃、骗取，套取国家财物，强索他人财物，收受贿赂以及其他假公济私违法取利之行为，均为贪污罪”③。二是除了提出惩治受贿者外，还对行贿者做出处罚规定。《条例》第六条规定，“一切向国家工作人员行使贿赂、介绍贿赂者，应按其情节轻重参酌本条例第三条的规定处刑；其情节特别严重者，并得没收其财产之一部或全部；其彻底坦白并对受贿人实行检举者，得判处罚金，免予其他刑事处分”，“凡为偷税而行贿者，除依法补税、罚款外，其行贿罪，依本条例的规定予以惩治”④。这体现了我们党坚持法治思维，使反腐败斗争有法可依。

4. 采取多种方式，加强社会监督

加强监督的主要方式是调动群众的积极性，强化群众的监督。人民来信来访是加强监督的一种方式。毛泽东同志指出：“必须重视人民的通信，要给人民来信以恰当的处理，满足群众的正当要求”，

① 李雪勤、李雪慧：《新中国反腐败大事纪要》，南开大学出版社1999年版，第2页。

② 李雪勤、李雪慧：《新中国反腐败大事纪要》，南开大学出版社1999年版，第10页。

③ 中共中央文献研究室：《建国以来重要文献选编》第3册，中央文献出版社2011年版，第135页。

④ 中共中央文献研究室：《建国以来重要文献选编》第3册，中央文献出版社2011年版，第136页。

并将这件事提到“共产党和人民政府加强和人民联系的一种方法”，特别强调“不要采取掉以轻心置之不理的官僚主义的态度”[①]。1951年，《政务院关于处理人民来信和接见人民工作的决定》规定，鉴于政府及其工作人员的“人民自己的政府”“人民的服务员”性质，“各级人民政府对于人民的来信或要求见面谈话，均应热情接待，负责处理”，“各级人民政府及政府各部门对处理人民来信和接见人民的工作，应经常检查总结，定期向上级报告”[②]。加强舆论监督。《人民日报》《解放日报》《河北日报》等报纸刊登了一些干部贪腐案例和人民群众的批评性文章，在广大党员干部中引起强烈反响，促进了廉政建设。

5. 提高党员的能力素质，培育和弘扬廉政新风

党的地位的变化，对党员能力素质尤其是廉政建设提出了挑战。毛泽东同志在党的七届二中全会上曾预见：“我们熟习的东西有些快要闲起来了，我们不熟悉的东西正在强迫我们去做。”[③] 因为对工作不熟悉，有的党员干部“工作看起来忙得很，但是实行的是命令主义，违反了政策，脱离了群众，完成不了任务，损害了党的信誉”[④]。为此，我们党采取了相应措施。一是加强思想政治教育。很多党和国家领导人认为理论素养不足和经验主义倾向是导致腐败的重要原因。党中央专门下发《关于加强理论教育的决定（草案）》，对党员加强马克思主义理论教育做出部署。《毛泽东选集》的出版和一些马克思主义经典著作的编译，是这一时期党的思想理论建设的重大成果。二是对党员和政府工作人员提出更高要求。比如，《共同纲领》就明确规定：“中华人民共和国的一切国家机关，必须厉行廉洁的、

---

① 中共中央文献研究室：《建国以来重要文献选编》第2册，中央文献出版社2011年版，第238页。

② 中共中央文献研究室：《建国以来重要文献选编》第2册，中央文献出版社2011年版，第289—290页。

③ 《毛泽东选集》第4卷，人民出版社1991年版，第1480页。

④ 《邓小平文选》第1卷，人民出版社1994年版，第153页。

朴素的、为人民服务的革命工作作风，严惩贪污，禁止浪费，反对脱离人民群众的官僚主义作风”①。这就在宪法性文件中明确将廉洁列入国家机关应具备的作风，足见廉洁在新生的人民政权中的分量。1951 年，刘少奇同志号召“为更高的共产党员的条件而斗争”，指出“必须是成分好，历史清楚，对党忠诚，有实际的阶级觉悟并表现积极，又懂得共产主义与共产党的事业，愿意遵守党纲党章的人，才能被接收为党员”②。《关于整顿党的基层组织的决议》还提出了“共产党员标准的八项条件”，从政治观、思想观、能力观、群众观、学习观等各方面提出更高的要求。三是领导以身作则，反对“一人得道、鸡犬升天”的思想，反对小集团主义。毛泽东同志率先垂范，拒绝了亲友安排工作、地方修纪念馆和立纪念碑等要求。他在给当地党支部和政府的信中，提出了两条对亲友的原则：第一，“因为他们是劳动人民，又是我的亲戚，我是爱他们的。”第二，“不能有任何特殊”，“如有落后行为，应受批评，不应因为他们是我的亲戚就不批评他们的缺点错误”③。这一时期，无数共产党员廉洁自律，默默奉献，巩固了新生的人民政权，恢复了国民经济，完成了社会主义过渡时期的历史任务。

（二）全面建设社会主义时期（1956 年至 1966 年）

1956 年，党领导全国人民基本完成了对农业、手工业和资本主义工商业的社会主义改造，确立了社会主义基本制度，进入了开始全面建设社会主义的历史时期。这一时期，人民内部矛盾成为国家政治生活中的主要矛盾，正确处理人民内部矛盾成为国家政治生活的主题。这一时期，党的总体情况是好的，“整个说来，党同人民群

---

① 中共中央文献研究室：《建国以来重要文献选编》第 1 册，中央文献出版社 2011 年版，第 5 页。

② 《刘少奇选集》下卷，人民出版社 1985 年版，第 70 页。

③ 逄先知、金冲及：《毛泽东传》，中央文献出版社 2018 年版，第 1182—1183 页。

众的联系是更加密切了，党的工作经验是更加丰富和全面了，党的团结比过去任何时候都更加巩固了”①。应该看到，这一时期，腐败现象虽然不普遍，但仍然存在。“党内贪污腐化、违法乱纪、道德堕落的现象有了某种程度的发展。”② 腐败现象往往同作风不正结合在一起，主要表现在思想上的主观主义、工作上的官僚主义以及组织上的宗派主义，“脱离实际和脱离群众的危险，对于党的组织和党员来说，不是比过去减少而是比过去增加了”③。因此，我们党在带领人民探索社会主义建设道路的过程中，坚持不懈与腐败现象作斗争。反腐败斗争主要围绕密切党和人民群众联系、避免出现脱离群众现象和特权阶层而展开。

1. 开展整风运动

1957 年 4 月 27 日，党中央发布《关于整风运动的指示》，宣布“在全党重新进行一次普遍的、深入的反官僚主义、反宗派主义、反主观主义的整风运动”。这次整风运动的指导思想为“毛泽东同志今年二月在扩大的最高国务会议上和三月在中央召开的宣传会议上代表中央所作的两个报告”；其主题为“正确处理人民内部矛盾的问题”；其性质既是“一次既严肃认真又和风细雨的思想教育运动”，也是“一次恰如其分的批评和自我批评的运动”；其方式是座谈会、小组会以及同志间谈心；其步骤是“首先从县级以上、军队团级以上的党的组织以及大的厂矿和大专学校的党的组织开始，并且应该首先从检查领导干部的思想作风开始”，也“可以同时选择若干基层党委进行整风学习，以便取得典型经验，逐步推广”④。周恩来同志认为，整风运动是“我国民主生活的一个显著表现”，任何一个资本主义国家都不会也不敢“发动群众来公开揭发和批评我们的国家机

---

① 《刘少奇选集》下卷，人民出版社 1985 年版，第 263—264 页。

② 《刘少奇选集》下卷，人民出版社 1985 年版，第 263—264 页。

③ 《邓小平文选》第 1 卷，人民出版社 1994 年版，第 214 页。

④ 中共中央文献研究室：《建国以来重要文献选编》第 10 册，中央文献出版社 2011 年版，第 196—200 页。

关和工作干部的缺点和错误以便加以克服”[①]。《指示》发布后，各地方各部门都作了部署，各方面人士在各种座谈会上和报刊上集中而广泛地对党的工作提出批评。需要指出的是，尽管这次整风运动存在历史局限性，后来将运动的重点转向反右且出现扩大化，但是它在恢复和弘扬党的优良传统、纯洁党员队伍、筑牢思想防线方面的贡献不容抹杀。

2. 开展“四清”“五反”运动

1963年颁布的《中共中央关于目前农村工作中若干问题的决定(草案)》明确指出，“四清运动”“是一次同社会主义教育相结合的大规模的群众运动，主要是解决人民内部的矛盾，但对于贪污盗窃、投机倒把、蜕化变质分子来说，也是一场严重的阶级斗争”，党对此采取的方针是“说服教育、洗手洗澡、轻装上阵、团结对敌”。《决定》还要求广大党员干部认真学习《湖南、河北省委报告两件》《东北、河南报告两件》《湖南省委的两个报告》等七份材料。[②]“五反”运动主要在城市进行。1963年，党中央出于“健全制度，改进思想作风，克服和防止资本主义、修正主义的腐蚀”等考虑，决定“在全国范围内，有领导、有步骤地开展一次增产节约和反对贪污盗窃、反对投机倒把、反对铺张浪费、反对分散主义、反对官僚主义的运动。”“五反”运动主要分为三个阶段：“第一阶段，先把增产节约运动切实地深入地开展起来；第二阶段，结合增产节约，反对铺张浪费，整顿制度；第三阶段，再结合增产节约和整顿制度，大张旗鼓地开展群众性的反对贪污盗窃和投机倒把的运动”，并要求“在运动的各个阶段，都必须抓紧教育群众这个环节。”[③] 总体来看，“四清”“五反”运动虽然混淆了两种不同类型的错误，再加上缺乏

① 中共中央文献研究室：《建国以来重要文献选编》第10册，中央文献出版社2011年版，第304页。

② 中共中央文献研究室：《建国以来重要文献选编》第16册，中央文献出版社2011年版，第271—287页。

③ 中共中央文献研究室：《建国以来重要文献选编》第16册，中央文献出版社2011年版，第148—162页。

严密的制度管控，存在打击面过宽过严的错误，但它以一种相对激进的手段在惩治贪污分子方面发挥了作用。

3. 强调思想教育和制度反腐相结合

这是党的八大在反腐败斗争方面做出的杰出理论贡献。刘少奇同志在党的八大政治报告中回顾了党的历史上四次严重的路线错误后，得出科学结论："克服思想认识上的主观主义，是保证党的工作顺利发展、避免重大错误的根本关键。"[①] 他就如何克服这个痼疾提出了四点要求，即必须认真地加强干部的首先是高级干部的系统的马克思列宁主义的学习；必须加强在广大的新党员中理论和实际统一的教育；必须加强党的理论工作；都应当大大加强对于实际情况的调查研究工作。[②] 可以看出，思想教育的主体既包括党员领导干部也包括新党员，思想教育的方式既包括理论研究也包括调查研究，这就形成了较系统的思想教育体系。在制度方面，刘少奇同志着重论述了党的集体领导原则和扩大党内民主问题。邓小平同志在《关于修改党的章程的报告》中指出，为了克服脱离实际和脱离群众的危险，党不仅应当加强对于党员的思想教育，更为重要的是应加强党的领导作用，并从制度规定上加强对党组织和党员的监督。要发挥党内监督、人民群众监督和党外人士监督，形成监督合力。发挥监督作用的关键，"在于发展党和国家的民主生活，发扬我们党的传统作风"[③]。这些思想进一步深化了党对反腐败斗争规律的认识。此后，我们党还根据党的八大精神出台了一系列关于加强监督的制度文件和实施细则。

4. 完善纪检监察机构，加强纪检监察工作

邓小平同志指出，"必须加强党的和国家的监察工作，及时发现和纠正各种官僚主义现象，对于违法乱纪和其他严重地损害群众利

---

① 中共中央文献研究室：《建国以来重要文献选编》第9册，中央文献出版社2011年版，第93页。

② 《刘少奇选集》下卷，人民出版社1985年版，第268—269页。

③ 《邓小平文选》第1卷，人民出版社1994年版，第215页。

益的分子，及时地给以应得的处分”[①]。这一时期，监察工作流程更加规范，监察机构更加健全。党的八届十中全会专门研究了党的监察工作，通过了《关于加强党的监察机关的决定》，突出了“对党员首先是党员干部的监督，严格党的纪律，同一切违反党的纪律、违反共产主义道德和违反国家法律法令的现象进行斗争”[②]，提出要加强中央和地方各级的监察委员会，扩大各级监察委员会委员的名额；要求各级党的委员会，必须加强对同级监察委员会的领导，定期讨论党的监察工作；强调党的各级监察委员会应当加强对同级国家机关的党员的监督工作，明确党的各级监察委员会和全体监察工作人员应承担的职责任务等。这一时期，党中央还批准了《中央监察委员会工作细则》《党的监察工作人员工作草案》等文件，并多次召开监察工作会议，研究如何加强监察机关建设、强化监察机关的监督作用。

5. 坚决反对干部特殊化

干部特殊化是群众反映比较强烈的问题，也是反腐败斗争必须攻克的难题。刘少奇同志指出，“现在艰苦奋斗的作风有所削弱，特殊化的风气有所发展。有些地方盖别墅，盖高标准住房，搞跳舞场”，呼吁“从中央改起，各省委、地委、县委、公社，一律把这个风气改变过来”[③]。这意味着，全党各级组织和广大党员干部都要和干部特殊化作斗争。中国共产党为此采取了有针对性的措施。比如，制定《党政干部三大纪律八项注意》，用简单明了又切中时弊的规定，加强对党员干部的监督和制约。[④] 比如，制定《工作方法六十条》，对党员干部如何践行群众路线、提高群众工作水平做出规定。此

① 《邓小平文选》第1卷，人民出版社1994年版，第224页。

② 《建国以来重要文献选编》第15册，中央文献出版社2011年版，第483页。

③ 《刘少奇选集》下卷，人民出版社1985年版，第459—460页。

④ 三大纪律，是指认真执行党中央的政策和国家的法令，积极参加社会主义建设；实行民主集中制；如实反映情况。八项注意，是指关心群众生活；参加集体劳动；以平等态度待人；工作要同群众商量，办事要公道；同群众打成一片，不特殊化；没有调查，没有发言权；按照实际情况办事；提高无产阶级的阶级觉悟，提高政治水平。

外，我们党还就干部下放参加劳动锻炼、严禁“走后门”等做出规定。

另外，这一时期涌现了一批具有典型意义的道德廉政模范，形成了以人名或者地名命名的时代精神，如雷锋精神、焦裕禄精神、大庆精神、大寨精神等，进一步丰富了党的廉政思想宝库。

三　改革开放和社会主义现代化建设新时期（1978 年至 2012 年）

党的十一届三中全会的召开，标志着改革开放和社会主义现代化建设的伟大征程由此开启。反腐败斗争由此进入一个新的历史时期。

（一）改革开放初期（党的十一届三中全会至党的十三届四中全会）

这一时期，反腐败斗争面临新形势新挑战。由于剥削阶级特别是封建残余意识的腐蚀、十年浩劫消极因素以及实行对外开放后资产阶级不良思想和生活方式的影响，再加上社会转型期各项制度尚未成熟定型、监察监管力量相对较弱等原因，这一时期的腐败现象呈现出两个主要特征。一是官僚主义的“老痼疾”尚未根除且发生“变种”。党执政后一直与官僚主义作坚决斗争。邓小平同志列举了这一时期官僚主义的主要表现：“高高在上，滥用权力，脱离实际，脱离群众，好摆门面，好说空话，思想僵化，墨守陈规，机构臃肿，人浮于事，办事拖拉，不讲效率，不负责任，不守信用，公文旅行，互相推诿，以至官气十足，动辄训人，打击报复，压制民主，欺上瞒下，专横跋扈，徇私行贿，贪赃枉法，等等”，其危害“达到令人无法容忍的地步。”① 二是经济犯罪等贪腐案件明显增多。“卷进经

① 《邓小平文选》第 2 卷，人民出版社 1994 年版，第 327 页。

济犯罪的人不是小量的，而是大量的。犯罪的严重情况，不是过去‘三反’、‘五反’那个时候能比的”“一抓就往往是很大的‘老虎’”①。据中纪委统计，1983 年因经济犯罪被开除党籍的有 9000 多人，受党纪处分的有 1.8 万多人，两者合计“比 1927 年‘四一二’以后全国党员的人数还多”②。

这一时期，反腐败斗争主要从以下几方面展开。

1. 结合改革开放新时期特点，不断丰富和发展反腐败斗争思想

一是将反腐败斗争和党的执政地位、国家前途命运紧密联系在一起，进一步确立了反腐败斗争在党的建设全局中的重要地位。邓小平同志将“打击经济犯罪活动”“整顿党的作风和党的组织”视为坚持社会主义道路的必要保证条件，从保障党和国家政权不变质的高度看待反腐败斗争。陈云同志做出了“执政党的党风问题是有关党的生死存亡的问题”③ 的重要论断，他认为，对腐败现象“不加制止，或者制止不力，就会败坏党的风气，使党丧失人心”④。而人民的支持拥护是党执政最深厚的合法性资源。二是提出了“两手抓”的反腐败思路。邓小平同志先后提出“一手抓改革开放，一手抓惩治腐败”、“一手抓改革开放，一手抓打击各种犯罪活动”、“一手抓教育，一手抓法制”等思想。这是马克思主义辩证法在反腐败斗争领域中的具体应用和丰富发展。三是抓住“关键少数”。邓小平同志要求，对贪腐情节特别严重的犯罪分子“必须给以最严厉的法律制裁”。打击贪腐行为必须有声势，“如果我们没有点声势，拖拖拉拉，下不了手，还会有大批的人变坏，包括一些老干部”⑤。针对一些屡禁不止的贪腐行为，陈云同志主张“要严办几个，杀几个，

① 《邓小平文选》第 2 卷，人民出版社 1994 年版，第 402 页。

② 中共中央文献研究室：《陈云论党的建设》，中央文献出版社 1995 年版，第 287 页。

③ 中共中央文献研究室：《陈云论党的建设》，中央文献出版社 1995 年版，第 248 页。

④ 中共中央文献研究室：《陈云论党的建设》，中央文献出版社 1995 年版，第 287 页。

⑤ 《邓小平文选》第 2 卷，人民出版社 1994 年版，第 404 页。

判刑几个，并且登报”[①]。四是坚持长期反腐的思路。邓小平同志强调，惩治腐败，建设廉洁政治，“不是一天两天、一月两月”[②]，而要贯穿整个改革开放全过程。陈云同志指出，“党风问题必须抓紧搞，永远搞。”[③] 这充分表明我们党持之以恒反腐败的坚强决心和对反腐败斗争是持久战的清醒认识。

2. 采取综合性治理和专项治理相结合的方式治理腐败

1983 年 10 月 11 日，党的十二届二中全会通过了《中共中央关于整党的决定》（以下简称《决定》），决定从同年冬季开始全面整党。《决定》就整党的必要性和紧迫性、整党的任务、对党员和党员领导干部的要求、整党的步骤和基本方法、组织处理和党员登记等做出部署。《决定》特别强调，“整党的任务是统一思想，整顿作风，加强纪律，纯洁组织”，整党的步骤是“从中央到基层组织，自上而下、分期分批地整顿。每个单位党组织的整顿，也要自上而下，先领导班子、领导干部，后党员群众”，要求各级党员干部认真对待这次整党运动，“避免走过场”[④]。与以往相比，这次整党有两个突出特点：一是方式是和风细雨而不是暴风骤雨式的，有步骤有秩序分批进行，没有采取“过去那种残酷斗争、无情打击的错误做法”[⑤]，没有“重复过去‘群众整党’，由非党群众决定党内问题的错误做法”[⑥]。二是将践行群众路线、坚决反腐败贯彻始终。整党过程中，广大党员干部充分听取群众的意见，合理的采纳，不合理的加以解释，进一步密切了党同群众的关系。整党历时三年半，成绩

① 中共中央文献研究室：《陈云论党的建设》，中央文献出版社 1995 年版，第 249 页。

② 《邓小平文选》第 3 卷，人民出版社 1993 年版，第 327 页。

③ 《陈云文选》第 3 卷，人民出版社 1995 年版，第 273 页。

④ 中共中央文献研究室：《十二大以来重要文献选编》（上），人民出版社 1986 年版，第 333—349 页。

⑤ 中共中央文献研究室：《十二大以来重要文献选编》（上），人民出版社 1986 年版，第 346 页。

⑥ 中共中央文献研究室：《十二大以来重要文献选编》（上），人民出版社 1986 年版，第 343 页。

显著，对一批有严重问题和不合格党员进行了处理，对一批有问题和软弱涣散的领导班子进行了调整。被开除党籍的共有 33896 人，受到留党察看、撤销党内职务和向党外组织建议撤销党外职务、严重警告、警告等党纪处分的共有 184071 人。[①]

同时，抓住突出问题进行专项治理。我们党善于抓主要矛盾，具体问题具体分析，对不同时期人民群众反映强烈的党风廉政问题开展专项治理。比如，针对经济犯罪活动，1981 年 1 月 11 日，中央发出《紧急通知》，做出了“派习仲勋、余秋里、彭冲、王鹤寿同志立即去广东、福建、浙江、云南等走私贩私最为严重的省，传达中央常委的批示，并采取紧急措施”[②] 等六条措施，就打击走私贩私等经济犯罪行为做出正式部署。此后，中共中央、国务院做出《关于打击经济领域中严重犯罪活动的决定》，全国人大常委会通过《关于严惩严重破坏经济的罪犯的决定》，进一步部署和推动此项工作。打击经济犯罪活动取得显著效果。到 1982 年底，全国立案审查的各类经济犯罪案件达 16.4 万多件，结案达到 8.6 万件，占全部案件的 54%。其中，依法判刑的有近 3 万人，被开除党籍的党员有 5500 余人，追缴赃款赃物合计 3.2 亿元。[③] 比如，针对党政机关和干部经商办企业的问题，国务院下发了一系列文件，进行了全面清理整顿工作，查处了江西省原省长倪献策徇私舞弊案、航天部广宇公司走私案、海南倒买倒卖进口物资案等一批大案要案。

3. 纪检监察机构扩容增权，制约监督权力的党规法规不断完善

恢复和加强党的纪检机构。改革开放之初，党中央围绕作风建设，采取了重新设立中央纪律检查委员会等一系列重大举措。党的

---

① 祝彦：《中国共产党怎样治理腐败问题》，江西人民出版社 2017 年版，第 183 页。

② 中共中央文献研究室：《三中全会以来重要文献选编》（下），人民出版社 1982 年版，第 390—391 页。

③ 窦效民、王良启：《中国共产党反腐倡廉历程》，郑州大学出版社 2006 年版，第 198 页。

十一届三中全会，选举产生了以陈云为第一书记的中央纪律检查委员会。党的十二大党章单列“党的纪律”和“党的纪律检查委员会”两章，对纪检机关的产生、组织体制、职权等做出规定。此后，中央纪委制定了《关于健全党的纪律检查系统加强纪检队伍建设的暂行规定》《中央纪委关于工作任务、职权范围、机构设置的规定》等党内法规，就加强纪检力量、完善工作流程等做出规定。各地方、军队和国务院各部委也都建立了党的纪检机构。陈云同志指出，中央纪委的基本任务，“就是要维护党规党法，整顿党风”①。中纪委的成立，从组织和制度上加强了党内监督力量，为推进反腐败斗争提供了有力保障。

4. 加强民主和法制建设，建立健全党规法规

我们党吸取历史教训，高度重视制度建设，大力加强民主和法制建设，从法律法规层面加强对权力的制约和监督。就国家法律而言，仅 1982 年，党和国家就根据形势需要修订了宪法，颁布新的法律、法令和行政法规约 300 个，还有 140 多项经济法规还在制定中。就党内法规而言，这一时期出台了《关于党内政治生活的若干准则》，深刻总结了中国共产党几十年来处理党内关系的历史经验教训，对于恢复和发扬党的优良传统和作风，营造良好的党内政治生活，减少腐败现象发生具有重大意义。《准则》共 12 条，明确要求坚持党的政治路线和组织路线；坚持集体领导，反对个人专断；维护党的集中统一，严格遵守党的纪律；发扬党内民主，正确对待不同意见；同错误倾向和向坏人作斗争；接受党和人民监督，不准搞特权等。对于“不许搞特权”，《准则》强调，“在我们的国家中，人们只有分工的不同，没有尊卑贵贱的分别。谁也不是低人一等的奴隶或高人一等的贵族。那种认为自己的权力可以不受任何限制的思想，就是腐朽的封建特权思想，这种思想必须受到批判和纠正。

① 中共中央文献研究室：《陈云论党的建设》，中央文献出版社 1995 年版，第 242 页。

共产党员和干部应该把谋求特权和私利看成是极大的耻辱。”这部重要文献，反映了党用制度管党治党的思路，推动反腐败斗争在法治和制度的轨道上进行。

5. 大力建设社会主义精神文明，坚决抵制资产阶级自由化思潮

这一时期，我们党继续重视和加强思想政治教育，为提高党员干部拒腐防变能力奠定思想基础。一方面“扬清”，把建设社会主义精神文明摆在重要位置。邓小平同志指出，在建设社会主义物质文明的同时，“还要建设社会主义精神文明，最根本的是要使广大人民有共产主义的理想，有道德，有文化，守纪律”①。否则，“不加强精神文明的建设，物质文明的建设也要受破坏，走弯路”②。全国总工会、共青团中央、全国妇联等9家单位联合发出《关于开展文明礼貌活动的倡议》，其核心就是“五讲四美”文明礼貌活动。中国人民解放军总政治部提出了“四有、三讲、两不怕”③，加强作风培养，使部队具有严格的纪律。此外，1982年，党中央国务院倡导了第一个“全民礼貌月”活动。这些活动丰富和发展了社会主义精神文明的内涵。另一方面“激浊”，抵御腐朽思想的侵蚀。党和政府出台了一系列政策，采取了一系列措施，坚决抵制和严密防范对外开放过程中涌入的拜金主义、享乐主义、极端个人主义等资本主义腐朽思想文化的不良影响，如开展思想文化领域的反腐蚀斗争，加强对出版行业的管制，严格禁止非法出版活动，查禁淫秽书刊，严禁进口、复制、销售、播放反动黄色下流录音录像制品等。这些举措取到良好效果，在思想意识和社会风气层面减少了腐败滋生的空间。

---

① 《邓小平文选》第3卷，人民出版社1993年版，第28页。

② 《邓小平文选》第3卷，人民出版社1993年版，第114页。

③ 即：有理想、有道德、有文化、有纪律，讲军容、讲礼貌、讲卫生、不怕艰难困苦、不怕流血牺牲。

（二）改革开放新阶段和把中国特色社会主义全面推向21世纪时期（党的十三届四中全会至党的十六大）

这一时期，社会主义市场经济体制的确立促使人们个人利益意识觉醒、政治参与意识增强，但是市场经济的逐利性以及相关制度的不健全，为权力设租寻租提供了可能，监督和制约权力面临更大的挑战。这一时期，腐败“主要表现是贪赃枉法、行贿受贿、敲诈勒索、权钱交易、挥霍人民财富、腐化堕落等”①。

这一时期，党主要从以下方面开展反腐败斗争。

1. 加强理论创新，不断丰富和发展反腐败斗争思想

实践每前进一步，理论创新就要跟进一步。“实践—认识—再实践—再认识”螺旋上升的逻辑，同样适用于反腐败斗争。中国共产党针对市场经济条件下反腐败斗争的新特点，不断加强理论创新，创造性地提出了一系列理论观点。一是对开展反腐败斗争重要性的认识更加深刻。我们党做出“反对腐败是关系党和国家生死存亡的严重政治斗争”② 的重大判断，把反腐败斗争上升到“政治斗争的高度”，反映了党对腐败的危害、开展反腐败斗争重要性的认识更加深刻。二是紧紧围绕党和国家工作中心，丰富和发展了“两手抓”的反腐败思想。江泽民同志提出了“一手抓改革开放，一手抓惩治腐败”的思想，并阐明了两者的关系：“把反腐败同经济建设对立起来、同改革开放对立起来，认为反腐败会影响经济建设和改革开放，是不对的；在反腐败过程中，不牢牢把握经济建设这个中心，不注意更好地为经济建设和改革开放服务，也是不对的。”③ 三是提出了系统性的反腐败思路。腐败是一种社会历史现象，是多种因素共同作用的结果。江泽民同志从“封建主义和其他剥削阶级思想的影

---

① 《江泽民文选》第1卷，人民出版社2006年版，第322—323页。

② 中共中央文献研究室：《十五大以来重要文献选编》（上），人民出版社2003年版，第49页。

③ 中共中央文献研究室：《十四大以来重要文献选编》（上），人民出版社1996年版，第402—403页。

响”、对外开放中“资本主义腐朽的东西也会趁机钻进来”、“新旧体制转换过程中制度机制不健全不完善以及工作中的漏洞和薄弱环节也会给腐败现象滋生以可乘之机”① 等方面分析了腐败产生的原因。基于此，他提出的反腐败举措也是系统性的。他认为，“惩治腐败，要作为一个系统工程来抓，标本兼治，综合治理，持之以恒”②，并精辟论述了治标与治本之间的关系。反腐败斗争涉及诸多方面，需要动员全党全社会的力量共同努力。江泽民同志首次提出建立“党委统一领导、党政齐抓共管、纪委组织协调、部门各负其责、依靠群众支持和参与”③ 的反腐败工作格局。这就从理论上和体制机制上初步探索出了一条中国特色的反腐之路，将反腐败斗争不断引向深入。

2. 加强思想政治教育，筑牢不想腐、不变质的思想防线

共产主义远大理想和中国特色社会主义共同理想，是中国共产党人的精神支柱和政治灵魂。坚定理想信念，首先要解决世界观、人生观和价值观这个“总开关”问题，否则，就经受不住复杂环境带来的严峻考验。有的党员干部“堕落为社会的蛀虫和罪犯，归根结底就是这些人在世界观和人生观上出了问题”④。这一时期，解决好“总开关”问题，“最重要的是引导和组织广大干部党员深入学习马列主义、毛泽东思想，特别是深入学习邓小平同志建设有中国特色理论。”⑤ 为此，我们党采取了多种方式加强思想政治教育。一是开展“三讲”教育。1996 年 10 月 10 日，党的十四届六中全会通过的《中共中央关于加强社会主义精神文明建设若干重要问题的决

---

① 《江泽民文选》第 1 卷，人民出版社 2006 年版，第 324 页。

② 中共中央文献研究室：《十四大以来重要文献选编》（上），人民出版社 1996 年版，第 410 页。

③ 《中国共产党第十六次全国代表大会文件汇编》，人民出版社 2002 年版，第 54 页。

④ 中共中央文献研究室：《十四大以来重要文献选编》（中），人民出版社 1997 年版，第 212 页。

⑤ 中共中央文献研究室：《十四大以来重要文献选编》（中），人民出版社 1997 年版，第 1191—1192 页。

议》首次提出，“对县级以上领导干部要集中进行一次以讲学习、讲政治、讲正气为主要内容的党性党风教育”[①]。经过两年的准备，1998 年 11 月，中央印发《中共中央关于在县级以上党政领导干部班子、领导干部中深入开展以“讲学习、讲政治、讲正气”为主要内容的党性党风教育的意见》，对开展“三讲”教育做出部署，明确其目的是“推动县级以上党政领导班子和领导干部深入学习邓小平理论和党的十五大精神，提高政治素质，加强党性修养，端正思想作风，增强在改造客观世界的同时改造主观世界的自觉性”[②]。“三讲”教育“立足于思想教育，把党性分析、自查自纠与民主评议结合起来”，采用“思想发动，学习提高——自我剖析，听取意见——交流思想，开展批评——认真整改，巩固成果”四个步骤和方式进行。[③] 这次主题教育历时两年，共有 70 万党政领导干部参加，直接参加听动员报告、填写征求意见表、民主测评和帮助整改的干部群众达 500 万人以上。[④]“三讲”教育让广大党员干部接受了一次深刻的思想洗礼。二是组织党员干部认真学习《邓小平文选》。1993 年至 1994 年两年间，《邓小平文选》（第 3 卷）出版，第一、二卷增订再版，为广大党员干部提供了权威的理论教材。党中央还发出《关于在全党深入学习邓小平理论的通知》，要求广大党员干部用邓小平理论武装头脑。我们党还采取了党校培训、举办理论研讨班、中心组学习、开展邓小平理论“进教材、进课堂、进学生头脑”活动等其他学习方式。邓小平理论中包含着丰富的廉政思想，因而这样的学习活动使党员干部在提高理论水平的同时，接受了

① 中共中央文献研究室：《十四大以来重要文献选编》（下），人民出版社 2011 年版，第 152 页。

② 中共中央文献研究室：《十五大以来重要文献选编》（上），人民出版社 2011 年版，第 550 页。

③ 中共中央文献研究室：《十五大以来重要文献选编》（上），人民出版社 2011 年版，第 550—554 页。

④ 祝彦：《中国共产党怎样治理腐败问题》，江西人民出版社 2017 年版，第 200 页。

反腐败教育。

3. 健全机构，完善制度，加强对权力的监督和制约

这一时期，党对权力监督制约规律有了更深刻的认识，并将其运用到反腐败的具体实践中。江泽民同志指出，反腐败要“坚持标本兼治，教育是基础，法制是保证，监督是关键”①。这一时期出台了一系列关于加强权力监督制约的党规和法律。关于加强管理、健全机制、反对不正之风的有：《关于治理乱收费的规定》《关于行政性收费、罚没收入实行预算管理（收支两条线）的规定》《关于严禁用公费变相出国（境）旅游的规定》《关于禁止“买卖书号”的通知》《关于实行党风廉政责任制的规定》《监察机关举报工作办法》等。关于反对官僚主义、促进党政干部廉洁自律的有：《关于党政机关县（处）级以上领导干部廉洁自律（五条规定）的实施意见》《中共中央国务院关于党政机关厉行节约制约奢侈浪费行为的若干规定》等。针对官商勾结、官员下海等问题的有：《关于县以上党和国家机关退（离）休干部经商办企业问题的若干规定》《关于进一步清理整顿公司的决定》《关于党政机关兴办经济实体和党政机关干部从事经营活动的通知》《关于严禁党政机关和党政干部经商、办企业的决定》等。关于打击贪污贿赂犯罪活动的有《关于贪污受贿、投机倒把等犯罪分子必须在限期内自首坦白的通告》等。此外，这一时期还实行了纪检监察机关合署办公，避免了工作的交叉和重叠，发挥了整体效能，增强了纪检力量。

4. 严厉惩处腐败分子，保持反腐败高压态势

江泽民同志强调，对于腐败问题，“不管查到谁，都要一查到底”，“不管涉及到多少人，都要一查到底”②。这一时期查处了中共

---

① 中共中央文献研究室：《十五大以来重要文献选编》（上），人民出版社 2000 年版，第 49 页。

② 中共中央文献研究室：《十三大以来重要文献选编》（中），人民出版社 1991 年版，第 581 页。

中央政治局原委员、北京市委原书记陈希同，全国人大常委会原副委员长成克杰，公安部原副部长李纪周，江西省原副省长胡长清，沈阳市原市长慕绥新等官员，查办了湛江、厦门等特大走私案、无锡新兴实业总公司非法集资案等案件。其中，成克杰因收受贿赂款物合计人民币4109万余元被判处死刑，是新中国成立以来第一个因腐败被判处死刑的国家领导人。据统计，从1992年至2002年的10年间，全国纪检监察机关共计立案近160万件，给予党纪政纪处分人员超过150万人，其中开除党籍近26万人。受处分的干部中，省部级干部176人，厅局级干部4095人，县处级干部49291人。①

（三）全面建设小康社会时期（党的十六大至党的十八大）

在世情国情党情发生深刻变化的形势下，党中央始终旗帜鲜明加强反腐倡廉建设和反腐败斗争。这一时期，腐败呈现新特征，“一些领域腐败现象易发多发，大案要案频发，窝案、串案、案中案增多”，“高级干部腐败案件时有发生，影响恶劣”，② 家族性腐败、系统性腐败、区域性腐败、塌方性腐败等新腐败现象出现，甚至形成了“腐败共同体”。

这一时期，反腐败斗争主要从以下几方面展开。

1. 反腐败思想日益丰富发展

一是把反腐败工作摆在更加突出的位置。胡锦涛同志首次提出“反腐倡廉”，并在党的十七大报告中把“反腐倡廉建设”从党风建设中独立出来，构建起思想建设、组织建设、作风建设、制度建设和反腐倡廉建设的党建工作新格局。胡锦涛同志指出，“腐败是私有制的产物，是同马克思主义政党的性质格格不入的。

---

① 祝彦：《中国共产党怎样治理腐败问题》，江西人民出版社2017年版，第195页。

② 中共中央文献研究室：《十七大以来重要文献选编》（中），中央文献出版社2011年版，第400页。

坚持自觉反腐倡廉，是我们党同一切剥削阶级政党的本质区别之一。”[①] 胡锦涛同志要求党员干部要“从提高党的执政能力、巩固党的执政地位的战略高度进一步认识做好反腐倡廉工作的极端重要性，始终把反腐倡廉作为一件大事来抓，始终旗帜鲜明、毫不动摇地反对腐败”[②]。二是反腐败战略方针有新拓展。党的十六大将反腐败方针定位为“标本兼治、综合治理”。党的十六届四中全会首次提出“标本兼治、综合治理，惩防并举、注重预防”的方针，建立健全惩治和预防腐败体系，坚持不懈地反对腐败。对于这“十六字”方针的内涵，胡锦涛同志强调，“进行有效预防本身就要求实行严肃惩治，而实行严肃惩治本身又有利于进行有效预防”[③]。党的十七大还就“加强廉政文化建设”提出要求，这在党的代表大会报告中属于首次。

2. 权力监督制约思想和制度机制日益成熟

一是加强反腐倡廉制度建设的顶层设计。2005 年 1 月，党中央印发《建立健全教育、制度、监督并重的惩治和预防腐败体系实施纲要》，明确了构建反腐败工作体系的指导思想、主要目标、工作任务和基本要求。2008 年 5 月，党中央印发《建立健全惩治和预防腐败体系 2008—2012 年工作规划》，提出在五年内，实现“建成惩治和预防腐败体系基本框架，拒腐防变教育长效机制初步建立，反腐倡廉法规制度比较健全，权力运行监控机制基本形成，从源头上防治腐败的体制改革继续深化，党风政风明显改进，腐败现象进一步得到遏制，人民群众的满意度有新的提高”的目标。[④] 这两个文件，

① 中共中央文献研究室：《十六大以来重要文献选编》（中），中央文献出版社 2011 年版，第 594 页。

② 中共中央文献研究室：《十六大以来重要文献选编》（中），中央文献出版社 2011 年版，第 594—595 页。

③ 中共中央文献研究室：《十六大以来重要文献选编》（中），中央文献出版社 2011 年版，第 605 页。

④ 中共中央文献研究室：《十七大以来重要文献选编》（上），中央文献出版社 2009 年版，第 428 页。

体现了我们党加强顶层设计和系统治理腐败的思想。此外，从2002年开始，中央纪委、监察部用两年多的时间，全面清理了改革开放以来1500余件涉及党风廉政建设和反腐败工作的党内法规和规范性文件，对主要内容已经被新的规定替代、所依据的政策法规已经发生变化以及适用期已过或者适用条件、调整对象已经发生变化的文件予以废止，将现行有效的文件汇编出版《党风廉政和反腐败现行法规制度全书》。二是建立健全权力制约监督具体制度机制。初步建立起以党章为核心的党内监督法规制度体系，包括《中国共产党党组工作条例》《中国共产党党内监督条例（试行）》《中国共产党党员权利保障条例》《党政领导干部选拔任用工作监督检查办法（试行）》《公开选拔党政领导干部工作暂行规定》《党的地方委员会全体会议对下一级党委、政府领导班子正职拟任人选和推荐人选表决办法》《关于中共中央纪委、中共中央组织部巡视工作的暂行规定》《关于中共中央纪委派驻纪检组履行监督职责的意见》等。规范党和国家机关工作人员从政行为、促进党员干部廉洁自律的有《中国共产党党员领导干部廉洁从政若干准则》《中国共产党纪律处分条例》《国有企业领导人员廉洁从业若干规定（试行）》《关于实行党风廉政建设责任制的规定》等文件。对于乱涨价、乱收费、乱罚款、乱摊派、拖欠农民工工资、公款出国（境）旅游等严重损害群众利益及群众反映强烈的问题，党中央、国务院开展专项治理活动或者采取了专项治理措施。值得一提的是，这一时期我国加入了联合国反腐败公约，加强反腐败国际合作。三是加强监察监管力量，首次设立国家级预防腐败的专门机构——国家预防腐败局。国家预防腐败局的主要职责是负责全国预防腐败工作的组织协调、综合规划、政策制定、检查指导；协调指导企业、事业单位、社会团体、中介机构和其他社会组织的预防腐败工作；负责预防腐败的国际合作和国际援助。

3. 思想政治教育工作不断加强并创新发展

我们党将“建立思想道德教育的长效机制”作为反腐体系的重要组成部分之一。这一时期，我们党采取多种方式加强思想政治教育工作。一是开展以实践“三个代表”重要思想为主要内容的保持共产党员先进性教育活动，以期达到提高党员素质、加强基层组织、服务人民群众、促进各项工作的目的。活动按照县及以上党政机关和部分企事业单位、城市基层和乡镇机关、农村和部分党政机关分三批进行，每批要分“学习动员—分析评议—整改提高”三个阶段。为了推动保持共产党员先进性教育活动取得实效，党中央还建立了督查制度和群众评议制度。活动自2005年1月开始，至2006年6月基本结束，是改革开放以来“全党范围内开展的一次人数最多、规模最大的集中教育活动”,[①] 涉及各行业各条战线7000多万名党员、350多万个基层组织；“是我们党在新的历史条件下用发展着的马克思主义武装全党的一项重大举措，是加强党的执政能力和先进性建设的一次成功实践”,[②] 在接受马克思主义思想洗礼、巩固党执政的组织基础、密切党群干群关系、丰富党的先进性建设等方面取得显著成效。二是开展深入学习实践科学发展观活动。学习实践科学发展观活动要求真正解决党性不强、党风不正、执行党纪不严的问题。活动分三批进行，每批分“学习调研—分析检查—整改落实”三个阶段，每个阶段分三个环节。学习调研阶段分“学习培训—深入调研—围绕科学发展进行解放思想讨论”三个环节；分析检查阶段分“召开领导班子专题民主生活会—形成领导班子分子检查报告—组织群众评议”三个环节；整改落实阶段分“制定整改落实方案—集中解决突出问题—完善体制机制”三个环节。学习实践科学发展观活

---

① 中共中央文献研究室：《十六大以来重要文献选编》（中），中央文献出版社2011年版，第565页。

② 中共中央文献研究室：《十六大以来重要文献选编》（下），中央文献出版社2011年版，第529页。

动自2008年9月开始，至2010年2月基本结束，涉及7500余万共产党员、370余万个党组织，“是加强和改进新形势下党的建设、提高党的执政能力、保持和发展党的先进性的一次富有成效的实践”[①]。三是构建反腐倡廉“大宣教”格局。这是完善教育、制度和监督并重的惩治和预防腐败体系的重要内容。在工作机制上，中央纪委、监察部与中组部、中宣部、文化部等建立了党风廉政宣传教育部级联席会议制度和局级协调会议制度。在制度层面，中宣部出台了《关于做好反腐倡廉工作宣传报道意见》等文件，专项部署反腐倡廉宣传工作。从宣传载体看，综合运用报刊、广播、电视、出版、文学、艺术、互联网等宣传载体。理论政策研究部门和党校行政学院系统也都加强了对反腐倡廉的研究、宣传和教学工作。

4. 查处大案要案，严惩腐败分子

这一时期，党继续把查处党员干部违法违纪案件作为反腐败的重要环节来抓。不少省部级及以上高级领导干部受到查处，如中央政治局原委员、上海市委原书记陈良宇，铁道部原部长刘志军、贵州省委原书记刘方仁、云南省原省长李嘉廷、广东省政协原主席陈绍基、国家食品药品监督管理局原局长郑筱萸、安徽省原副省长王怀忠、文化部原副部长于幼军、深圳市原市长许宗衡等。其中，陈良宇因犯受贿罪、滥用职权罪，被判18年有期徒刑、没收个人财产人民币30万元。郑筱萸因“受贿数额特别巨大，情节特别严重”被判处死刑。据统计，自2007年11月至2012年6月，全国各级纪检监察机关立案共计64.37多万件，结案共计63.9万多件，给予党纪政纪处分共计66.8万多人，其中涉及犯罪而被移送司法机关处理共计2.4万多人。[②]

① 中共中央文献研究室：《十七大以来重要文献选编》（中），中央文献出版社2011年版，第633页。

② 中共中央文献研究室：《十八大以来重要文献选编》（上），中央文献出版社2014年版，第52页。

第五章　新时代反腐败斗争取得压倒性胜利并全面巩固

进入新时代，以习近平同志为核心的党中央就深入推进反腐败斗争提出一系列新理念新思想新战略，把全面从严治党纳入“四个全面”战略布局，探索出依靠自我革命跳出历史周期率的第二个答案。我们党开展了史无前例的反腐败斗争，以“得罪千百人、不负十四亿”的使命担当祛疴治乱，不敢腐、不能腐、不想腐一体推进，“打虎”、“拍蝇”、“猎狐”多管齐下，反腐败斗争取得压倒性胜利并全面巩固，消除了党、国家、军队内部存在的严重隐患，确保党和人民赋予的权力始终用来为人民谋幸福。①

一　扎牢反腐败制度笼子

“法令既行，纪律自正，则无不治之国，无不化之民。”制度是管长远、管根本、管全局的。制度治党、依规治党是我们党全面从严治党的治本之策，是管党治党的基本方式。我们党历来重视党内法规制度建设，注重运用党内法规管党治党、提高党的执政能力和领导水平。1938 年，毛泽东同志在党的六届六中全会上要求，“须

① 习近平：《高举中国特色社会主义伟大旗帜　为全面建设社会主义现代化国家而团结奋斗——在中国共产党第二十次全国代表大会上的报告》，人民出版社 2022 年版，第 13—14 页。

制定一种较详细的党内法规，以统一各级领导干部的行动”,① 首次提出党内法规的概念。1978 年 12 月 13 日，邓小平同志在中央工作会议闭幕会上强调，“没有党规党法，国法就很难保障”②。1990 年，中共中央颁布了《中国共产党党内法规制定程序暂行条例》，正式使用了党内法规这一名称。1992 年，党的十四大修订的党章明确规定，党的各级纪委的主要任务是“维护党的章程和其他党内法规”，“党内法规”正式写入党章。2001 年，江泽民同志在庆祝中国共产党成立八十周年大会上强调，“各级党组织和每个党员都要严格按照党的章程和党内法规行事，严格遵守党的纪律”。2006 年，胡锦涛同志在十六届中央纪委六次全会上明确提出，“要适应新形势新任务的要求，加强以党章为核心的党内法规制度体系建设”。党的十八大以来，我们党高度重视党内法规制度建设，把党内法规制度建设摆在更加重要的位置。2013 年 1 月，十八届中央纪委二次全会要求，加强反腐倡廉党内法规制度建设，把权力关进制度的笼子里。2013 年 5 月，《中国共产党党内法规制定条例》《中国共产党党内法规和规范性文件备案规定》发布施行。2014 年 10 月，党的十八届四中全会通过的《中共中央关于全面推进依法治国若干重大问题的决定》强调，加强党内法规制度建设，形成配套完备的党内法规制度体系。2017 年 10 月，习近平总书记在党的十九大报告上要求，“全面推进党的制度建设”。2018 年 1 月 11 日，习近平总书记在十九届中央纪委二次全会上强调，“要完善纪律规章，实现制度与时俱进”。2018 年 12 月，中共中央办公厅印发《党组讨论和决定党员处分事项工作程序规定（试行）》。2019 年 9 月，中共中央印发修订后的《中国共产党党内法规制定条例》。总之，经过 100 多年来持续推进建章立制，特别是党的十八大以来，党中央加大制度建设力度，形成了比较完善的党内法规体系。截至 2021 年 7 月 1 日，全党现行有效党内

① 《毛泽东选集》第 2 卷，人民出版社 1991 年版，第 528 页。
② 《邓小平文选》第 2 卷，人民出版社 1994 年版，第 147 页。

法规共3615部。现行有效党内法规中，党章1部，准则3部，条例43部，规定850部，办法2034部，规则75部，细则609部。[①] 在党的二十大第二场记者招待会上，中央政策研究室副主任田培炎介绍说，现行近4000部有效党内法规中，近十年新制定修订的占70%以上。[②] 这一基础性制度支撑进一步扎牢制度笼子，织密廉政“防护网”，把权力关进制度的笼子，为反腐败斗争提供了坚强有力制度保障。

（一）党章是立党治党管党的总章程和根本遵循

在党内法规体系中，党章居于统领地位，是党的总章程，是党的根本大法，集中体现了党的性质和宗旨、党的基本理论、基本路线和基本方略、党的重要主张，规定了党的重要制度和体制机制，是全面从严治党的总依据和总遵循，也是全体党员言行的总规矩和总遵循。习近平总书记反复强调要学习党章、遵守党章、贯彻党章、维护党章，用党章统领党的领导、统摄纪律建设，用党章把全党管起来。2012年11月16日，习近平总书记发表《认真学习党章　严格遵守党章》的重要讲话，强调学习党章是领导干部的必修课，是走上新的领导岗位的同志的第一课，各级领导干部都要带头遵守党章。2013年6月18日，习近平总书记在党的群众路线教育实践活动工作会议上指出，要以党章为镜，对照党的纪律、群众期盼、先进典型，对照改进作风要求，在宗旨意识、工作作风、廉洁自律上摆问题、找差距、明方向。2015年1月14日，习近平总书记在十八届中央纪委五次全会上强调，党章是全党必须遵循的总章程，也是总规矩。2016年1月12日，习近平总书记在十八届中央纪委第六次全

---

① 中共中央办公厅法规局：《中国共产党党内法规体系》，《人民日报》2021年8月4日第1版。

② 孟祥夫：《党在革命性锻造中更加坚强有力》，《人民日报》2022年10月18日第4版。

会上指出，全党要切实全面落实从严治党，最首要的就是要尊崇党章。2016 年 4 月，习近平总书记在安徽调研时指出，全党学习贯彻党章的水平，决定着党员队伍党性修养的水平，决定着各级党组织凝聚力和战斗力的水平，决定着全面从严治党的水平。不论是高级干部还是普通党员，要做合格党员，学习贯彻党章都是第一位的要求。2019 年 3 月 1 日，习近平总书记在 2019 年春季学期中央党校（国家行政学院）中青年干部培训班开班式上要求领导干部要经常对照党章党规党纪，检视自己的理想信念和思想言行，不断掸去思想上的灰尘，永葆政治本色。2019 年 7 月 9 日，习近平总书记在中央和国家机关党的建设工作会议上强调，中央和国家机关要带头学习、遵守、执行党章党规，从基本制度严起、从日常规范抓起。2020 年 1 月 8 日，习近平总书记在“不忘初心、牢记使命”主题教育总结大会上指出，要教育引导各级党组织和广大党员、干部经常进行思想政治体检，同党中央要求“对标”，拿党章党规“扫描”，不断叩问初心、守护初心，不断坚守使命、担当使命，始终做到初心如磐、使命在肩。这些重要论述集中体现了习近平总书记依据党章管党治党的重要思想。

（二）织密党内法规制度网

党的十八大以来，党中央坚持思想建党不放松，又强调制度治党的刚性作用，实现了依规治党与以德治党同向发力，不断织密扎牢制度的笼子。中央纪委以及党中央工作机关有针对性地制定和完善配套党内法规，为全面从严治党、推进反腐败斗争提供规范和保障，进一步为党内法规体系“添砖加瓦”。2012 年 12 月 4 日，中央八项规定出台，是作风建设的标志性节点，也是新时代完善党内法规制度的开始。为落实关于加强党内法规制度建设的要求，2013 年 11 月，中共中央印发了《中央党内法规制定工作五年规划纲要（2013—2017 年）》。2015 年 6 月 26 日，习近平总书记在主持十八届中央政治局第二十四次集体学习时指出，抓紧完善反腐倡廉的基本法规制度，既要注意体现党章的基本原则和精神，符合国家法律法规，也要同其他方面法规制度相衔接，使实体性法规制度和程序性法规制度、综合性规定和专门性规定、下位法规制度和上位法规制度相互协调、相辅相成，提升法规制度整体效应。[①] 2015 年 8 月 3 日，新修订的《中国共产党巡视工作条例》颁布实施，这是党的十八大后修订的第一部关于党内监督的重要法规。2015 年 10 月，新修订的《中国共产党廉洁自律准则》和《中国共产党纪律处分条例》颁布实施，这两部党内法规重点针对党内存在的突出问题、党员和党员领导干部在廉洁自律和遵守纪律方面存在的主要问题，将党的十八大以来严明政治纪律和政治规矩、组织纪律以及落实中央八项规定精神、纠正“四风”等实践成果上升固化为纪律条文，实现了坚持高标准与守住底线的统一。2016 年 7 月，《中国共产党问责条例》正式出台，标志着问责工作迈出制度化、规范化、常态化的关键一步。2016 年 10 月，党的十八届六中全会审议通过《关于新形势下党内政治生活的若干准则》和《中国共产党党内监督条例》。2017 年 1 月，十八届中央纪委七次全会审议通过《中国共产党纪律检查机关监督执纪工作规则（试行）》。党的十九大把制度建设摆到更加重要的位置，为新时代党内法规制度建设，提供了思想指南和行动指引。2018 年 2 月，中共中央印发《中央党内法规制定工作第二个五年规划（2018—2022 年）》。2018 年 8 月，新修订的《中国共产党纪律处分条例》公布，自 2018 年 10 月 1 日起实施。2019 年 1 月，中共中央办公厅印发《中国共产党纪律检查机关监督执纪工作规则》。2019 年 9 月，中共中央印发修订的《中国共产党问责条例》。2020 年 1 月，中共中央办公厅发布《纪检监察机关处理检举控告工作规则》，这是坚持和完善党和国家监督体系的基础性法规，是纪检

---

① 《习近平关于严明党的纪律和规矩论述摘编》，中央文献出版社、中国方正出版社 2016 年版，第 63 页。

监察机关践行党的群众路线、自觉接受群众监督的重要制度保障，是处理检举控告工作的基本遵循。总之，经过党的十八大以来的加速推进，基本覆盖面比较广、内容较为合理科学、配套基本完备的党内法规体系得以形成，我们党从严管党治党、执政治国全面实现了有规可依、有章可循。

二　巡视利剑显锋芒

巡视是管党治党的一把利剑，是政治“显微镜”“探照灯”。巡视工作是治标之举，也是治本之策，对于坚持和加强党的领导具有保障作用，对于从严治党的全面推进也具有十分重大的现实意义。[①]我们党很早就开始探索运用巡视进行自我监督。党的十八以来，以习近平同志为核心的党中央从党肩负的历史使命出发，把巡视作为推进党的自我革命、全面从严治党的战略性制度安排，深入推进巡视实践创新、理论创新、制度创新，巡视工作在坚持中深化、在深化中发展，政治定位更加精准、制度体系更加完善、工作格局更加健全，监督保障执行、促进完善发展作用充分发挥，成为当之无愧的国之利器、党之利器。[②]

（一）做好顶层设计

党的十八大以来，习近平总书记全面系统阐述巡视工作方针，部署巡视任务。2013 年 4 月 25 日，习近平总书记在中央政治局常委会审议《关于中央巡视工作领导小组第一次会议研究部署巡视工作情况的报告》时指出，巡视组要当好中央的“千里眼”，找出“老

① 《纪律从这里来》，中国方正出版社 2021 年版，第 247 页。

② 马直辰、王丹妮：《政治巡视全面从严治党利剑作用充分彰显》，《中国纪检监察》2022 年第 20 期。

虎”“苍蝇”，抓住违纪违法问题线索。要落实监督责任，敢于碰硬，真正做到早发现、早报告，促进问题解决，遏制腐败现象蔓延的势头。[①] 2016年1月12日，习近平总书记在十八届中央纪委六次全会上指出，明代以后有八府巡按，走到哪里，捧着尚方宝剑，八面威风。我们的巡视不是八府巡按，但必须有权威性，成为国之利器、党之利器。要以贯彻执行巡视工作条例为契机，提高依规依纪巡视能力，推动巡视工作制度化、规范化。[②] 党的十八大以来，习近平总书记率先垂范、亲自研究部署巡视工作。2013年4月25日，习近平总书记在中央政治局常委会审议《关于中央巡视工作领导小组第一次会议研究部署巡视工作情况的报告》时指出，巡视组要当好中央的“千里眼”，找出“老虎”“苍蝇”，抓住违纪违法问题线索。要落实监督责任，敢于碰硬，真正做到早发现、早报告，促进问题解决，遏制腐败现象蔓延的势头。[③] 习近平总书记还强调，“要坚持政治定位，与时俱进深化政治巡视”“加大整治群众身边腐败问题的力度，打通全面从严治党‘最后一公里’”“要坚持系统观念，深化上下联动、贯通融合”“必须在整改落实上较真碰硬”[④] 党的十九大以来，习近平总书记22次听取巡视汇报、发表重要讲话。[⑤] 习近平总书记在党的十九大上对巡视工作提出明确要求，首要一条就是“深化政治巡视”。锚定政治巡视这一定位，是巡视工作的重大创新，清晰指出巡视是上级党组织对下级党组织履行

---

① 《习近平关于党风廉政建设和反腐败斗争论述摘编》，中央文献出版社、中国方正出版社2016年版，第108页。

② 习近平：《在第十八届中央纪律检查委员会第六次全体会议上的讲话》，《人民日报》2016年5月3日第2版。

③ 《习近平关于党风廉政建设和反腐败斗争论述摘编》，中央文献出版社、中国方正出版社2016年版，第108页。

④ 马直辰、王丹妮：《政治巡视全面从严治党利剑作用充分彰显》，《中国纪检监察》2022年第20期。

⑤ 《十九届中央纪律检查委员会向中国共产党第二十次全国代表大会的工作报告》，《人民日报》2022年10月28日第1版。

党的领导职能责任的政治监督，必须旗帜鲜明把“两个维护”作为根本任务，深刻回答了巡视“巡什么”“怎么巡”等一系列重大理论和实践问题，彰显了巡视在维护党中央集中统一领导、保障人民群众利益、服务党和国家工作大局中的独特作用。[①] 党的二十大上，习近平总书记再次强调要“发挥巡视利剑作用，加强巡视整改和成果运用”。习近平总书记关于巡视工作的一系列重要论述，为新时代巡视工作提供了强大思想武器和行动指南。

党的十八大以来，中央政治局、中央政治局常委会会议 45 次研究巡视工作。党的十九大以来，中央巡视工作领导小组召开 79 次领导小组会议、9 次中央巡视工作动员部署会议、4 次全国巡视工作会议，组织开展 9 轮巡视，确保巡视利剑震慑常在。[②] 党中央确立巡视工作方针，两次修订《中国共产党巡视工作条例》，先后制定《中央巡视工作规划（2013—2017 年）》、《中央巡视工作规划（2018—2022 年）》、市县党委建立巡查制度的意见、被巡视党组织配合中央巡视组开展巡视工作的规定。党的十九大新修订的党章对巡视制度建立以来尤其是党的十八大以来巡视工作实践经验做了总结和提炼，充实完善了巡视工作内容，把巡视制度单列为一条，以党内根本大法确立了巡视在全面从严治党中的战略作用、在党内监督制度中的战略地位，这是有利于落实党内监督的战略性制度安排，为做好新时代巡视工作提供了根本遵循，为推动巡视工作向纵深发展提供了制度保障。

（二）实现一届任期内巡视全覆盖

2013 年 11 月，党的十八届三中全会对巡视全覆盖做出明确部

---

① 马直辰、王丹妮：《政治巡视全面从严治党利剑作用充分彰显》，《中国纪检监察》2022 年第 20 期。

② 《十九届中央纪律检查委员会向中国共产党第二十次全国代表大会的工作报告》，《人民日报》2022 年 10 月 28 日第 1 版。

署，要求改进巡视制度，做到对地方、部门、企事业单位党组织巡视全覆盖。

十八届中央巡视期间，中央巡视工作领导小组召开115次会议，组织开展12轮巡视，共巡视277个党组织，完成对省区市、中央和国家机关、中管企事业单位和金融机构、中管高校等的巡视，在党的历史上首次实现一届任期内巡视全覆盖，充分彰显了我们党全面从严治党的坚定决心和坚强意志，使全党经历了一次全面政治体检。[①]

十八届中央巡视首轮实行“三个不固定”，[②] 同时建立中央巡视组组长库，一次一授权，[③] 巡视力度远超以往，而且成果巨大。第三轮巡视探索开展专项巡视，坚持问题导向、强化震慑不动摇，重点更加突出，内容更加具体，程序更加简化，方法更加灵活。第九轮巡视首次开展“回头看”，第十二轮首次开展“机动式”巡视。据统计，十八届中央纪委审查的案件中，超过60%的线索来自巡视。

党的十九大以来，党中央不断加强对巡视工作的组织领导。通过建立党委（党组）书记和五人小组听取巡视巡察汇报情况报备等

---

① 2017年6月21日晚，中央纪委监察部网站公布了十八届中央第十二轮巡视的15所中管高校的反馈情况，该轮巡视反馈全部向社会公布；2017年8月30日，15家单位巡视整改情况在中央纪委监察部网站公布，这标志着十八届中央巡视圆满收官。

② 一是巡视组组长不固定。建立中央巡视组组长库，每一轮巡视之前根据具体情况从组长库中确定10名巡视组组长人选，一次一授权，并实行严格的回避制度。二是巡视的地区和单位不固定，这次可能是地方，下次可能是企业或事业单位，灵活机动。三是巡视组与巡视对象的关系不固定，通称为中央巡视组，不再有过去的地方巡视组、企业巡视组、金融巡视组之分。

③ 习近平总书记指出，巡视组组长作为“钦差大臣”，也不是“铁帽子”，建立组长库的办法很好，组长库人选有刚离开工作岗位的，也有现职的，一次一授权，谁参加巡视不固定，巡视什么地区和单位也不固定，这次到省（区、市）巡视，下次到企业金融单位巡视，这个办法还可以继续探索，也要完善回避制度。参见《在中央政治局常委会审议〈关于中央巡视工作领导小组第一次会议研究部署巡视工作情况的报告〉时的讲话》（2013年4月25日）。《习近平关于党风廉政建设和反腐败斗争论述摘编》，中央文献出版社、中国方正出版社2015年版，第109页。

制度，进一步完善了中央统一领导、分级负责体制机制，并把十八届巡视整改情况作为本届巡视监督重点。2018 年 2 月，十九届中央巡视工作正式启动。第一轮巡视在开展常规巡视的同时，首次把被巡视地区的 10 个副省级城市党委和人大常委会、政府、政协党组主要负责人纳入全覆盖范围。2018 年下半年，第二轮巡视集中对脱贫攻坚领域开展专项巡视，对纳入扶贫考核的 13 个省区市以及承担脱贫攻坚任务的中央国家机关、中央金融企业党组织落实脱贫攻坚政治责任情况进行监督检查。这不仅是中央巡视组首次围绕一个主题、集中在一个领域开展专项巡视，也是进一步深化政治巡视、推动中央扶贫方针政策落到实处的具体行动。2019 年 6 月，中央办公厅印发《关于中央部委、中央国家机关部门党组（党委）开展巡视工作的指导意见（试行）》，为中央和国家机关内部巡视提供了制度指引，带动了国有企事业单位内部巡视工作更好开展。十九届中央第九轮巡视对中央纪委国家监委机关、中央办公厅、中央组织部、中央政策研究室、中央全面深化改革委员会办公室、中央国家安全委员会办公室、中央军民融合发展委员会办公室、中央财经委员会办公室、中央保密委员会办公室、国务院办公厅、国家安全部等 26 家单位党组织开展巡视，巩固深化政治巡视，充分发挥巡视在党的自我革命中的重要作用。五年来，中央巡视组共巡视 282 个中央单位和地方党组织，各省区市党委完成对 8194 个党组织巡视，高质量实现一届任期内中央巡视、省区市党委巡视全覆盖任务。突出问题导向，聚焦“关键少数”，紧盯权力责任，实现有形覆盖与有效覆盖相统一。中央巡视组与干部群众谈话 5. 8 万人次，发现问题 1. 6 万个，移交一批问题线索。创新组织方式，有序推进常规巡视，有针对性地开展专项巡视、提级巡视和巡视“回头看”。建立巡视报告问题底稿制度、与被巡视单位主要负责人沟通机制、纪律作风后评估制度，确保精准发现问题、报告问题。①

在实现全覆盖的基础上，建立健全巡视巡察上下联动格局。制定巡视巡察上下联动意见、中央单位巡视工作指导意见，推动巡视巡察与其他监督贯通融合，强化综合监督作用。党的十九大以来，中央、省、市、县四级全部建立巡视巡察制度，178 个中央单位开展内部巡视，各地探索提级巡察、交叉巡察、机动巡察等模式。总结实践经验，加强分类指导，对中央单位内部巡视加大推动力度，对省区市巡视工作现场指导督导，引导市县巡察向基层延伸，稳步开展对村（社区）巡察。中央单位共巡视 7836 个党组织，市县两级共巡察 88.2 万个党组织。②

表 5－1 **党的十八大以来十二轮中央巡视**

轮次	巡视时间	巡视组数量	巡视类型	巡视地区、部门和单位
第一轮	2013 年 5 月	10	常规巡视	内蒙古、江西、湖北、重庆、贵州、水利部、中国储备粮管理总公司、中国进出口银行、中国出版集团、中国人民大学
第二轮	2013 年 10 月	10	常规巡视	山西、吉林、安徽、湖南、广东、云南、新华社、国土资源部、商务部、三峡集团
第三轮	2014 年 3 月	13	常规巡视 专项巡视	北京、天津、辽宁、福建、山东、河南、海南、甘肃、宁夏、新疆、新疆生产建设兵团、科技部、复旦大学、中粮集团
第四轮	2014 年 7 月	13	常规巡视 专项巡视	广西、上海、青海、西藏、浙江、河北、陕西、黑龙江、四川、江苏、国家体育总局、中国科学院、一汽集团

① 《十九届中央纪律检查委员会向中国共产党第二十次全国代表大会的工作报告》，《人民日报》2022 年 10 月 28 日第 1 版。

② 《十九届中央纪律检查委员会向中国共产党第二十次全国代表大会的工作报告》，《人民日报》2022 年 10 月 28 日第 1 版。

续表

轮次	巡视时间	巡视组数量	巡视类型	巡视地区、部门和单位
第五轮	2014 年 11 月	13	专项巡视	文化部、环保部、中国科协、全国工商联、中国国际广播电台、南方航空、中国船舶、中国联通、中国海运、华电集团、东风汽车、神华集团、中石化
第六轮	2015 年 2 月	13	专项巡视	中国核工业集团公司、中国核工业建设集团公司、中国石油天然气集团公司、中国海洋石油总公司、国家开发投资公司等 26 个公司
第七轮	2015 年 6 月	13	专项巡视	中央台湾工作办公室、中央直属机关事务管理局、交通运输部、国家机关事务管理局、国家铁路局、中国民用航空局等 26 家单位
第八轮	2015 年 10 月	15	专项巡视	教育部、国务院三峡工程建设委员会办公室、国务院南水北调工程建设委员会办公室、国家统计局、中国气象局、国家林业局等 31 个单位
第九轮	2016 年 2 月	15	专项巡视	中央宣传部、国家发展改革委、工业和信息化部、国家民委、民政部、司法部等 32 个单位。同时对辽宁、安徽、山东、湖南进行“回头看”
第十轮	2016 年 6 月	15	专项巡视	全国人大机关党组、全国政协机关党组、中央统战部、中央对外联络部等 32 个单位。同时对天津、江西、河南、湖北进行“回头看”
第十一轮	2016 年 11 月	15	专项巡视	最高人民法院、中央党校、中央编译局、国家行政学院等 27 个单位。同时对北京、重庆、广西、甘肃进行“回头看”
第十二轮	2017 年 2 月	15	专项巡视	北京大学、清华大学、北师大等 29 所中管高校。对内蒙古、吉林、云南、陕西 4 个省区进行“回头看”，对中央网信办、国务院扶贫办、中国铁路总公司、中国船舶重工集团公司 4 个单位试点开展“机动式”巡视

表 5-2 **党的十九大以来九轮中央巡视**

轮次	巡视时间	巡视组数量	巡视类型	巡视地区、部门和单位
第一轮	2018 年 2 月	15	常规巡视	河北、山西、辽宁、黑龙江、江苏、福建、山东、河南、湖南、广东、海南、四川、贵州、宁夏、住建部、商务部、文化部、海关总署、国家体育总局、国家统计局、新华社、中国核工业集团、中国华电集团、中粮集团等 30 个地方、单位党组织。对沈阳、大连、哈尔滨、南京、厦门、济南、青岛、广州、深圳、成都 10 个副省级城市党委和人大常委会、政府、政协党组主要负责人一并纳入巡视范围
第二轮	2018 年 10 月	15	脱贫攻坚专项巡视	内蒙古、吉林、安徽、江西、湖北、广西、重庆、云南、西藏、陕西、甘肃、青海、新疆、国家发改委、教育部、民政部、财政部、人社部、住建部、交通运输部、水利部、农业农村部、国家卫健委、国务院扶贫办、中国农业发展银行、中国农业银行 26 个地方、单位党组织
第三轮	2019 年 3 月	15	常规巡视	中国航天科技集团有限公司等 42 家中管企业和国务院国有资产监督管理委员会、国家能源局、国家国防科技工业局 3 个行业主管部门党组（党委）
第四轮	2019 年 9 月	15	常规巡视	中央统战部、中央对外联络部、中央台办、中央外事办、中编办、最高人民法院、最高人民检察院、外交部、科技部、国家民委、司法部等 37 个单位党组织
第五轮	2020 年 5 月	15	常规巡视	中央宣传部（中央文明办）、中央政法委机关、中央网信办、工信部、自然资源部、生态环境部、应急管理部、国家市场监督管理总局、国家广电总局、国务院参事室、中央党史和文献研究院等 35 个中央和国家机关单位党组织

续表

轮次	巡视时间	巡视组数量	巡视类型	巡视地区、部门和单位
第六轮	2020 年 10 月	15	常规巡视	北京、天津、内蒙古、吉林、上海、浙江、安徽、江西、湖北、广西、重庆、云南、西藏、陕西、甘肃、青海、新疆、新疆生产建设兵团、全国人大常委会机关、全国政协机关、公安部、财政部等 32 个地方、单位党组织。长春、杭州、宁波、武汉、西安 5 个副省级城市党委和人大常委会、政府、政协党组主要负责人一并纳入巡视范围
第七轮	2021 年 5 月	15	常规巡视	教育部、北京大学、清华大学、中国人民大学、北京师范大学、复旦大学、上海交通大学、南开大学、武汉大学、中山大学、吉林大学、厦门大学、同济大学、中南大学、重庆大学、兰州大学等 32 个单位党组织
第八轮	2021 年 10 月	15	常规巡视	中国人民银行、中国银保监会、中国证监会、国家外汇管理局、中国投资有限责任公司、国家开发银行、中国进出口银行、中国农业发展银行、中国工商银行、中国农业银行、中国银行、中国建设银行、上海证券交易所、深圳证券交易所等 25 个金融单位党组织
第九轮	2022 年 4 月	15	常规巡视	中央纪委国家监委机关、中央办公厅、中央组织部、中央政策研究室、中央深改办、中央国家安全委员会办公室、中央军民融合办、中央财经委员会办公室、中央保密委员会办公室；国务院办公厅、国家发改委、国家安全部、中国国家铁路集团有限公司等 26 家单位党组织

（三）突出政治巡视

巡视是对党组织和党员领导干部的巡视，是政治巡视不是业务巡视，更不是业务检查和专项调研。政治巡视以党的纪律为尺子，着眼点和出发点是查找政治偏差，重点检查被巡视党组织对党的基本理论、基本路线、基本方略贯彻落实情况，着力发现违反政治纪律和政治规矩、违反中央八项规定精神、违规选人用人和腐败问题，督促被巡视党组织担负起管党治党主体责任，更好发挥震慑遏制治本作用，坚决维护党的领导核心和党中央权威。

2013 年 4 月，习近平总书记在中央政治局常委会审议《关于中央巡视工作领导小组第一次会议研究部署巡视工作情况的报告》时强调，巡视要围绕党风廉政建设和反腐败斗争这个中心进行，重点做到“四个着力”，即着力发现是否存在形式主义、官僚主义、享乐主义和奢靡之风等违反中央八项规定的问题，着力发现领导干部是否存在权钱交易、以权谋私、贪污贿赂、腐化堕落等违纪违法问题，着力发现领导干部是否公开发表违背中央决定的言论、散布违背党的理论和路线方针政策的意见、搞“上有政策、下有对策”等违反政治纪律的问题，着力发现是否存在买官卖官、拉票贿选、突击提拔干部等选人用人上的不正之风和腐败行为。2016 年 1 月，习近平总书记在中央政治局常委会听取十八届中央第八轮巡视情况汇报时强调，巡视必须在政治高度上突出党的领导，在政治要求上抓住党的建设，在政治定位上聚焦全面从严治党，推动巡视进入一个新的发展阶段。在巡视实践中，要坚持问题导向，加强对被巡视党组织和党员领导干部坚定理想信念宗旨、落实党的路线方针政策，坚持党管干部原则、选对人用好人情况的监督检查。要对照党的群众路线教育实践活动、“三严三实”专题教育整改总结和“两学一做”学习教育方案，检查是否真学真做真整改。开展政治常识测验，抽查干部档案，核查党费收缴情况，发现党的领导弱化、党的建设缺失、全面从严治党不力问题。

党的十九大报告指出，深化政治巡视，坚持发现问题、形成震慑不动摇，建立巡视巡察上下联动的监督网。十九届中央巡视以政治建设为统领，全面深化政治巡视，旗帜鲜明把“两个维护”作为政治巡视根本任务，紧扣党的领导职能责任，聚焦贯彻党的路线方针政策和党中央重大决策部署、落实全面从严治党战略部署、落实新时代党的组织路线等情况，加强监督检查，推动落实落地。[①] 紧盯被巡视党组织政治立场和政治生态，重点检查维护党中央绝对的权威和集中统一领导的实施情况，检查党章执行和党的十九大精神贯彻落实情况，检查践行“四个意识”、执行党的路线方针政策等情况，检查政治纪律执行情况，认真查找“四风”表现，着力发现形式主义、官僚主义问题。落实以人民为中心的发展思想，强化巡视监督联系群众纽带功能，把党的自我监督和群众监督有机结合起来，拓宽群众反映诉求、参与监督渠道，各级巡视巡察机构共受理群众信访举报424.6万件次。[②] 规范中央有关部委和国家机关部门党组（党委）巡视工作。统筹安排常规巡视，深化专项巡视，强化机动式巡视，更好发挥震慑遏制治本作用。[③]

（四）强化巡视整改和成果运用

“发现问题、形成震慑，推动改革、促进发展”是巡视工作必须全面贯彻的重要方针。要把发现问题作为主要任务，写好巡视工作“文章的上半部分”，把推动解决问题作为落脚点，写好巡视工作“文章的下半部分”。写好“文章的下半部分”，对巡视成果善加利用，才能更好发挥巡视在管党治党中的重要作用。巡视利剑不仅通过全面政治体检挖出病灶、揪出病根、震慑警醒，而且提出整改建议推动问题解决，有效促进被巡视党组织补短板、强弱项，充分发

---

① 《十九届中央纪律检查委员会向中国共产党第二十次全国代表大会的工作报告》，《人民日报》2022年10月28日第1版。

② 《十九届中央纪律检查委员会向中国共产党第二十次全国代表大会的工作报告》，《人民日报》2022年10月28日第1版。

③ 徐梦龙：《巡视利剑作用更加彰显：党的十九大以来全面从严治党成果巡礼之四》，《中国纪检监察报》2019年1月7日第1版。

挥监督保障执行、促进完善发展作用。[①] 显然，巡视监督具有催化剂作用、强化作用，用好巡视成果能够对被巡视单位有效运转制度框架、督促一把手认真履责尽责、纪检机构有效工作起到点睛作用。因此，要深化巡视成果综合运用，强化整改问责，确保条条要整改、件件有着落。

2013 年 9 月 26 日，习近平总书记在中央政治局常委会审议《关于二〇一三年上半年中央巡视组巡视情况的综合报告》时指出，“巡视发现的问题线索，凡是违纪违法的都要严肃查处。不要怕问题多，问题多的单位可以把握节奏。要一网打尽，有多少就处理多少。中央给了巡视组尚方宝剑，就要尽职履责，不能大事拖小，小事拖了，对腐败问题要零容忍。不管级别有多高，谁触犯法律都要问责，都要处理，我看天塌不下来。只有严肃查处腐败，刮骨疗毒，才能使我们的党更加强大、使党的肌体更加健康。对巡视发现的问题，该查处的就查处，该免职的就免职。发现问题要及时跟进，有问题、有漏洞就要堵塞，要在履行领导干部党风廉政建设责任制方面抓几个典型。”[②] 2014 年 1 月 23 日，习近平总书记在中央政治局常委会听取 2013 年下半年中央巡视组巡视情况汇报时指出，凡是涉及腐败问题的，决不姑息，一查到底！要分类处理，涉及一般性问题的，要通过反馈、谈话、教育、警示、诫勉，咬咬耳朵，扯扯袖子，抓早抓小。对一些反映不实的，给予澄清、解脱，要保护干部。纪委要强化监督责任，对矿产资源、土地出让、房地产开发等重点领域的腐败问题，要集中惩治，坚决遏制这些领域腐败现象蔓延势头。选人用人不当是贪腐源头之一，选错一人，为害一方。必须严明组

---

① 马直辰、王丹妮：《政治巡视全面从严治党利剑作用充分彰显》，《中国纪检监察》2022 年第 20 期。

② 《习近平关于党风廉政建设和反腐败斗争论述摘编》，中央文献出版社、中国方正出版社 2016 年版，第 110 页。

织纪律，严肃查处用人上的不正之风和腐败问题。[①] 2016 年 1 月 12 日，习近平总书记在十八届中央纪委六次全会上指出，对巡视发现的问题和线索，要分类处置、注重统筹，在件件有着落上集中发力。纪检机关、组织部门要及时跟进，分清问题性质，所有问题都要有明确说法。巡视发现的问题，根本责任在被巡视单位党组织，自己的问题必须自己"埋单"，不能发现问题后还当"看客"和"说客"。对巡视整改落实情况，要开展"回头看"，揪住不放；对敷衍整改、整改不力、拒不整改的，要抓住典型，严肃追责。[②]

强化巡视整改落实和成果运用，是十九届中央巡视的一个鲜明特点。习近平总书记多次对巡视整改工作做出重要指示，强调巡视发现问题的目的是解决问题，巡视整改是"四个意识"的试金石，整改不落实，就是对党不忠诚、对人民不负责。党中央印发《关于加强巡视整改和成果运用的意见》，全面总结党的十八大以来巡视整改实践经验，从责任主体、责任内容、工作机制等方面提出明确要求，为监督、整改、治理一体推进提供了制度保障。2022 年 6 月 17 日，中共中央政治局会议审议《关于十九届中央第八轮巡视金融单位整改进展情况的报告》，习近平总书记做出重要指示，这是中央政治局会议首次听取巡视整改情况汇报。[③]

我们党高度重视强化巡视整改和成果运用。制定巡视整改落实和成果运用意见，明确责任要求，完善制度机制，推动做好巡视"后半篇文章"。巡视机构与纪检监察机关及其派驻机构统一步调、统筹安排，逐步探索建立巡视监督协调日常化长效工作机制。创新巡视反馈方式，实行集中反馈和"一对一"现场反馈相结合，切实

---

① 《习近平关于党风廉政建设和反腐败斗争论述摘编》，中央文献出版社、中国方正出版社 2016 年版，第 112 页。

② 习近平：《在第十八届中央纪律检查委员会第六次全体会议上的讲话》，《人民日报》2016 年 5 月 3 日第 2 版。

③ 马直辰、王丹妮：《政治巡视全面从严治党利剑作用充分彰显》，《中国纪检监察》2022 年第 20 期。

增强反馈的权威性和严肃性；组织被巡视党组织按规定在党内通报、向社会公开整改进展情况，主动接受党员干部和群众监督。压紧压实被巡视党委（党组）整改主体责任，在整改落实上见真招、动真格、求实效，推动把巡视整改作为管党治党、履行职责、改进工作的重要抓手，把整改融入从严管党治党、融入深化改革、融入班子队伍建设、融入日常工作，建立整改常态化长效化机制，不断提升整改成效。纪检监察机关和组织部门认真履行整改监督责任，加强对整改落实情况的日常监督，持续跟踪督办，对典型问题开展专项整治，对拒不整改、应付交差、虚假整改等问题严肃追责问责。开展联动整改、协同整改、集成整改，推动巡视与纪检监察、组织、审计等监督发现的问题一体整改，不断提高整改实效。推动建立整改评估机制，督促被巡视党组织公布整改情况、接受社会监督。推动巡视组和被巡视党组织同题共答，充分调动被巡视党组织发现问题和整改解决问题积极性，增强自觉接受监督的内生动力。综合用好巡视成果，坚持以巡促改、以巡促建、以巡促治，把解决共性问题、突出问题与完善制度、深化改革结合起来，标本兼治作用不断彰显。每轮中央巡视，都注重针对巡视发现的共性、深层次问题加强分析研究，从体制机制剖析原因，移交相关职能部门研究。[①] 党的十九大以来，中央巡视组共形成专题报告 84 份，向党中央、国务院分管领导和有关职能部门通报巡视情况 103 次，向中央改革办提供专题报告 44 份。[②] 据统计，中央纪委在党的十八大以来立案审查的领导干部中，一半以上是根据巡视移交的问题线索查处的。[③] 山西塌方式腐败问题、衡阳人大代表贿选案、南充拉票贿选案等能够被揭

---

① 马直辰、王丹妮：《政治巡视全面从严治党利剑作用充分彰显》，《中国纪检监察》2022 年第 20 期。

② 《十九届中央纪律检查委员会向中国共产党第二十次全国代表大会的工作报告》，《人民日报》2022 年 10 月 28 日第 1 版。

③ 韩亚栋等：《从被查中管干部看反腐无禁区》，中央纪委监察部网站，2016 年 1 月 2 日，http：//www. ccdi. gov. cn/xwtt/201512/t20151231_ 71865. html。

露和查处，巡视工作的利剑作用功不可没。实践有力证明，巡视已经成为正风肃纪、肃贪反腐的国之利器、党之利器。

三　全面净化党内政治生态

全面净化党内政治生态是加强党的先进性和纯洁性建设的历史使命，是新形势下全面从严治党的重要内容。党的十八大以来，习近平总书记把“生态”这一概念运用于政治领域。他指出：“做好各方面工作，必须有一个良好政治生态。政治生态污浊，从政环境就恶劣；政治生态清明，从政环境就优良。政治生态和自然生态一样，稍不注意，就很容易受到污染，一旦出现问题，再想恢复就要付出很大代价。”① 2020年7月，习近平总书记强调，要深入推进党风廉政建设和反腐败斗争，把政治生态建设作为基础性、经常性工作，实现正气充盈、政治清明。② 新时代全面净化党内政治生态取得重大进展，党风政风民风焕然一新，赢得了国际社会的普遍赞誉。

（一）全面加强和规范党内政治生活

开展严肃认真的党内政治生活，是我们党作为马克思主义政党区别于其他政党的重要特征，是我们党的光荣传统。长期实践证明，严肃认真的党内政治生活是我们党坚持党的性质和宗旨、保持先进性和纯洁性的重要法宝，是解决党内矛盾和问题的“金钥匙”，是纯洁党风的“净化器”。③ 我们党从成立之日起，就高度重视党内政治

---

① 《习近平李克强张德江刘云山分别参加全国人大会议一些代表团审议》，《人民日报》2015年3月10日第1版。

② 《坚持新发展理念深入实施东北振兴战略　加快推动新时代吉林全面振兴全方位振兴》，《人民日报》2020年7月25日第1版。

③ 习近平：《在党的十八届六中全会第二次全体会议上的讲话（节选）》（2016年10月27日），《求是》2017年第1期。

生活，在长期实践中逐步形成了以实事求是、理论联系实际、密切联系群众、批评和自我批评、民主集中制、严明党的纪律等为主要内容的党内政治生活基本规范。党内生活是锻炼党性、提高思想教育的熔炉，如果炉子长期不生火，或者生了火却没有足够的温度，那是炼不出钢来的。事实表明，党内生活松一寸、党员队伍就散一尺。广大党员、干部只有在严格的党内生活中反复锻炼，在“大熔炉”里锤炼党性，才能坚强党性、百炼成钢。要下大气力解决好影响严肃认真开展党内政治生活的各种问题，通过积极健康的思想斗争，不断洗涤每个党员、干部的思想和灵魂，使党内政治生活真正起到教育改造提高党员、干部的作用。①

习近平总书记高度重视并反复强调党内政治生活问题。这是因为我们党正处在一个关键的历史节点上，党的队伍发生的重大变化和党群干群关系出现的新情况新问题，迫切需要我们党首先从政治上把全面从严治党抓紧抓好。② 2012 年 11 月 16 日，他在十八届中央政治局第一次会议上强调：“大家要带头遵守党的组织原则和党内政治生活准则。懂规矩，守纪律”。2012 年 11 月 20 日，他在《人民日报》发表题为《认真学习党章，严格遵守党章》的文章，强调“要严格执行党章关于党内政治生活的各项规定，敢于坚持原则，勇于开展批评和自我批评，带头弘扬正气、抵制歪风邪气”。2013 年 1 月 22 日，习近平总书记在十八届中央纪委二次全会上指出：“改进工作作风。就是要净化政治生态，营造廉洁从政的良好环境。”2013 年 6 月 25 日，中央政治局召开专门会议对照检查中央八项规定落实情况，讨论研究深化改进作风举措，他在会上强调：“我们要求级党组织和广大员、干部特别是主要领导干部自觉遵守党章，自觉按照

① 《习近平总书记关于严肃党内政治生活重要论述摘录》，《中国纪检监察》2016 年第 22 期。

② 习近平：《在党的十八届六中全会第二次全体会议上的讲话（节选）》（2016 年 10 月 27 日），《求是》2017 年第 1 期。

党的组织原则和党内政治生活准则办事，自觉接受党的纪律约束，决不允许任何个人凌驾于组织之上，中央政治局的同志首先要做到。”2014 年 10 月 8 日，习近平总书记在党的群众路线教育实践活动总结大会上强调：“党内政治生活是党组织教育管理党员和党员进行党性锻炼的主要平台，从严治党必须从党内政治生活严起。有什么样的党内政治生活，就有什么样的党员、干部作风。”“从严治党，最根本的就是要使全党各级组织和全体党员、干部都按照党内政治生活准则和党的各项规定办事。”2014 年 10 月 23 日，他在党的十八届四中全会第二次全体会议上讲到党员、干部特别是领导干部要严守政治纪律和政治规矩时，特别从政治上强调了“七个有之”，即“一些人无视党的政治纪律和政治规矩，为了自己的所谓仕途，为了自己的所谓影响力，搞任人唯亲、排斥异己的有之，搞团团伙伙、拉帮结派的有之，搞匿名诬告、制造谣言的有之，搞收买人心、拉动选票的有之，搞封官许愿、弹冠相庆的有之，搞自行其是、阳奉阴违的有之，搞尾大不掉、妄议中央的也有之，如此等等。有的人已经到了肆无忌惮、胆大妄为的地步！而这些问题往往没有引起一些地方和部门党组织的注意，发现了问题也没有上升到党纪国法高度来认识和处理。这是不对的，必须加以纠正。”2015 年 1 月 13 日，习近平总书记在十八届中央纪委五次全会上强调了“五个必须”，即遵守政治纪律和政治规矩，必须维护党中央权威，在任何时候任何情况下都必须在思想上政治上行动上同党中央保持高度一致；必须维护党的团结，坚持五湖四海，团结一切忠实于党的同志；必须遵循组织程序，重大问题该请示的请示，该汇报的汇报，不允超越权限办事；必须服从组织决定，决不允许搞非组织活动，不得违背组织决定；必须管好亲属和身边工作人员，不得默许他们利用特殊身份谋取非法利益。2015 年 10 月 29 日，他在党的十八届五中全会第二次全体会议上强调：“现在，确实需要修复政治生态，把我们党的光荣传统和优良作风大大恢复和发扬起来。在这方面，中央委员会的同志要在党言党、在党忧党、在党为党，带好头、做好表率。”2016年7月1日，习近平总书记在庆祝中国共产党成立95周年大会上强调：“我们要加强和规范党内政治生活，严肃党的政治纪律和政治规矩，增强党内政治生活的政治性、时代性、原则性、战斗性，全面净化党内政治生态。”[1]

党的十八大以来，我们党加强和规范党内政治生活，坚持以党章为根本遵循，坚持党的政治路线、思想路线、组织路线、群众路线，着力增强党内政治生活的政治性、时代性、原则性、战斗性，着力增强党自我净化、自我完善、自我革新、自我提高能力，着力提高党的领导水平和执政水平、增强拒腐防变和抵御风险能力，着力维护党中央权威、保证党的团结统一、保持党的先进性和纯洁性，努力在全党形成又有集中又有民主、又有纪律又有自由、又有统一意志又有个人心情舒畅生动活泼的政治局面。党的十八届六中全会站在党和国家事业发展的高度，深刻总结我们党开展党内政治生活的历史经验，深入分析全面从严治党面临的形势和任务，坚持问题导向，坚持继承与创新的统一，审议通过了《关于新形势下党内政治生活的若干准则》，就新形势下加强和规范党内政治生活做出全面部署，为严肃党内政治生活、净化党内政治生态提供了基本遵循。

用好组织生活这个经常性手段。党的组织生活是党内政治生活的重要内容和载体，是党组织对党员进行教育管理监督的重要形式。一个班子强不强、有没有战斗力，同有没有严肃认真的组织生活密切相关。要认真落实“三会一课”、民主生活会、领导干部双重组织生活、民主评议党员、谈心谈话等制度，加强经常性教育、管理、监督。[2] 批评和自我批评是解决党内矛盾的有力武器，也是保持党的

---

① 习近平：《在党的十八届六中全会第二次全体会议上的讲话（节选）》（2016年10月27日），《求是》2017年第1期。

② 习近平：《在党的十八届六中全会第二次全体会议上的讲话（节选）》（2016年10月27日），《求是》2017年第1期。

肌体健康的锐利武器，还是加强和规范党内政治生活的重要手段。党内政治生活质量在相当程度上取决于这个武器用得怎么样。对批评和自我批评这个武器，必须大胆使用、经常使用、用够用好，使之成为一种习惯、一种自觉、一种责任，使这个武器越用越灵、越用越有效果。领导干部要带头，班子要作表率，在党内营造批评和自我批评的良好风气。特别要反对事不关己、高高挂起，明知不对、少说为佳的庸俗哲学，坚决克服文过饰非、知错不改等错误倾向。十八届、十九届、二十届中央政治局于每年 12 月拿出专门时间召开专题民主生活会，进行自我检查、党性分析，开展批评和自我批评，带头严肃党内政治生活，为全党树立起了标杆。

（二）加强党内政治文化建设

习近平总书记在党的十八届六中全会上的讲话提出党内的概念，并阐述了党内政治生活、政治生态、政治文化之间的关系，他强调“党内政治生活、政治生态、政治文化是相辅相成的，政治文化是政治生活的灵魂，对政治生态具有潜移默化的影响”①。这是我们党第一次正式提出“党内政治文化”的概念。2017 年 2 月，习近平总书记在十八届中央纪委七次全会上，进一步阐述了党内政治文化的内涵，提出了加强党内政治文化建设的要求，强调“中国共产党的党内政治文化是以马克思主义为指导、以中华优秀传统文化为基础、以革命文化为源头、以社会主义先进文化为主体、充分体现中国共产党党性的文化，”这表明我们党的党内政治文化不仅有着坚实的实践基础，还有着深厚的文化传承。关于文化自信的内涵，习近平总书记指出：“在 5000 多年文明发展中孕育的中华优秀传统文化，在党和人民伟大斗争中孕育的革命文化和社会主义先进文化，积淀着中华民族最深层的精神追求，代表着中华民族独特的精神标识。”文

---

① 习近平：《在党的十八届六中全会第二次全体会议上的讲话（节选）》（2016 年 10 月 27 日），《求是》2017 年第 1 期。

化自信的内涵包括历史、现实、未来三个方面：一是对中华优秀传统文化、革命文化、社会主义先进文化发展的历史有强烈的认同感、自豪感，对历史沉淀的文化积累有客观清醒的认识；二是对中华优秀传统文化、革命文化、社会主义先进文化的生命力有强烈的认同感、自豪感，相信它们能适应时代发展的需要，经受住各种考验而与时俱进、历久弥新；三是对中国特色社会主义道路、理论、制度有强烈的认同感、自豪感，相信坚持、发展和完善中国特色社会主义道路、理论、制度，能够继承和弘扬中华优秀传统文化和革命文化，实现社会主义文化大发展大繁荣。这表明，习近平总书记对党内政治文化内涵的阐述是与对文化自信内涵的阐述相一致、相贯通的，他关于党内政治文化建设的思想应该是他关于文化自信思想的重要组成部分。①

党中央就加强党内政治文化建设提出明确要求，做出具体部署。党的十九大报告指出："发展积极健康的党内政治文化，全面净化党内政治生态。"② 2018 年 6 月，习近平总书记在十九届中央政治局第六次集体学习时指出，要加强党内政治文化建设，让党所提倡的理想信念、价值理念、优良传统深入党员、干部思想和心灵，强调以良好政治文化涵养风清气正的政治生态。③ 2019 年 1 月，习近平总书记在十九届中央纪委三次全会上强调，领导干部特别是高级干部要认真贯彻新形势下党内政治生活若干准则，发展积极健康的党内政治文化。④

发展积极健康的党内政治文化，要倡导和弘扬忠诚老实、光明

① 曲青山：《加强党内政治文化建设》，《中国纪检监察报》2017 年 1 月 11 日第 5 版。

② 习近平：《决胜全面建成小康社会 夺取新时代中国特色社会主义伟大胜利——在中国共产党第十九次全国代表大会上的报告》，人民出版社 2017 年版，第 26 页。

③ 《把党的政治建设作为党的根本性建设 为党不断从胜利走向胜利提供重要保证》，《人民日报》2018 年 7 月 1 日第 1 版。

④ 《取得全面从严治党更大战略成果 巩固发展反腐败斗争压倒性胜利》，《人民日报》2019 年 1 月 12 日第 1 版。

坦荡、公道正派、实事求是、艰苦奋斗、清正廉洁等价值观，旗帜鲜明抵制和反对关系学、厚黑学、官场术、“潜规则”等庸俗腐朽的政治文化，不断培厚良好政治生态的土壤。要抓好思想教育这个根本，筑牢全党步调一致的根基。要坚持不懈强化理论武装，学懂弄通做实习近平新时代中国特色社会主义思想，把握好党的创新理论的世界观和方法论，坚持好、运用好贯穿其中的立场观点方法，在新时代伟大实践中不断开辟马克思主义中国化时代化新境界。要教育引导全党牢记党的宗旨，挺直共产党人的精神脊梁，自觉做共产主义远大理想和中国特色社会主义共同理想的坚定信仰者和忠实实践者。要毫不放松加强党性教育，持之以恒加强道德教育，教育引导广大党员、干部筑牢信仰之基、补足精神之钙、把稳思想之舵，坚守真理、坚守正道、坚守原则、坚守规矩，明大德、严公德、守私德，重品行、正操守、养心性，做到以信念、人格、实干立身。要大力加强反腐倡廉教育和廉政文化建设，坚持依法治国和以德治国相结合。从思想道德抓起具有基础性作用，思想纯洁是马克思主义政党保持纯洁性的根本，道德高尚是领导干部做到清正廉洁的基础。要教育引导广大党员、干部坚定理想信念、坚守共产党人精神家园，不断夯实党员干部廉洁从政的思想道德基础，筑牢拒腐防变的思想道德防线。①

（三）扭转和端正用人导向

治国之要，首在用人。选人用人是政治生态的风向标，严肃党内政治生活最根本的就是要扭转和端正用人导向，发挥好选人用人对良好政治生态形成的关键作用。

党的十八大以来，我们党坚持问题导向与目标导向有机结合、顶层设计与基层探索上下联动、选好干部与管好干部内在统一、重

---

① 《积极借鉴我国历史上优秀廉政文化　不断提高拒腐防变和抵御风险能力》，《光明日报》2013 年 4 月 21 日第 1 版。

点整治与建章立制齐头并进，干部队伍建设取得了全方位、格局性的变化。旗帜鲜明落实党管干部原则，强化党组织在选人用人中的主导地位和作用，通过坚持和加强党的全面领导破解干部工作难题。坚持任何改革措施，都要有利于加强党的领导，有利于坚持党管干部原则，有利于培养选拔党和人民需要的好干部。《党政领导干部选拔任用工作条例》于 2014 年和 2019 年两次得到修订完善，这是党管干部的要求，是干部选拔任用中发挥党组织作用的制度保障。党管干部原则不仅贯穿于干部选拔任用工作的各个环节，而且必须体现在各个领域、各条战线、各个层级的干部选拔使用中。党的十八大以来，根据行业特点和队伍实际，有针对性改进完善党管干部的体制机制和方式方法。

完善和落实选人用人标准条件。选什么人、用什么人，这是做好干部工作需要面对和解决的根本问题，也是核心问题。从 2013 年开始，习近平总书记相继提出“信念坚定、为民服务、勤政务实、敢于担当、清正廉洁”、“三严三实”、忠诚干净担当、“四个铁一般”、“四有”、“五个过硬”等衡量新时代好干部的标准与要求，从而使德才兼备、以德为先干部标准的时代内涵与时俱进地得到了丰富和完善，这成为做好干部选拔任用工作的重要指导思想。近年来，各地各部门不断完善将新时期好干部标准落细落实的具体措施。党的用人标准中，政治标准毫无疑义是首要标准。党的十八大以来，干部人事制度改革的一条重大原则，就是把政治标准放在首位，突出政治素质考察，着重强调选人用人的政治忠诚、政治定力、政治担当、政治能力、政治自律，鲜明树起选人用人的政治标尺，政治标准实行“一票否决”制，情节严重的要严肃处理，坚决防范和识别清除“两面人”。选人用人的目的是推动党和国家事业持续发展，必须坚持事业为上、以事择人、人岗相适，注重发现选拔党的新时代好干部，既要完善和创新好干部的破格提拔制度，又要严格规范破格提拔的程序，保证公正性。加强干部选拔任用工作全程把关。

党的十八大以来，各地各单位强化全过程把关、全链条把关、全方位把关的思想，充分发挥集体领导、集体把关作用。突出组织把关的科学性，坚决防止个人或少数人说了算；突出组织把关的精准性，严格执行党章、《干部任用条例》规定的干部标准条件，严格把好政治关和廉洁关，坚决防止政治廉洁有问题的人得到提拔重用；突出组织把关的导向性，坚持和落实习近平总书记对好干部的一系列要求，通过选好人、用对人树立正确导向，推动党组织把关细化、实化、具体化，在酝酿动议、民主推荐、组织考察、开展公示等干部选任关键节点，探索提出了一系列组织把关措施，形成了事前要报告、事中要甄别、事后要评议、违规失责要追究的工作闭环。

党的十八大以来的干部选任制度改革取得积极成效。一是树立了鲜明的政治导向。通过党的十八大以来在选人用人理念、方法等方面的深入改革，为党和人民事业选干部、选党和人民需要的好干部成为各级党委（党组）的普遍共识，选人用人的政治导向更加鲜明。各地各单位切实采取有力措施，为好干部打开成长空间，将不符合好干部标准的挡在门外，一大批忠诚干净担当、奋发有为、锐意改革、实绩突出的干部得到褒奖和重用。这些成效，推动好干部标准深入人心，促使选好干部、用好干部成为各单位党组（党委）和组织人事部门的自觉行动，对标好干部、争做好干部成为广大干部的自觉追求。二是修正了干部的政治行为。各级领导干部深刻认识到，不论自己从事哪项工作，都不是单纯的业务工作，而是在党的领导下的政治工作。在具体工作和实际行动中落实党中央各项政策和要求，严格遵守政治纪律和政治规矩，不说和党中央不一致的话，不做和党中央要求不一致的事，对党中央决定的重大事项做到令行禁止。三是重塑了干部的政治心理。通过党的十八大以来全面从严治党的实践，随着政治文化的纠偏扶正、政治生态的逐步好转，一些干部一度扭曲的政治心理得到纠正，党所倡导的理想信念、价值理念、优良传统深入干部思想和心灵。一方面，使“四个意识”

"四个自信""两个维护"成为广大干部的政治自觉、思想自觉、行动自觉。另一方面，通过严格制度执行，破除"制度悬空""破窗效应"，强化了干部的预期心理，消除了干部的侥幸心理，使干部不敢也不愿去触碰底线。四是政治生态得到显著改善。通过党的十八大以来的干部选拔任用机制改革，党组织一把手操作自主决定选人用人的余地越来越小，从根本上降低了个别干部从票箱中"跳"出来的可能性。在"该用谁"还是"谁该用"的问题上，各级党组织坚持以事择人、人岗相适，选人用人导向更加鲜明，选人用人风气更加清正，打消了那些不符合条件的人的幻想。政治生态得到全面净化，一段时间以来甚嚣尘上的关系学、厚黑学、官场术销声匿迹，拉帮结派、吹吹拍拍、拉拉扯扯等不良风气明显减少，党内生活中正能量日益充盈，从根本上铲除了违纪违法活动滋生的不良土壤。

（四）惩治地方换届选举中贿选行为

党的十八大以来，我们党严肃惩治了地方领导班子换届选举中拉票贿选、买官卖官、跑官要官等行为。

作为一种贿赂行为，贿选就是被选举人或其他利益相关人为了增加被选举人选票数量，通过提供一定的利益或以其他方式对拥有投票表决权的代表或选民或对选举结果有影响的其他人进行贿买，从而达到使被选举人在选举中胜出的目的。贿选现象的出现，深受多种因素影响，比如不良政治心理和政治文化的影响，社会力量与资本力量的介入，选举制度和监督机制的缺陷，等等。但是，从根本上讲，这些贿选案的发生，是党的领导弱化与党的建设缺失的必然结果。坚持党的全面领导是任何时候任何情况下都不能含糊和动摇的重大原则，是我国社会主义民主政治的根本原则，也是做好地方领导班子换届选举的根本保证。党的领导是否有力，从根本上决定了一个地方政治生态是否健康，也决定了一个地方换届选举的质量和效率。从这些贿选案件中可以发现，凡是出现贿选的地方，全面从严治党普遍“宽松软”，党的领导弱化甚至已然放弃党的领导，以至于涉案人员蔑视党的权威，错误地认为可以通过贿赂等方式将个人意志和私利凌驾于党组织之上。这正是党的领导弱化和党的建设缺失的集中体现，也是政治生态恶化、选举失范的具体反映。从更广泛的视角看，党的十八大以来查处的一批典型案例，无论是贿选案发生，还是系统性、塌方式腐败问题的出现，都与当地政治生态遭到破坏紧密相关，既是政治生态恶化的表现，也是其必然结果。

党的十八大以来，大量贿选案件通过各级纪检监察机关披露、媒体关注而为公众所得知。这些案件涉及行政层级之高、涉案金额之大、社会影响之广都是以往的贿选所不能比拟的。这些贿选案件突出表现为贿选的窝案和大案频发，四川南充拉票贿选案、湖南衡阳破坏选举案、辽宁拉票贿选案等震惊全国的贿选大案先后发生；这些案件涉及行政层级高，贿选行为由地市一级开始蔓延到省级领导班子选举；这些贿选案不仅行政层级高，而且还表现为往往以窝案的形式集中爆发；不少案件中，涉案人员动辄数百人，这意味着，在部分地区，贿选行为的普遍化触目惊心，已经导致当地政治风气的整体堕落，正直老实的干部无法通过正常的干部选拔途径得到重用和晋升，更多的干部选择同流合污，造成“劣币驱逐良币”的恶劣效应，政治生态进一步恶化；贿选的金额特别巨大，资金来源愈加多元；贿选金额在数百万到上千万元的案件频频发生；贿选现象从地方领导班子换届选举，开始向更广泛的领域扩张。需要指出的是，辽宁拉票贿选案是新中国成立以来查处的第一起发生在省级层面、严重违反党纪国法、严重违反政治纪律和政治规矩、严重违反组织纪律和换届纪律、严重破坏人大选举制度的重大案件，是对我国人民代表大会制度的挑战，是对社会主义民主政治的挑战，是对国家法律和党的纪律的挑战，触碰了中国特色社会主义制度底线和中国共产党执政底线。特别是王珉、苏宏章、王阳、郑玉焯等人的所作所为，严重丧失党性原则，完全背离党的宗旨，给党和人民事业造成巨大损失，严重影响了辽宁的政治生态和对外形象。案件性质严重、触目惊心，令人警醒、发人深思，对辽宁政治生态和从政环境的严重破坏不可低估，对辽宁经济社会发展和干部队伍建设造成的危害不可低估，对全省广大干部群众心理上的冲击和伤害不可低估。[①] 辽宁拉票贿选案涉案人数之多、性质之恶劣、情节之严重，为新中国成立以来所罕见。辽宁拉票贿选问题，已经不是个别人、个别部门的问题，反映出辽宁省政治生态已经遭到严重破坏，造成极为严重的政治后果和极其恶劣的社会影响。“一是选举连续出现问题，中央批复的人事安排方案没有实现；二是在选人用人上搞人身依附、拉帮结派、团团伙伙、圈子文化，让干事创业的人没有奔头、心灰意冷；三是一些干部通过潜规则进入领导岗位后不择手段，严重地破坏了政商关系，破坏了公平的民商环境；四是一些干部为了快速升迁，违背经济规律，‘数字出官、官出数字’‘不作为、乱作为’现象频繁发生。”[②]

党的十八大以来，全面从严治党强力推进，我们党坚持以零容忍态度严厉查处了地方领导班子换届选举贿选腐败。2013 年，中央查处震惊全国的湖南衡阳破坏选举案，处分 466 人，立案侦查 68 人，其中 50 人被提起公诉，749 名人大代表资格被依法终止。2015 年，四川南充再次爆出拉票贿选案，所涉 477 人全部受到严肃处理，其中被“双开”并移送司法机关的 33 人，受党纪政纪处分的共 344 人。2016 年，党中央依纪依法严肃查处辽宁拉票贿选案，共有 955 人被处理，其中中管干部 34 人，辽宁省十二届人大常委会组成人员不足半数，无法召开常委会，造成辽宁省人大常委会一度无法履行职责。这些贿选案件规模大、隐蔽深、危害广，如果任其蔓延，必

① 刘立纲：《辽宁全省警示教育大会在沈阳召开》，《辽宁日报》2016 年 9 月 21 日第 1 版。

② 郑智：《刮骨疗毒效果初步显现 风清气正生态逐步形成》，《检察日报》2017 年 3 月 6 日第 2 版。

将严重污染政治生态，败坏社会风气，不仅腐蚀党组织的肌体，而且挑战党的组织纪律和民主选举制度，甚至动摇国家政治制度的根基。依纪依法彻查和处理贿选案，充分体现了以习近平同志为总书记的党中央坚定不移推进全面从严治党、全面依法治国，坚决整治换届选举不正之风，确保党不变质、不变色、不变味的鲜明态度和坚定决心，维护了人民代表大会制度的权威和尊严，维护了党纪国法的权威和尊严，深得广大党员干部和人民群众的拥护和支持。

四　驰而不息纠治“四风”

奢靡之始，危亡之渐。党风就是党的形象，党风与民风社风紧密相连、相互影响、相互作用。党风是关键、是前提，引领民风社风。[①] 党的十八大以来，以习近平同志为核心的党中央以整治“四风”问题和落实中央八项规定为抓手，持之以恒正风肃纪，通过优良的党风政风带动民风社风转变，党的向心力、凝聚力、战斗力不断增强。

（一）从制定和落实中央八项规定精神破题

党的十八大以来，党中央始终从巩固党的执政地位、实现党的初心使命的高度认识和对待作风问题，始终把加强作风建设放在突出位置来抓。把握党性党风党纪内在联系，把握“四风”与腐败风腐同源、风腐一体特征，始终把中央八项规定精神作为长期有效的铁规矩、硬杠杠，一年接着一年抓，以钉钉子精神纠“四风”树新风。2012 年 12 月 4 日，中央政治局审议通过《十八届中央政治局关于改进工作作风、密切联系群众的八项规定》，开启了纠治“四风”

---

① 《纪律从这里来》，中国方正出版社 2021 年版，第 236 页。

的序幕，就此掀起一场深刻的作风之变。党中央制定和落实中央八项规定，体现了党要管党、从严治党在作风建设领域的要求，继承和发扬了党的艰苦奋斗的优良传统，回应了群众的诉求和需要，对党风、政风和社会风气发挥导向作用。中央八项规定出台后，在每年召开的中央全会、中央纪委全会、中央经济工作会议等重要会议上，习近平总书记都对作风建设提出明确要求。中共中央政治局每年召开专题民主生活会，对照检查执行中央八项规定的情况进行党性分析，开展批评和自我批评，研究加强自身建设和作风建设的措施。习近平总书记严格执行中央八项规定，率先垂范、以上率下，以行动作无声号令、以身教作执行榜样，为全党树立了典范。各级党组织自觉向党中央和习近平总书记对标、看齐，认真履行主体责任，把落实中央八项规定精神纳入全面从严治党大局，把整治形式主义、官僚主义和享乐主义、奢靡之风作为一个整体同步推进、同向发力，形成以上率下、齐抓共管的良好工作局面。①

落实中央八项规定精神从具体问题抓起。把从车辆到住房配备，从会风到报道长度，从月饼粽子到烟花爆竹、贺卡挂历等“小事小节”，切实做到真管真严，划清“公”“私”界限，作为严格落实中央八项规定精神、狠刹歪风邪气的具体抓手。2013 年 9 月 24 日，中央纪委国家监委网站公开通报了一起违反中央八项规定精神的典型问题：海南省卫生学校违规购买 384 份月饼券，发放给教职工共计 12 万余元，所需费用在学费收入财政返还资金中列支。这是全国第一起因违规购买月饼而被处理并通报的案例。② 2013 年 9 月，习近平总书记在参加河北省委常委班子专题民主生活会时，以“抓月饼”为例阐明了作风建设的长效机制。党的十八大以前，社会上流行着

---

① 张胜军等：《善作善成 化风成俗：锲而不舍落实中央八项规定精神（下）》，《中国纪检监察报》2020 年 12 月 4 日第 1 版。

② 《海南中秋期间严明纪律动真碰硬》，https://www.ccdi.gov.cn/gzdtn/dfzf/201309/t20130924_24729.html。

讲排场比阔气的不良风气，公款购买赠送黄金月饼、上万元的大闸蟹、天价粽子都屡见不鲜，这样的奢靡之风严重侵蚀了党风和社会风气。中央纪委中秋节抓月饼绝不是小事，抓的是月饼后面隐藏的腐败。

落实中央八项规定精神离不开永远在路上的坚韧和执着。党中央发扬钉钉子精神，持之以恒落实中央八项规定精神，锲而不舍纠治“四风”，一锤接着一锤敲，一个节点一个节点坚守，一个问题一个问题解决，一个领域一个领域推进，串点成线、由点及面，形成了改进作风的整体效应。各级纪检监察机关把每个节点作为作风建设的“考点”和“加油站”，抓了新年抓春节，抓了春节抓清明节，抓了清明节抓端午节，抓了端午节抓中秋节，抓了中秋节抓国庆节，针对节日期间易发的违规吃喝、餐饮浪费等突出问题，加强监督检查，对顶风违纪问题线索严查快处、决不放过。每逢节假日通报曝光违反中央八项规定精神典型案例，督促党员干部绷紧廉洁弦，党的十八大以来已经成为常态。通过日常监督，找准“靶子”、查清“病灶”、对症下药，则对“四风”问题形成了合围之势。① 党的十九大以来，我们党持之以恒加固中央八项规定堤坝。清醒认识作风问题顽固性反复性，精准施治、久久为功。制定推动落实中央八项规定及其实施细则精神工作意见，紧盯“四风”新表现新动向开展明察暗访、专项检查，深挖彻查作风问题背后的腐败行为和腐败案件中的作风问题，坚决防反弹回潮、防隐形变异、防疲劳厌战。严查领导干部违反中央八项规定精神问题，对顶风违纪的从严处理，对违规吃喝、收送礼品礼金的坚决查处。健全每月公布查处结果、重要节点通报曝光制度，中央纪委国家监委连续108个月公布查处违反中央八项规定精神问题数据，党的十九大以来的五年通报23批169起典型案例。全国纪检监察机关共查处享乐主

---

① 张胜军等：《善作善成　化风成俗：锲而不舍落实中央八项规定精神（下）》，《中国纪检监察报》2020年12月4日第1版。

义、奢靡之风问题 28.6 万个，批评教育帮助和处理 39.8 万人，其中给予党纪政务处分 28.5 万人。[①] 实践证明，只要真管真严、敢管敢严、长管长严，而不是管一阵放一阵、严一阵松一阵，就没有管不住的“四风”，就没有除不掉的积弊，各种不正之风在高压下终会成为历史（见表 5－3）。

2013 年以来，陆续印发《党政机关厉行节约反对浪费条例》《党政机关国内公务接待管理规定》《关于严禁党政机关到风景名胜区开会的通知》等 20 多个文件，从配套制度上对中央八项规定精神进行细化和深化，并把中央八项规定精神上升到党内法规制度层面，体现到《中国共产党纪律处分条例》《中国共产党廉洁自律准则》《中国共产党支部工作条例（试行）》等党内法规中。党的十九大再次强调，要坚决反对党内的特权思想以及特权现象，巩固整治“四风”和落实八项规定精神的战果。党的十九大之后，党中央又针对新情况新问题，审议通过《中共中央政治局贯彻落实中央八项规定实施细则》，进一步规范、细化和完善八项规定的内容，巩固拓展作风建设成效，锲而不舍落实中央八项规定精神，持续纠治形式主义、官僚主义，推动化风成俗、成为习惯（见图 5－1）。

从 2013 年 8 月建立违反中央八项规定精神问题查处情况月报制度起，中央纪委国家监委坚持每月定期公开发布相关数据，放大震慑效应，向社会不断释放驰而不息纠治“四风”的强烈信号。中央八项规定实施以来，截至 2019 年 10 月底，各级纪检监察机关共查处违反中央八项规定精神问题 31.68 万起，处理 43.71 万人，其中给予党纪政务（纪）处分 26.88 万人；中央纪委通报曝光 45 批 262 起违反中央八项规定精神典型问题，推动在全国范围形成“四风”露头、人人喊打的氛围（见表 5－4、图 5－2 和图 5－3）。[②] 其中，

① 《十九届中央纪律检查委员会向中国共产党第二十次全国代表大会的工作报告》，《人民日报》2022 年 10 月 28 日第 1 版。

② 毛翔：《将“金色名片”越擦越亮》，《中国纪检监察报》2019 年 12 月 4 日第 1 版。

表 5－3　2020 年 5 月全国查处违反中央八项规定精神问题统计表

时期	项目	总计	级别				问题类型												
							形式主义、官僚主义问题					享乐主义、奢靡之风问题							
			省部级	地厅级	县处级	乡科级及以下	贯彻党中央重大决策部署有令不行、有禁不止，或者表态多调门高、行动少落实差，脱离实际、脱离群众，造成严重后果	在履职尽责、服务经济社会发展和生态环境保护方面不担当、不作为、乱作为、假作为，严重影响高质量发展	在联系服务群众中消极应付、冷硬横推、效率低下，损害群众利益，群众反映强烈	文山会海反弹回潮，文风会风不实不正，督查检查考核过多过频、过度留痕，给基层造成严重负担	其他	违规收送名贵特产和礼品礼金		违规吃喝		违规操办婚丧喜庆	违规发放津补贴或福利	公款旅游以及违规接受管理和服务对象等旅游活动安排	其他
												违规收送名贵特产类礼品	违规收送礼金和其他礼品	违规公款吃喝	违规接受管理和服务对象等宴请				
2020 年 5 月	查处问题数	10091	0	39	635	9417	193	4509	301	61	877	54	1120	533	266	227	1005	226	719
	处理人数	14506	0	43	849	13614	317	6687	484	98	1213	57	1347	787	470	243	1565	347	891
	党纪政务处分人数	8149	0	32	475	7642	148	3461	191	32	448	50	964	569	301	190	980	255	560

续表

时期	项目	总计	级别				问题类型												
							形式主义、官僚主义问题					享乐主义、奢靡之风问题							
												违规收送名贵特产和礼品礼金		违规吃喝					
			省部级	地厅级	县处级	乡科级及以下	贯彻党中央重大决策部署有令不行、有禁不止，或者表态多调门高、行动少落实差，脱离实际、脱离群众，造成严重后果	在履职尽责、服务经济社会发展和生态环境保护方面不担当、不作为、乱作为、假作为，严重影响高质量发展	在联系服务群众中消极应付、冷硬横推、效率低下，损害群众利益，群众反映强烈	文山会海反弹回潮，文风会风不实不正，督查检查考核过多过频、过度留痕，给基层造成严重负担	其他	违规收送名贵特产类礼品	违规收送礼金和其他礼品	违规公款吃喝	违规接受管理和服务对象等宴请	违规操办婚丧喜庆	违规发放津补贴或福利	公款旅游以及违规接受管理和服务对象等旅游活动安排	其他
2020年以来	查处问题数	48779	0	225	3269	45285	1864	22086	1195	236	5708	251	4672	2272	1053	1058	4418	929	3047
	处理人数	70501	0	272	4218	66011	2833	32938	1699	376	8138	279	5714	3332	1758	1141	6918	1551	3824
	党纪政务处分人数	38566	o	193	2590	35783	1147	16431	791	100	3219	205	4248	2281	1230	889	4612	1106	2307
备注	享乐主义、奢靡之风“其他”问题包括：违规配备和使用公车楼堂馆所问题。提供或接受超标准接待、组织或参加用公款支付的高消费娱乐健身等活动、接受或提供可能影响公正执行公务的健身娱乐等活动、违规出入私人会所，领导干部住房违规。																		

资料来源：《中国纪检监察报》2020年6月29日第1版。

表 5－4

2021 年 10 月全国查处违反中央八项规定精神问题统计

时期	项目	总计	级别				问题类型												
							形式主义、官僚主义问题					享乐主义、奢靡之风问题							
												违规收送名贵特产和礼品礼金		违规吃喝					
			省部级	地厅级	县处级	乡科级及以下	贯彻党中央重大决策部署有令不行、有禁不止，或者表态多调门高、行动少落实差，脱离实际、脱离群众，造成严重后果	在履职尽责、服务经济社会发展和生态环境保护方面不担当、不作为、乱作为、假作为，严重影响高质量发展	在联系服务群众中消极应付、冷硬横推、效率低下，损害群众利益，群众反映强烈	文山会海反弹回潮，文风会风不实不正，督查检查考核过多过频、过度留痕，给基层造成严重负担	其他	违规收送名贵特产类礼品	违规收送礼金和其他礼品	违规公款吃喝	违规接受管理和服务对象等宴请	违规操办婚丧喜庆	违规发放津补贴或福利	公款旅游以及违规接受管理和服务对象等旅游活动安排	其他
2021 年 10 月	查处问题数	7636	0	37	534	7065	9	2853	197	29	15	1407	515	300	238	819	581		
	批评教育帮助和处理人数	10933	0	45	677	10211	155	4447	281	36	1648	781	473	259	1269	250	696		
	党纪政务处分人数	7683	0	35	452	7196	118	2835	172	14	322	1352	608	336	213	976	196	499	

续表

时期	项目	总计	级别				问题类型												
							形式主义、官僚主义问题					享乐主义、奢靡之风问题							
												违规收送名贵特产和礼品礼金		违规吃喝					
			省部级	地厅级	县处级	乡科级及以下	贯彻党中央重大决策部署有令不行、有禁不止，或者表态多调门高、行动少落实差，脱离实际、脱离群众，造成严重后果	在履职尽责、服务经济社会发展和生态环境保护方面不担当、不作为、乱作为、假作为，严重影响高质量发展	在联系服务群众中消极应付、冷硬横推、效率低下，损害群众利益，群众反映强烈	文山会海反弹回潮，文风会风不实不正，督查检查考核过多过频、过度留痕，给基层造成严重负担	其他	违规收送名贵特产类礼品	违规收送礼金和其他礼品	违规公款吃喝	违规接受管理和服务对象等宴请	违规操办婚丧喜庆	违规发放津补贴或福利	公款旅游以及违规接受管理和服务对象等旅游活动安排	其他
2021年以来	查处问题数	79768	4	434	5929	73401	30550	2362	299	3510	644	13804	4772	3165	2410	8884	2039	6212	
	批评教育帮助和处理人数	114390	473	7406	106507	1759	47134	3274	420	5264	743	16388	7041	4964	2639	13855	3257	7652	
	党纪政务处分人数	76259	4	374	4882	70999	1061	29713	1974	134	2664	56012681	5221	3322	2061	9502	2371	4995	
备注	享乐主义、奢靡之风“其他”问题包括：违规配备和使用公车楼堂馆所问题。提供或接受超标准接待、组织或参加用公款支付的高消费娱乐健身等活动、接受或提供可能影响公正执行公务的健身娱乐等活动、违规出入私人会所，领导干部住房违规。																		

资料来源：中央纪委国家监委网站，2021 年 11 月 24 日。

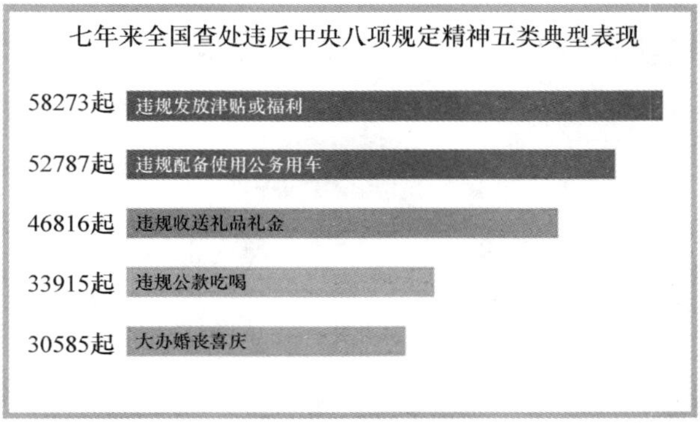

图 5－1　2013—2019 年全国查处违反中央八项规定精神五类典型表现

资料来源：《中国纪检监察报》2019 年 12 月 4 日第 1 版。

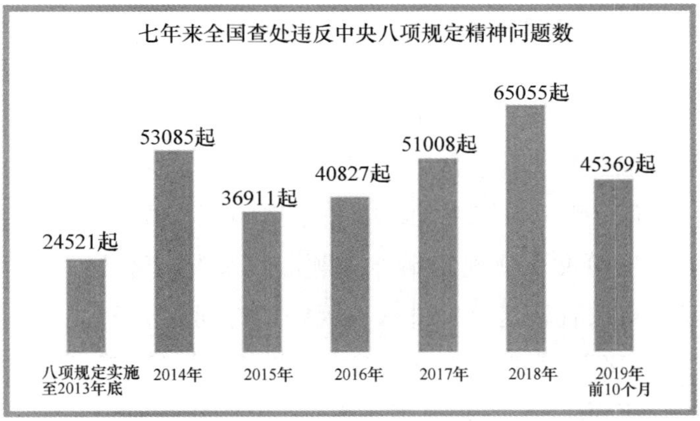

图 5－2　2013—2019 年全国查处违反中央八项规定精神问题数

资料来源：《中国纪检监察报》2019 年 12 月 4 日第 1 版。

2019 年，中央纪委国家监委分 5 批通报曝光 31 起违反中央八项规定精神典型问题，全国纪检监察机关共查处违反中央八项规定精神问题 6.1 万起，处理党员、干部 8.6 万人，给予党纪政务处分 6.6 万人，释放越往后盯得越紧、执纪越严的强烈信号。[①] 2020 年 6 月 28

① 毛翔：《持之以恒落实中央八项规定精神》，《中国纪检监察报》2020 年 3 月 10 日第 1 版。

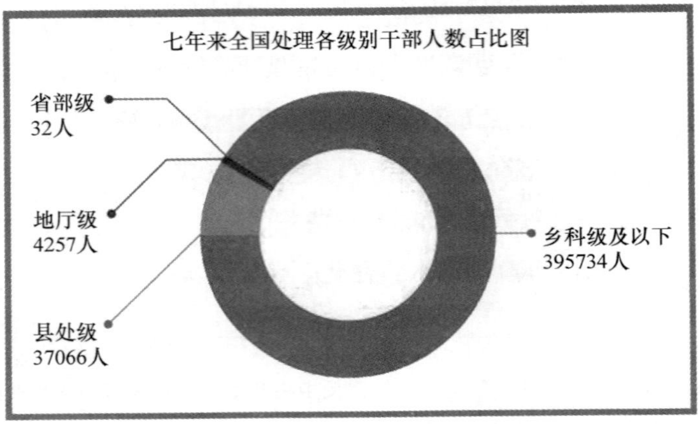

图 5－3　2013—2019 年全国处理各级别干部人数占比图

资料来源：《中国纪检监察报》2019 年 12 月 4 日第 1 版。

日，中央纪委国家监委公布了 2020 年 5 月全国查处违反中央八项规定精神问题汇总情况，这是中央纪委国家监委连续第 81 个月公布月报数据。[①] 2021 年 11 月 24 日，中央纪委国家监委公布了当年 10 月全国查处违反中央八项规定精神问题汇总情况。数据显示，当月各级纪检监察机关查处违反中央八项规定精神问题 7636 起，批评教育帮助和处理 10933 人，其中党纪政务处分 7683 人。这是中央纪委国家监委连续第 98 个月公布月报数据。[②] 2021 年中秋节前夕，中央纪委国家监委公开通报了 10 起违反中央八项规定精神问题。与以往不同的是，这次通报增加了 5 起中管干部由风变腐、风腐一体、最终受到党纪国法制裁的严重违纪违法案件。无论是重要节点前公开通报典型案例，还是月月公布查处情况，目的都是营造越往后盯得越

---

① 陆丽环：《5 月全国查处违反中央八项规定精神问题 10091 起》，《中国纪检监察报》2020 年 6 月 29 日第 1 版。

② 《2021 年 10 月全国查处违反中央八项规定精神问题 7636 起》，中央纪委国家监委网站，2021 年 11 月 24 日，https://www.ccdi.gov.cn/yaowenn/202111/t20211124_152377.html。

紧、要求越高、执纪越严的浓厚氛围。[①]

（二）坚决反对“四风”

作风问题关乎人心向背、关乎党的生死存亡。[②] 加强作风建设，本质上是刀刃向内、与不正之风作坚决斗争的自我革命。整治“四风”就是以整治党内存在的作风方面的突出问题入手，改进思想作风、工作作风、领导作风、干部生活作风，改进学风、文风、会风，加强治本工作，使党员、干部不仅不敢沾染歪风邪气，而且不能、不想沾染歪风邪气，推动党的作风全面纯洁起来。

习近平总书记始终从关乎党的兴衰存亡、巩固党的执政地位、实现党的初心使命的政治高度，高度重视加强党的作风建设。党的十九大以来的五年，中央政治局召开多次常委会会议、政治局会议涉及作风建设，习近平总书记在中央全会、中央纪委全会、中央经济工作会议和中央政治局集体学习时发表相关重要讲话，为持之以恒加强作风建设指明了方向；习近平总书记还针对餐饮浪费、整治形式主义官僚主义等做出多次重要批示，推动作风建设持续向纵深发展。习近平总书记始终带头贯彻执行中央八项规定及其实施细则，五年来深入地方调研 50 余次，轻车简从，融入人民群众，察实情，解民忧：在陕西榆林，走进田间查看谷物生长；在山东东营，登上 10 米多高钻井平台，与石油工人亲切交流；在浙江宁波，冒雨考察港口复工复产，为了不让工人们淋雨，特意嘱咐把见面地点改在服务中心大厅。厉行节俭，带头反对享乐奢靡：赴广东考察工作时吃自助餐，在河北阜平住 16 平方米的房间，多次在列车上吃饭、过夜，减轻地方负担，降低接待规格，严格要求“四菜一汤”，经常问

① 《写在中央八项规定出台九周年之际》，中央纪委国家监委网站，2021 年 12 月 4 日，https://www.ccdi.gov.cn/yaowenn/202112/t20211204_ 152550.html。

② 吴玉良：《肃纪正风反腐　不断提高自身免疫力》，《人民日报》2021 年 6 月 2 日第 13 版。

"伙食费交了没有"，等等。行动是无声的命令，身教是执行的榜样，习近平总书记以身作则立标杆，为全党改进作风树立了光辉典范。在总书记带动下，中央政治局连续 7 年召开民主生活会，听取贯彻执行中央八项规定情况汇报；中央其他领导同志从主管地方、分管领域和部门抓起，高标准贯彻落实中央八项规定——在改进调查研究方面，坚持轻车简从、务实节俭；在精简会议活动方面，对全国性会议严格把关，大量会议活动以电视电话形式召开，使更多基层干部有机会"听原声、见真人"；在精简文件简报方面，出台《中央文件制定工作规定》，严控发文总量和规格……中央政治局带头落实"八项规定"，传递出党中央驰而不息抓作风的信心与决心。①

反对"四风"是党的十八大以来数次党内教育活动的重要内容。2013 年至 2014 年开展的党的群众路线教育实践活动，以为民务实清廉为主题，聚焦"四风"突出问题，对作风之弊、行为之垢进行大排查、大检修、大扫除。2015 年开展的"三严三实"专题教育把贯彻落实中央八项规定精神作为重要内容，着力解决"不严不实"问题。2016 年开展的"两学一做"学习教育，把党的思想政治建设延伸到了所有基层党组织和全体党员，着力解决党章意识不强、看齐意识淡薄问题，实现党员干部思想、作风、纪律上的新进步。2019 年 6 月至 2020 年 1 月开展的"不忘初心、牢记使命"主题教育，也突出强调了党员干部要转变作风的问题。2021 年在全党开展党史学习教育，要求进一步发扬革命精神，始终保持艰苦奋斗的昂扬精神。这些伟大精神集中体现了党的坚定信念、根本宗旨、优良作风，凝聚着中国共产党人艰苦奋斗、牺牲奉献、开拓进取的伟大品格，深深融入我们党、国家、民族、人民的血脉之中，为我们立党兴党强党提供了丰厚滋养。②

---

① 黄月：《整饬作风 擦亮全面从严治党金色名片》，《中国纪检监察》2022 年第 20 期。

② 习近平：《在党史学习教育动员大会上的讲话》，人民出版社 2021 年版，第 19—20 页。

我们党通过具体问题的小切口打开作风建设的大格局。从人民群众反映强烈的违规公款吃喝、公款旅游、大办婚丧喜庆事宜、滥发钱物、出入私人会所等具体问题抓起，严肃整治“舌尖上的浪费”“会所中的歪风”“车轮上的铺张”“节日中的腐败”，深入治理潜入培训疗养机构吃喝玩乐、高档小区“一桌餐”、调研考察搭车旅游等隐形变异“四风”问题；从干部和群众反映强烈的“文山会海”、检查考核过多过滥、调研搞形式走过场、群众办事难慢等具体问题抓起，严肃整治在贯彻落实中央重大决策部署中表态多调门高、行动少落实差，打折扣、做选择、搞变通，搞华而不实、劳民伤财的“政绩工程”“形象工程”，不担当不作为乱作为假作为问题，等等。[①] 党的十九大以来，我们党深化整治形式主义、官僚主义顽瘴痼疾。坚决查处影响党中央重大决策部署贯彻落实、漠视侵害群众利益、不作为乱作为、加重基层负担的形式主义、官僚主义，集中纠治做选择搞变通打折扣、表态多调门高、行动少落实差问题，严肃查处领导干部任性决策、庸懒无为和基层干部推诿扯皮、冷硬横推问题，督促纠正文山会海、频繁填表报数、工作过度留痕、检查考核过多、“指尖上的形式主义”问题，重点治理脱离实际搞劳民伤财的“形象工程”、“政绩工程”，推动建立为基层减负机制。五年来，全国纪检监察机关共查处形式主义、官僚主义问题28.2万个，批评教育帮助和处理42.5万人，其中给予党纪政务处分25.3万人。[②] 通过驰而不息推进作风建设，群众反映强烈的突出问题得到有效遏制，党风政风为之一振，民风社风焕然一新，赢得了党心民心。党员干部吃拿卡要的少了，秉公办事的多了；推诿扯皮的少了，主动作为的多了；敷衍了事的少了，破解难题的多了；吃喝应酬的少了，学

---

① 王卓：《一场深刻的作风之变：写在中央八项规定出台六周年之际》，《中国纪检监察报》2018年12月4日第1版。

② 《十九届中央纪律检查委员会向中国共产党第二十次全国代表大会的工作报告》，《人民日报》2022年10月28日第1版。

习干事的多了；铺张浪费的少了，勤俭节约的多了；群众“上访”少了，领导“下访”多了；与商人勾肩搭背的少了，亲而又清的多了，“政治雾霾”被逐渐驱散。[①] 党员干部形象不断提升，人民群众跟党走、过好日子的信心更足。数据是有力的印证，民意是最好的标尺。2022 年国家统计局社情民意电话调查结果显示，对党中央带头贯彻执行中央八项规定精神情况表示满意、总体成效表示肯定的，分别为 98.2%、95.7%。广大党员干部更加注重解决实际问题，更加注重惠及人民群众，把为民造福的实效转化为人民群众更加充盈的获得感。[②]

（三）作风建设永远在路上

党的十八大以来，习近平总书记对作风建设的长期性、艰巨性、复杂性做出了清晰的概括和阐述。一是强调作风建设具有长期性、反复性等特性。2014 年 1 月 20 日，习近平总书记指出，“四风”问题积习甚深，可谓“冰冻三尺非一日之寒”。以往的经验告诉我们，纠风之难，难在防止反弹。“四风”问题具有很强的变异性和传染性，这样的问题消失了，那样的问题又会出现。[③] 二是要求坚决打好作风建设这场硬仗。2014 年 10 月，习近平总书记在党的群众路线教育实践活动总结大会上强调，党风建设是一场硬仗，作风建设是攻坚战，也是持久战。[④] 三是强调作风建设必须经常抓、长期抓。2016 年 7 月 1 日，习近平总书记指出，要持之以恒加强作风建设，坚持抓常、抓细、抓长，使党的作风全面好起来。[⑤] 2018 年 1 月，习近平

---

① 《纪律从这里来》，中国方正出版社 2021 年版，第 240 页。

② 黄月：《整饬作风：擦亮全面从严治党金色名片》，《中国纪检监察》2022 年第 20 期。

③ 习近平：《在党的群众路线教育实践活动第一批总结暨第二批部署会议上的讲话》，《党建研究》2014 年第 2 期。

④ 习近平：《在党的群众路线教育实践活动总结大会上的讲话》，《人民日报》2014 年 10 月 9 日第 2 版。

⑤ 习近平：《在庆祝中国共产党成立 95 周年大会上的讲话》，《光明日报》2016 年 7 月 2 日第 2 版。

总书记在十九届中央纪委二次全会上强调，要锲而不舍落实中央八项规定精神，继续在常和长、严和实、深和细上下功夫，密切关注享乐主义、奢靡之风新动向新表现，坚决防止回潮复燃。①

据统计，2020 年上半年，中央纪委国家监委网站共通报曝光 355 起“四风”典型案例，其中涉及享乐主义和奢靡之风问题 295 起。这 295 起案例发生在党的十九大之后的占 68.9%，部分党员干部甚至在疫情防控期间仍违规公款吃喝被严肃查处。从违纪类型看，2020 年 1—4 月，违规收送名贵特产和礼品礼金、违规发放津补贴或福利、违规吃喝三类问题，分别占查处享乐主义、奢靡之风问题总数的 27.7%、25.2%、18.6%。这说明“四风”滋生的土壤还存在，“病原体”尚未根除，特别是一些干部特权思想根深蒂固，高压之下依然顶风违纪，此外，一些老问题改头换面、花样翻新，发生隐形变异。② 作风建设只有进行时，没有完成时。各级纪检监察机关盯紧盯住享乐奢靡老问题，密切关注新动向，着力纠正和整治形式主义、官僚主义，不断巩固拓展落实中央八项规定精神成果。

作风建设的长期性、艰巨性、复杂性决定了纠治“四风”工作丝毫不能松懈，必须寸步不让、久久为功。坚持量变，就会有质变的效果。要结合自身实际，坚持问题导向，加强研判分析，从具体人、具体事着手，有什么问题就解决什么问题，什么问题突出就集中整治什么问题，对症下药，靶向治疗。③ 要继续守住精文简会的硬杠杠，让基层干部有实实在在的获得感。要继续保持高度警惕，紧

---

① 《全面贯彻落实党的十九大精神以永远在路上的执着把从严治党引向深入》，《光明日报》2018 年 1 月 12 日第 1 版。

② 徐梦龙：《警惕四风隐形变异反弹回潮：透视中央纪委国家监委网站通报的 295 起享乐奢靡典型案例》，中央纪委国家监委网站，2020 年 6 月 25 日，https://www.ccdi.gov.cn/yaowenn/202006/t20200625_80327.html。

③ 徐梦龙：《警惕四风隐形变异反弹回潮：透视中央纪委国家监委网站通报的 295 起享乐奢靡典型案例》，中央纪委国家监委网站，2020 年 6 月 25 日，https://www.ccdi.gov.cn/yaowenn/202006/t20200625_80327.html。

盯违规吃喝、违规收送礼品礼金等突出问题，加强宣传教育，依规依纪依法开展监督检查，坚决防止疫情防控常态化形势下享乐奢靡问题反弹回潮。要完善作风建设长效机制。着力解决普遍存在、反复发生的问题，出台工作指导意见，推动地方和部门完善津贴补贴发放、开会发文、公务用车、公务接待、国企商务接待、制止餐饮浪费等制度规定。引导党员干部弘扬忠诚老实、公道正派、实事求是、清正廉洁等价值观，着力消除"四风"问题的思想根源、土壤条件，做到立破并举、扶正祛邪。坚持纠治"四风"统筹推进，纠"四风"和树新风并举，推动移风易俗，治理陈规陋习，以优良党风政风引领社风民风持续向好，[①] 为党和国家事业发展提供坚强作风保障。

五　推动党内监督和国家监察全覆盖

党和国家监督体系是党在长期执政条件下实现自我净化、自我完善、自我革新、自我提高的重要制度保障。党的十八大以来，以习近平同志为核心的党中央着眼坚持党的全面领导、建设长期执政的马克思主义政党和实现国家长治久安，一体推进党的纪律检查体制改革、国家监察体制改革、纪检监察机构改革，实现各项改革系统集成、协同高效，对坚持和完善党和国家监督体系，强化对权力运行的制约和监督，形成决策科学、执行坚决、监督有力的权力运行机制做出一系列部署，党内监督和国家监察相辅相成、相互补充、相互促进，形成党纪与国法相辅相成、党内与党外双管齐下的腐败治理格局。

---

① 《十九届中央纪律检查委员会向中国共产党第二十次全国代表大会的工作报告》，《人民日报》2022 年 10 月 28 日第 1 版。

（一）纪检监察体制改革蹄疾步稳

从党内监督全覆盖到国家监察全覆盖，从全面深化党的纪律检查体制改革到重点推进国家监察体制改革再到一体推进党的纪律检查体制改革、国家监察体制改革、纪检监察机构改革，改革与创新的路径清晰，既一以贯之，也有深化发展，既深刻影响并改变着反腐败斗争的历史进程，推动全面从严治党不断取得新进展，又为破解治乱兴衰历史周期率、探索增强党在长期执政条件下自我净化能力提供可靠保证。

2013 年 11 月，党的十八届三中全会将党的纪律检查体制改革作为全面深化改革的重要组成部分进行部署，强调改革党的纪律检查体制，健全反腐败领导体制和工作机制。以习近平同志为核心的党中央审时度势、深谋远虑，根据形势发展要求，基于对反腐败斗争形势的判断，站位巩固党长期执政地位的政治高度，将党的纪律检查体制改革逐步延伸拓展为党的纪律检查和国家监察体制改革，做出“要坚持党对党风廉政建设和反腐败工作的统一领导，扩大监察范围，整合监察力量，健全国家监察组织架构，形成全面覆盖国家机关及其公务员的国家监察体系”，“要完善党和国家监督体系，统筹推进纪检监察体制改革”等一系列重要论述。2016 年，党中央做出深化国家监察体制改革的重大决策部署，决定开展试点；2017 年 10 月，党的十九大做出健全党和国家监督体系的战略部署，提出“构建党统一指挥、全面覆盖、权威高效的监督体系”，决定在全国推开深化国家监察体制改革试点工作；2018 年 2 月，党的十九届三中全会将推进党的纪律检查体制改革和国家监察体制改革列入完善坚持党的全面领导的制度安排之一，将组建国家监察委员会列为深化党中央机构改革的第一项任务，同年 3 月监察法通过、国家监委正式揭牌，开启了新时代全面从严治党、强化党和国家自我监督的历史性一步；2019 年 10 月，党的十九届四中全会对坚持和完善党和国家监督体系、强化对权力运行的制约和监督做出专门部署，明确了党和国家监督体系在国家治理体系中的重要地位和作用，为持续深化纪检监察体制改革指明了方向。在此过程中，新时代纪检监察工作实现高质量发展，纪检监察事业在改革创新中实现新提升。[①]

（二）健全党内监督体系

党内监督是党的建设的重要内容，是全面从严治党的重要保障。党的十八大以来，党中央对党内监督的地位作用、薄弱环节、政策措施进行了深入思考。2015 年 10 月 29 日，习近平总书记在党的十八届五中全会第二次全体会议上强调，要强化党内监督，积极探索党长期执政条件下推进制度创新和强化党内监督的有效途径，加强巡视工作，增强自我净化、自我完善、自我革新、自我提高能力。[②] 2016 年 1 月 12 日，习近平总书记在十八届中央纪委六次全会上指出，要强化党内监督，确保党内监督落到实处、见到实效。完善监督制度，做好监督体系顶层设计，既加强党的自我监督，又加强对国家机器的监督。[③] 2016 年 11 月，习近平总书记在党的十八届六中全会上作关于《中国共产党党内监督条例》的说明时指出，全面从严治党，必须从根本上解决主体责任缺失、监督责任缺位、管党治党宽松软的问题，把强化党内监督作为党的建设重要基础性工程，使监督的制度优势充分释放出来。[④] 2020 年 1 月，习近平总书记在十九届中央纪委四次全会上强调，要把党委（党组）全面监督、纪委监委专责监督、党的工作部门职能监督、党的基层组织日常监督、

---

① 王诗雨：《改革赋能：坚持和完善党和国家监督体系》，《中国纪检监察》2022 年第 20 期。

② 中央纪委国家监委网站，2019 年 11 月 2 日，https://www.ccdi.gov.cn/toutu/201911/t20191102_203526.html。

③ 《坚持全面从严治党依规治党　创新体制机制强化党内监督》，《光明日报》2016 年 1 月 13 日第 1 版。

④ 习近平：《关于〈关于新形势下党内政治生活的若干准则〉和〈中国共产党党内监督条例〉的说明》，《光明日报》2016 年 11 月 3 日第 2 版。

党员民主监督等结合起来、融为一体。要以党内监督为主导，推动人大监督、民主监督、行政监督、司法监督、审计监督、财会监督、统计监督、群众监督、舆论监督有机贯通、相互协调。[①] 2022 年 1 月 18 日，习近平总书记在十九届中央纪委六次全会上强调，要完善权力监督制度和执纪执法体系，使各项监督更加规范、更加有力、更加有效。各级党委（党组）要履行党内监督的主体责任。突出加强对“关键少数”特别是“一把手”和领导班子的监督。纪检监察机关要发挥监督专责机关作用，协助党委全面从严治党，推动党内监督和其他各类监督贯通协同，探索深化贯通协同的有效途径。要加强对换届纪律风气的监督，坚持党管干部原则，强化党组织领导和把关作用，特别要严把政治关、廉洁关。[②]

一是自上而下的组织监督。首先是党委（党组）全面监督。习近平总书记强调，党委监督是全方位的监督，包括对党员的批评教育、组织处理、纪律处分等工作，党委要任命干部，更要监督干部。[③] 纪委监督重点是履行监督执纪问责的职责。党委（党组）在党内监督中负主体责任，书记是第一责任人，党委常委会委员（党组成员）和党委委员在职责范围内履行监督职责。[④] 其次是党的工作部门职能监督。习近平总书记指出，党的工作部门是党委（党组）主体责任在不同领域的载体和抓手，要做好职责范围内党内监督工作，既加强对本机关本单位的内部监督，又强化对本系统的日常监督。[⑤] 再次是加强对一把手的监督。习近平总书记强调，上级对下级

---

① 《一以贯之全面从严治党强化对权力运行的制约和监督为决胜全面建成小康社会决战脱贫攻坚提供坚强保障》，《光明日报》2020 年 1 月 14 日第 1 版。

② 《坚持严的主基调不动摇　坚持不懈把全面从严治党向纵深推进》，《人民日报》2022 年 1 月 19 日第 1 版。

③ 习近平：《在第十八届中央纪律检查委员会第六次全体会议上的讲话》，人民出版社 2016 年版，第 22 页。

④ 《中国共产党第十八届中央委员会第六次全体会议公报》，人民出版社 2016 年版，第 17 页。

⑤ 《习近平谈治国理政》第 2 卷，外文出版社 2017 年版，第 186 页。

尤其是上级一把手对下级一把手的监督最管用、最有效。上级党组织要多了解下级一把手日常的思想、工作、生活状况，多注意干部群众对下级一把手问题的反映，多听取下级领导班子成员对一把手的意见。[①] 最后是纪律检查机关专责监督。2018 年 1 月，习近平总书记在十九届中央纪委二次全会上指出，纪检机关必须坚守职责定位，强化监督、铁面执纪、严肃问责。[②] 党的各级纪律检查委员会是党内监督的专责机关，是管党治党的重要力量，履行监督执纪问责职责，加强对所辖范围内党组织和领导干部遵守党章党规党纪、贯彻执行党的路线方针政策情况的监督检查。[③] 要把维护政治纪律和政治规矩放在首位，加强对所辖范围内遵守党章党规党纪情况的监督，检查党的路线方针政策和决议的执行情况。要落实纪律检查工作双重领导体制，强化上级纪委对下级纪委的领导；加强对派驻纪检组工作的领导，督促被监督单位党组织和派驻纪检组落实管党治党责任。中央分类推进派驻机构改革，增强派驻监督效能。中央纪委国家监委统一设立 47 家派驻纪检监察组，监督中央一级党和国家机关 132 家单位；在 53 家中管企业设立纪检监察组或国家监委派驻监察专员办公室；向 15 家中管金融企业和 3 家单位派驻纪检监察组；31 所中管高校纪委书记担任国家监委派驻监察专员，设立监察专员办公室，与学校纪委合署办公。开展垂直管理单位和部分以上级管理为主单位纪检监察体制改革。深化地方派驻机构改革，优化省市县派驻机构设置，开展省级纪委监委向省管高校和国有企业派驻纪检监察组试点。健全派驻机构领导管理体制，完善请示报告、述职报备等制度。十九大以来，纪检监察派驻机构发挥“派”的权威和“驻”的

---

① 习近平：《在第十八届中央纪律检查委员会第六次全体会议上的讲话》，人民出版社 2016 年版，第 28 页。

② 《全面贯彻落实党的十九大精神以永远在路上的执着把从严治党引向深入》，《光明日报》2018 年 1 月 12 日第 1 版。

③ 《关于新形势下党内政治生活的若干准则　中国共产党党内监督条例》，人民出版社 2016 年版，第 55 页。

优势，共处置问题线索150.5万件、立案39.9万件、处分36.9万人，2020年以来提出纪检监察建议5.9万份。[①] 实现派驻纪检机构全覆盖，这是党中央依据党章规定，从形势判断和目标任务出发做出的重大决策，是全面从严治党、强化党内监督的重要保证，是党内监督不留死角、没有空白的关键举措。

二是自下而上的民主监督。首先是党员民主监督。党员的民主监督不仅是权利，更是不容推卸的义务，是对党应尽的责任。基层党组织和党员要加强对党的领导干部的监督，督促其正常参加组织生活、履行党员义务。在党的会议上，党员要勇于对违反党章党规的行为提出意见，有根据地批评党的任何组织和任何党员，负责地向党反映党的任何组织和党员违纪违法的事实。各级党组织要保障党员知情权和监督权，鼓励和支持党员在党内监督中发挥积极作用，对干扰妨碍监督、打击报复监督者的人要依纪严肃处理。其次是党的基层组织日常监督。《中国共产党党内监督条例》明确规定了党的基层组织监督职责。党的基层组织要监督党员切实履行义务，维护和制定党的纪律。党的十九大修订的党章，明确了党支部承担直接教育党员、管理党员、监督党员等职责。2017年12月，中共中央印发的《中国共产党党务公开条例（试行）》，进一步明确党务公开的主体、内容、范围、程序、方式等，确保党务公开作为基层党组织日常监督的基本途径。[②]

（三）深化国家监察体制改革

国家监察是对国家机器和公职人员监督。深化纪检监察体制改

---

① 《十九届中央纪律检查委员会向中国共产党第二十次全国代表大会的工作报告》，《人民日报》2022年10月28日第1版。

② 习近平总书记强调，要坚持党内监督和群众监督相统一，以党内监督带动其他监督，积极畅通人民群众建言献策和批评监督渠道，充分发挥群众监督、舆论监督作用。参见《全面贯彻落实党的十九大精神以永远在路上的执着把从严治党引向深入》，《光明日报》2018年1月12日第1版。

革，是以习近平同志为核心的党中央做出的重大决策部署，是新时代健全党和国家监督体系的重大战略举措。这一重大举措，有助于解决行政监察覆盖范围过窄、反腐败力量分散、纪律与法律衔接不畅等问题，从而实现对所有行使公权力的公职人员的监察全面覆盖。

一是加强顶层设计。党的十八大以来，党中央坚持统筹谋划，对国家监察进行整体设计。2016 年 1 月 12 日，习近平总书记在十八届中央纪委六次全会上指出，要健全国家监察组织架构，形成全面覆盖国家机关及其公务员的国家监察体系。[①] 党的十九大报告明确提出，深化国家监察体制改革，将试点工作在全国推开，组建国家、省、市、县监察委员会，同党的纪律检察机关合署办公，实现对所有行使公权力的公职人员监察全覆盖。[②] 2018 年 3 月 20 日，第十三届全国人大一次会议表决通过《中华人民共和国监察法》，以法律的形式全面填补了国家监督空白，将六类监察对象统一纳入监察范围，由监察机关按照管理权限进行监察。[③] 2018 年 3 月 23 日，中华人民共和国国家监察委员会在北京揭牌，领导地方各级监察委员会的工作，实现对所有行使公权力的公职人员监察全覆盖。2018 年 4 月，《监察法》通过施行不到一个月，中央纪委国家监委印发《公职人员政务处分暂行规定》，创制政务处分，弥补了纪、法中间的空白地带。这是将纪法贯通、法法衔接工作落实落细的一个缩影。中央纪委国家监委一年来起草制定《中央纪委国家监委监督检查审查调查

---

① 《坚持全面从严治党依规治党　创新体制机制强化党内监督》，《光明日报》2016 年 1 月 13 日第 1 版。

② 习近平：《决胜全面建成小康社会　夺取新时代中国特色社会主义伟大胜利——在中国共产党第十九次全国代表大会上的报告》，人民出版社 2017 年版，第 67—68 页。

③ 六类监察对象为：（一）中国共产党机关、人民代表大会及其常务委员会机关、人民政府、监察委员会、人民法院、人民检察院、中国人民政治协商会议各级委员会机关、民主党派机关和工商业联合会机关的公务员，以及参照《中华人民共和国公务员法》管理的人员；（二）法律、法规授权或者受国家机关依法委托管理公共事务的组织中从事公务的人员；（三）国有企业管理人员；（四）公办的教育、科研、文化、医疗卫生、体育等单位中从事管理的人员；（五）基层群众性自治组织中从事管理的人员；（六）其他依法履行公职的人员。

措施使用规定（试行)》等30余项法规制度，对标纪法贯通、法法衔接要求，完善信访举报、线索处置、立案、留置、案件审理等各业务流程制度规范。对违纪违法的，同时报请立案，审查调查、案件审理既针对违纪问题，又针对违法问题，实现纪律审查和监察调查转换衔接。① 2018年12月13日，习近平总书记在主持十九届中央政治局第十一次集体学习时指出，深化国家监察体制改革的初心，就是要把增强对公权力和公职人员的监督全覆盖、有效性作为着力点，推进公权力运行法治化，消除权力监督的真空地带，压缩权力行使的任性空间，建立完善的监督管理机制、有效的权力制约机制、严肃的责任追究机制。② 要在新的起点上持续深化党的纪律检查体制和国家监察体制改革，促进执纪执法贯通，有效衔接司法，推进反腐败工作法治化、规范化，为新时代完善和发展中国特色社会主义制度、推进全面从严治党提供重要制度保障。③ 2020年1月，十九届中央纪委四次全会强调，要完善党和国家监督体系，统筹推进纪检监察体制改革。要牢牢抓住监督这个基本职责、第一职责，精准监督、创新监督，深化纪检监察体制机制改革创新，以高质量党内监督、国家监察促进国家制度和治理体系提质增效，充分彰显中国共产党领导和中国特色社会主义制度的优越性。④ 2020年6月出台的《中华人民共和国公职人员政务处分法》，是新中国成立以来第一部全面系统规范公职人员惩戒制度的国家法律，是深化国家监察体制改革的最新制度成果，实现监督对象、处分情形、处置形态、处分规则全覆盖，把国家监察体制改革提出的实现对所有行使公权力的

① 程威：《促进执纪执法贯通　有效衔接司法》，《中国纪检监察报》2019年3月10日第1版。

② 中央纪委国家监委网站，2019年11月2日，https://www.ccdi.gov.cn/toutu/201911/t20191102_203526.html。

③ 程威：《促进执纪执法贯通　有效衔接司法》，《中国纪检监察报》2019年3月10日第1版。

④ 《中国共产党第十九届中央纪律检查委员会第四次全体会议公报》，《光明日报》2020年1月16日第1版。

公职人员监督全覆盖具体化、制度化。

二是开展国家监察体制改革试点工作。2016年11月，中共中央办公厅印发《关于在北京市、山西省、浙江省开展国家监察体制改革试点方案》，部署在3省（市）设立各级监察委员会，从体制机制、制度建设上先行先试、探索实践，为在全国推开积累经验开启了深化国家监察体制改革序幕。党中央高度重视深化国家监察体制改革及试点工作。习近平总书记6次主持召开中央政治局会议、中央政治局常委会会议和中央全面深化改革领导小组会议专题研究，审议通过国家监察体制改革和试点方案，对改革做出顶层设计，明确了试点工作的时间表和路线图；党的十八届六中全会、十八届中央纪委七次全会都对此做出重大部署。习近平总书记十分关心改革试点进展情况。2017年6月22日至23日，他在视察山西省时指出，“你们在国家监察体制改革试点上下了很大功夫，制度优势正在转化为治理效能，要运用好这一改革成果”[①]，为进一步做好改革及试点工作指明了前进方向、坚定了信心和决心。中央深化国家监察体制改革试点工作领导小组认真落实党中央决策部署，切实加强对试点工作的指导、协调和服务。全国人大常委会迅速通过试点工作的决定，为试点工作提供法治保障。中央组织部研究提出试点地区监察委员会干部管理体制和任免审批程序。中央政法委加强协调，统筹司法执法机关积极配合改革试点。最高人民检察院坚决贯彻党中央决策部署，深入细致做好转隶人员思想政治工作和线索移交，确保工作有机衔接。中央编办对试点地区涉改单位人员编制机构转隶进行具体指导。通过扎实有效的工作，齐心协力把党中央要求落到实处。试点省（市）党委多次召开全委会、常委会和试点工作小组会议，深入学习领会习近平总书记重要指示精神，牢固树立“四个意识”，不断提高政治站位和政治觉悟，强化责任担当，充分发挥“施

① 姜洁、朱基钗：《健全党和国家监督体系的创制之举：国家监察委员会产生纪实》，《光明日报》2018年3月25日第1版。

工队”作用，积极坚定、审慎稳妥推进试点工作，圆满完成试点任务，推动国家监察体制改革取得重要阶段性成果。首先，完善了党和国家自我监督体系。实现党内监督与国家监察相统一，准确把握监察委员会的定位。其次，健全了反腐败领导体制。试点过程中，3省（市）从组织形式、职能定位、决策程序上将党对反腐败工作的统一领导具体化，决策指挥、资源力量、措施手段更加集中统一，党领导的反腐败工作体系更加科学完备。再次，构建了集中统一、权威高效的监察体系，实现对行使公权力的公职人员监察全覆盖。最后，实现了纪委、监委合署办公，机构、职能和人员全面融合。

三是国家监察体制改革全面铺开。党的十九大要求深化国家监察体制改革，将试点工作在全国推开，组建国家、省、市、县监察委员会，同党的纪律检察机关合署办公，实现对所有行使公权力的公职人员监察全覆盖。2017年10月，中央办公厅印发《关于在全国各地推开国家监察体制改革试点方案》。11月4日，十二届全国人大常委会第三十次会议通过关于在全国各地推开国家监察体制改革试点工作的决定。11月11日，中共中央政治局常委、中央纪律检查委员会书记赵乐际在全国推开国家监察体制改革试点工作动员部署电视电话会议上强调，全面推开改革试点工作，要按照中央办公厅印发的试点方案和全国人大常委会通过的决定要求，充分总结运用先行试点的3省（市）经验，密切联系本地区实际，不折不扣狠抓任务落实。[①] 深化国家监察体制改革试点工作在全国推开后，国家、省、市、县监委陆续组建。2018年2月25日，随着广西壮族自治区崇左市大新县监察委员会正式成立，全国省、市、县三级监察委员会全部完成组建，这标志着深化国家监察体制改革工作取得重要阶段性成果。2018年6月，落实党和国家机构改革要求，适应深化国家监察体制改革需要，中央纪委国家监委统一设立46家派驻纪检监

---

① 《深化国家监察体制改革健全党和国家监督体系》，http：//www.zmdsjw.gov.cn/2017/1123/7070.html。

察组，监督中央一级党和国家机关129家单位。2018年10月，中央办公厅印发《关于深化中央纪委国家监委派驻机构改革的意见》，进一步明确派驻机构职能定位，完善派驻工作领导体制和运行机制，提高派驻监督全覆盖质量。赋予派驻机构监察权限，对所有行使公权力的公职人员实行监察全覆盖，进一步健全了国家监督体系。2018年11月中旬至2019年1月，分类分领域召开党政机关、中管企业、中管金融企业和中管高校纪检监察体制改革推进会，进一步明确思路举措和工作要求。同时制定中管企业、中管金融企业推进改革的实施意见，颁发党政机关分工方案和中管高校任务清单，进一步明确了改革的时间表、路线图。2019年7月，中央纪委国家监委印发《监察机关监督执法工作规定》，明确互涉案件的管辖原则，以及与检察机关在案件移送衔接、提前介入、退回补充调查等方面的协作机制。据统计，2018年至2019年各级监委向检察机关移送职务犯罪40326人，经检察机关审查决定提起公诉28387人。①

目前，我国已经构建起集中统一、权威高效的国家监察体系。由各级人大产生国家、省、市、县四级监察委员会，同党的纪律检查委员会合署办公，一体履行纪检监察两项职责，实现对所有行使公权力的公职人员监察全覆盖。开展监察官等级确定工作，构建中国特色监察官制度。向乡镇（街道）派出监察机构或监察专员，强化对基层公职人员的监督。规范留置审批等程序，严格依法运用监察措施，确保监察权在法治轨道上运行。与政法机关共同完善问题线索移送、案件协调配合、涉案财物处置等对接机制，持续推进监察执法与刑事司法衔接。自上而下、依法有序开展各级监委向本级人大常委会报告专项工作，自觉接受人大监督。②

国家监察是中国特色国家治理体系的重要组成部分，实现推进

---

① https://www.spp.gov.cn/spp/c107228chdfgmcggeq/202007/t20200721_473549.shtml。

② 《十九届中央纪律检查委员会向中国共产党第二十次全国代表大会的工作报告》，《人民日报》2022年10月28日第1版。

国家治理体系和治理能力现代化目标，必须建设强有力的国家监察体系。国家监察体制改革是继巡视全覆盖之后，又一个把党内监督和群众监督结合起来，实现对所有行使公权力的公职人员监察全覆盖，体现全面深化改革、全面依法治国和全面从严治党有机统一，党内监督与国家监督、党的纪律检查与国家监察有机统一的重大组织和制度创新，通过建立完善党和国家自我监督体系和制度，增强了党的自我净化、自我完善、自我革新、自我提高能力，彰显了中国特色社会主义道路自信、理论自信、制度自信、文化自信。[①]

（四）充分发挥监督的重要基础作用

纪检监察机关聚焦党和国家工作大局强化政治监督，督促各级党组织和广大党员干部令行禁止、步调一致。做到党中央重大决策部署到哪里、政治监督就跟进到哪里，聚焦统筹推进“五位一体”总体布局和协调推进“四个全面”战略布局，聚焦把握新发展阶段、贯彻新发展理念、构建新发展格局、推动高质量发展重大战略，聚焦打好防范化解重大风险、精准脱贫、污染防治三大攻坚战，聚焦统筹新冠肺炎疫情防控和经济社会发展、统筹发展和安全以及“疫情要防住、经济要稳住、发展要安全”要求，推进政治监督具体化、精准化、常态化，促进党中央大政方针落地见效。围绕落实“六稳”“六保”任务、抓好疫情防控、推动科技自立自强等重要部署跟进监督，围绕北京冬奥会和冬残奥会举办、雄安新区规划建设、海南自由贸易港建设等重大项目全程监督，围绕京津冀协同发展、粤港澳大湾区建设、长三角一体化发展、等发展战略精准监督，及时发现问题、及时专题研究、及时督促解决，推动廉洁理念贯穿现代化建设各方面。坚决纠治贯彻党中央重大决策部署中的政治偏差，严肃

---

① 新华社记者：《积极探索实践　形成宝贵经验　国家监察体制改革试点取得实效：国家监察体制改革试点工作综述》，新华网，2017 年 11 月 5 日，http：//www. xinhuanet. com/politics/2017 －11/05/c_ 1121908387. htm。

查处生态功能区违法建设、矿产资源区非法开采、债务风险突出地区违规举债等问题。推动落实全面从严治党政治责任，重点发现和推动解决贯彻落实党的路线方针政策和党中央重大决策部署不坚决、履行职责使命不到位、推进重大改革和重点工作不扎实、落实全面从严治党“两个责任”不到底、执行纪律作风要求不严格等突出问题，促进责任层层传导、落实到位。[①]

强化日常监督，推动监督贯穿管党治党、治国理政全过程，促进中国特色社会主义监督制度更加成熟定型、更好转化为治理效能。修订中国共产党纪律处分条例，制定公职人员政务处分法，强化对党员干部和行使公权力的公职人员的监督，使其习惯在受监督和约束的环境中工作生活。坚持执纪必严，开展纪律处分执行情况监督检查，确保处分决定执行到位。坚持纪法协同，推动监督执纪和监察执法有效对接，实现党纪处分和政务处分相互贯通。加强对“一把手”和领导班子监督，对失职失责、违纪违法问题严肃查处。做好来信来访来电网络举报受理，精准研判办理，提升信访监督质效。十九大以来的五年，全国纪检监察机关共接收信访举报 1695. 6 万件次，其中检举控告类 734. 4 万件次，处置问题线索 831. 6 万件。[②]

促进各类监督贯通融合。完善纪律监督、监察监督、派驻监督、巡视监督统筹衔接制度，制定推进纪检监察监督、巡视巡察监督与审计监督贯通协同高效的指导意见，健全监督力量整合、措施运用、成果共享等机制。统筹纪检监察监督资源、力量，建立“室组”联动监督、“室组地”联合办案机制，促进全系统条块结合、上下联动。发挥纪委监委监督的协助引导推动功能，推进纪委监委专责监督同党委（党组）全面监督、党的工作部门职能监督、党的基层组

① 《十九届中央纪律检查委员会向中国共产党第二十次全国代表大会的工作报告》，《人民日报》2022 年 10 月 28 日第 1 版。

② 《十九届中央纪律检查委员会向中国共产党第二十次全国代表大会的工作报告》，《人民日报》2022 年 10 月 28 日第 1 版。

织日常监督、党员民主监督等有机结合。推动纪检监察监督与人大监督、民主监督、行政监督、司法监督、审计监督、财会监督、统计监督、群众监督、舆论监督等各类监督贯通协同，健全党统一领导、全面覆盖、权威高效的监督体系。

六　深化运用“四种形态”

党的十八大以来，我们党积极探索监督执纪实践形态，开辟了新形势下管党治党、纯洁党的组织的有效路径，实现了纪律建设路径载体和方式方法的创新。“四种形态”是我们党一贯坚持的惩前毖后、治病救人方针在新时代全面从严治党实践中的具体体现和创新发展，是一体推进“三不腐”、以“全周期管理”方式防治腐败的重要载体之一。实事求是运用“四种形态”，分类处置、层层防治，充分体现了党组织对党员干部的严格要求和关心爱护，充分体现了对犯错误同志包括违法犯罪党员干部的团结、教育和帮助。党的十九大以来，通过对“四种形态”的灵活运用，各级纪检监察机关取得了良好的成效。

（一）监督执纪“四种形态”的提出

党要管党、从严治党是党组织的日常工作，党风廉政建设和反腐败斗争是全面从严治党的重要方面，但绝不是全部，不能把全面从严治党等同于反腐败。从严治党要靠纪律管全党，把纪律挺在前面，要靠坚强的党性和责任担当。发挥党的领导核心作用，落实管党治党主体责任，严明政治纪律和政治规矩、组织纪律，要运用好监督执纪的“四种形态”[①]。2013 年 12 月 9 日，习近平总书记指出，

① 《全面从严治党　严明党的纪律把握运用监督执纪“四种形态”》，《光明日报》2015 年 9 月 27 日第 3 版。

凡是有问题不整改、大问题小整改、边整改边再犯的，都要严肃批评教育，必要时采取组织措施和纪律措施。[①] 2015 年 9 月，王岐山同志在福建调研时强调，要在思想认识、责任担当、方法措施上跟上中央要求，党要管党、从严治党是党组织的日常工作，批评教育、组织处理、纪律处分都是党章规定的主体责任，并具体阐述了监督执纪“四种形态”内涵。[②]“四种形态”贯彻了惩前毖后、治病救人的方针，深化了对“树木”和“森林”关系的认识，真正体现了对党员的严格要求和关心爱护。2016 年 10 月 27 日，修订后的《中国共产党党内监督条例》将运用监督执纪“四种形态”纳入党内法规，在全面从严治党的具体实践中得到贯彻执行。[③]

（二）监督执纪“四种形态”的内涵

全面从严治党，要运用监督执纪“四种形态”。“四种形态”既是工作要求，更是责任担当；既是实践过程，也是工作目标。

运用好“四种形态”，一是让“红红脸、出出汗”成为常态。习近平总书记高度重视发挥批评教育在纪律建设中的重要作用，要求批评教育经常开展、常态化。他用咬咬耳朵、提提领子、扯扯袖子、红红脸、出出汗等朴实的语言强调对党员干部早提醒、早纠正，可以起到防微杜渐的作用。批评教育主要是做好两方面工作。一方面做好教育提醒。这是批评教育最常用的方式。对于总想掩饰自己思想和行为上的灰尘、不愿意“洗澡”的党员、干部，组织上要帮助他们“洗洗澡”，对作风方面存在问题的进行教育提醒，帮助他们

---

① 《一鼓作气抓好第一批活动收尾工作认真扎实做好第二批活动准备工作》，《人民日报》2013 年 12 月 10 日第 1 版。

② 《全面从严治党　严明党的纪律把握运用监督执纪“四种形态”》，《光明日报》2015 年 9 月 27 日第 3 版。

③ 第一章第七条规定：党内监督必须把纪律挺在前面，运用监督执纪“四种形态”，经常开展批评和自我批评、约谈函询，让“红红脸、出出汗”成为常态；党纪轻处分、组织调整成为违纪处理的大多数；党纪重处分、重大职务调整的成为少数；严重违纪涉嫌违法立案审查的成为极少数。

找准“病症”。[①] 另一方面抓好谈心谈话。要经常与干部开展同志式的谈心谈话，既指出缺点不足，又给予鞭策鼓励。[②] 二是党纪轻处分、组织调整成为违纪处理的大多数。习近平总书记强调，要把组织处理作为纪律执行的重要手段，通过严格执纪纯洁组织，对违纪的党员干部进行必要的岗位、职务调整。中共中央颁布实施的《关于推进领导干部能上能下的若干规定（试行）》规定了组织处理的方式，包括调离岗位、改任非领导职务、停职、免职、降职等。三是党纪重处分、重大职务调整的成为少数。习近平总书记把纪律处分作为监督执纪的重要实践形态，按照警告、严重警告、撤销党内职务、留党察看、开除党籍五种纪律处分形式对违纪党员干部做出处理。习近平总书记指出，人的身体有了毛病，就要看医生，就要打针吃药，重了还要动手术。各级党组织要采取有力措施，该动手术的动手术，切实体现从严治党的要求。[③] 习近平总书记在十八届中央纪委六次全会上指出，对问题严重的，就要打手板、敲警钟，该组织处理的组织处理，该纪律处分的纪律处分。[④] 四是严重违纪涉嫌违法立案审查的成为极少数。习近平总书记强调坚持有案必查、有贪必肃，依靠法治反腐败，把严重违纪涉嫌违法的移送司法机关处理。相比前三种形态，“而严重违纪涉嫌违法立案审查的只能是极少数”[⑤]。据统计，新时代以来，截至2022年4月底，全国纪检监察机关运用“四种形态”批评教育帮助和处理1134.4万人次，其中第一种形态占比61.3%，抓早抓小、防微杜渐已成共识，红脸出汗、咬耳扯袖成为常态。[⑥]

---

① 《十八大以来重要文献选编》（上），中央文献出版社2014年版，第316页。

② 《十八大以来重要文献选编》（上），中央文献出版社2014年版，第342页。

③ 《十八大以来重要文献选编》（上），中央文献出版社2014年版，第316页。

④ 习近平：《在第十八届中央纪律检查委员会第六次全体会议上的讲话》，《人民日报》2016年5月3日第2版。

⑤ 《全面从严治党　严明党的纪律把握运用监督执纪“四种形态”》，《光明日报》2015年9月27日第3版。

⑥ 赵振宇：《打好自我革命攻坚战持久战》，《中国纪检监察》2022年第20期。

（三）监督执纪“四种形态”的深化

运用监督执纪“四种形态”被写入党的十九大通过的党章。十九届中央纪委不断深化拓展、准确运用监督执纪“四种形态”，持续强化不敢、知止的氛围，实现减少存量、遏制增量全面推进，确保反腐败斗争力度不减、节奏不变。十九届中央纪委二次全会强调，“坚持惩前毖后、治病救人方针，深化运用监督执纪‘四种形态’”。十九届中央纪委三次全会强调“贯通运用‘四种形态’，使监督更加聚焦、更加精准、更加有力”。十九届中央纪委四次全会指出，“既要合乎民心民意，又要激励干部担当作为，充分运用‘四种形态’提供的政策策略，通过有效处置化解存量、强化监督遏制增量，实现政治效果、纪法效果、社会效果有机统一”。

各级纪委监委合署办公以来，一体履行纪检、监察两项职责，依规依纪依法开展工作。深化运用监督执纪“四种形态”，坚持惩前毖后、治病救人，注重纪法情理贯通融合，将“四种形态”从监督执纪向监察执法拓展。精准把握事实证据、思想态度、纪法标准，统筹运用党性教育、政策感召、纪法威慑，整体提高监督执纪执法质量。[①] 特别是在用好第一种形态上下功夫，多做红脸出汗、咬耳扯袖的工作，让一些游走在违纪边缘的干部悬崖勒马，使更多的干部受到警醒，这是对干部的最大关心和爱护。对问题较轻或不适于在原岗位工作的，及时运用监督执纪“第二种形态”给予党纪轻处分和组织处理，将有效避免党员干部大错不犯、小错不断，发挥警示惩戒功能。对严重违纪的，果断运用第三种形态，依规依纪严肃处理，给予党纪重处分或重大职务调整。尤其是在党的十八大和十九大后，进一步持续强化第四种形态的震慑作用和治本功能。党的十九大以来的五年，全国纪检监察机关运用“四种形态”批评教育帮

---

① 《十九届中央纪律检查委员会向中国共产党第二十次全国代表大会的工作报告》，《人民日报》2022 年 10 月 28 日第 1 版。

助和处理933.6万人次。其中，运用第一种形态以教育帮助为主谈话函询、提醒批评627.8万人次，占总人次的67.2%；运用第二种形态给予轻处分、组织调整237.8万人次，占25.5%；运用第三种形态给予重处分、职务调整35.4万人次，占3.8%；运用第四种形态处理严重违纪违法、触犯刑律的32.6万人次，占3.5%，其中涉嫌职务犯罪、移送检察机关的8.7万人，因其他犯罪被司法机关判处刑罚后移送纪检监察机关做出开除党籍、开除公职处分的23.9万人。[①] 这充分表明纪检监察机关运用第一种形态批评教育帮助力度持续加大，反映出各级纪检监察机关定位向监督聚焦、责任向监督压实、力量向监督倾斜。

七　全国政法队伍教育整顿取得实效

开展全国政法队伍教育整顿，是以习近平同志为核心的党中央做出的重大决策部署。2020年7月8日，全国政法队伍教育整顿试点工作动员在京召开。中央政法委决定，5个市本级及4个县（市、区）的有关政法单位、2所监狱作为试点单位，于2020年7月至10月开展试点工作。在取得试点经验基础上，2021年起自下而上一级一级逐级在全国政法系统铺开；到2022年一季度前，完成全国政法队伍教育整顿任务。

（一）试点工作取得明显成效

2020年7月8日，全国政法队伍教育整顿试点工作启动。中央政法委决定成立全国政法队伍教育整顿试点办公室，统筹组织、整体推动试点工作。中央政法委在黑龙江省哈尔滨市及呼兰区、江苏

① 《十九届中央纪律检查委员会向中国共产党第二十次全国代表大会的工作报告》，《人民日报》2022年10月28日第1版。

省徐州市及云龙区、河南省三门峡市及灵宝市、四川省宜宾市及珙县的法院、检察院、公安、司法行政机关，以及陕西省宝鸡市国家安全局，黑龙江省呼兰、松滨2所监狱，开展了政法队伍教育整顿试点工作，35家试点单位、1.6万名干警参加教育整顿。[①] 开展政法队伍教育整顿突出“四项任务”。一是清除害群之马。清查对党不忠诚不老实的“两面人”，彻查黑恶势力“保护伞”，深查执法司法腐败，严查党的十八大以来不收敛不收手的腐败。二是整治顽瘴痼疾。强化治建并举，建立健全执法司法监督管理制度体系，全面防范化解廉政风险。三是弘扬英模精神。激励政法干警忠诚履职、为民服务、担当作为。四是提升能力素质。引导政法队伍坚定做到“两个维护”，切实履行好新时代政法工作的职责使命。政法队伍教育整顿注重“三个环节”。学习教育环节要突出专题学习、警示教育，达到强化固本培元、增强政治自觉的目的。查纠问题环节要突出自查从宽、被查从严，达到清除害群之马、整治顽瘴痼疾的目的。[②] 历时5个月的试点工作，扎扎实实推进，掀起了一场刮骨疗毒式的自我革命、激浊扬清式的“延安整风”、铸魂扬威式的主题教育，取得了明显成效，达到了预期目的，为全国铺开政法队伍教育整顿积累了丰富经验、奠定了坚实基础。[③]

政法队伍教育整顿试点工作呈现出“五大亮点”。一是洗礼淬炼不放松，政治建警得到明显强化。坚持把政治建警贯穿试点工作始终，按照“绝对忠诚、绝对纯洁、绝对可靠”的要求，以政治教育为主抓手，强调学思践悟结合，以思想自觉引领行动自觉。强化理论武装，践行初心使命，敲响法纪警钟。二是刮骨疗毒不畏惧，害

① 《陈一新：政法队伍教育整顿试点工作圆满收官！为全国铺开做好了充分准备》，http：//www. chinapeace. gov. cn/chinapeace/c100007/2020 – 12/02/content_ 12421522. shtml。

② 倪弋：《全国政法队伍教育整顿试点工作启动》，《人民日报》2020年7月9日第11版。

③ 《陈一新：政法队伍教育整顿试点工作圆满收官！为全国铺开做好了充分准备》，http：//www. chinapeace. gov. cn/chinapeace/c100007/2020 – 12/02/content_ 12421522. shtml。

群之马得到坚决清除。坚持“严”的主基调，以最严要求正风肃纪，做到无禁区、全覆盖、零容忍，坚决清除害群之马，维护政法队伍肌体健康。截至2020年11月30日，试点地区处分处理2247人，其中厅局级干部2人、处级干部227人；立案审查448人；移送司法机关39人。三是猛药去疴不迟疑，顽瘴痼疾得到有效整治。坚持以铁的决心、铁的措施、铁的责任，强化即查即改、边查边改、真查真改，“减存量”与“控增量”双管齐下，集中整治“六大顽瘴痼疾”和其他突出问题。“查、改、治、建”一体推进，促进严格规范公正文明执法司法。试点地区查纠整改了一大批“有案不立、压案不查、久拖不决”案件，查处违反防止干预司法“三个规定”117人，查处违规经商办企业、参股借贷干警238人，查纠违规担任律师、法律顾问16人。四是充盈正气不间断，政法英模精神得到大力弘扬。政法队伍是和平年代奉献最多、牺牲最大的队伍。无数政法英模的事迹感人至深，值得我们去讴歌礼赞。试点地区把宣传英模事迹、弘扬英模精神摆到更加重要位置，集中展现政法队伍的时代楷模、时代正气、时代风采。五是激发动能不松劲，执法司法质效得到有效提升。试点地区把教育整顿作为提升执法司法质效的重要契机和强大动力，提高了执法司法公信力，增强了人民群众的获得感、幸福感、安全感。①

（二）全面开展政法队伍教育整顿

在总结试点经验基础上，2021年1月，中央政法工作会议部署全面开展政法队伍教育整顿。2月27日，市县两级政法队伍教育整顿正式启动。历经5个月，全国第一批政法队伍教育整顿及“回头看”在市县两级集中开展，270万名政法干警参加。截至2021年7月31日，全国运用监督执纪“四种形态”处理处分违纪违法政法干

① 《陈一新：政法队伍教育整顿试点工作圆满收官！为全国铺开做好了充分准备》，http：//www.chinapeace.gov.cn/chinapeace/c100007/2020－12/02/content_ 12421522.shtml。

警178431人，运用第一、二、三、四种形态分别占83%、14%、1.9%、1.1%；19847名干警主动投案；立案审查调查49163人，采取留置措施2875人，移送司法机关1562人。有力清除一批害群之马，惩治“关键少数”违纪违法问题有力度，达到了惩处一个、警示一片的良好效果；查处“微腐败”轻违纪有广度，让群众在反腐“拍蝇”正风肃纪中增强了获得感；彻查“人情案”“关系案”有深度，有效促进了严格执法、公正司法。全国排查认定顽瘴痼疾问题66.4万件、整改63.6万件。全警落实防止干预司法“三个规定”，全系统整治“有案不立、压案不查、有罪不究”问题，全领域清理干警违规从事经营活动、违规参股借贷问题，全链条整治违规违法“减假暂”问题，全量排查离任法官检察官违规从事律师职业、充当司法掮客问题，“六大顽瘴痼疾”得到有效整治。①

2021年8月16日，全国第二批政法队伍教育整顿动员部署会召开，全面部署中央和省级政法机关教育整顿。中央政法委秘书长，全国政法队伍教育整顿领导小组副组长、办公室主任陈一新要求高标准高起点抓好第二批教育整顿。要紧扣打造忠诚干净担当的政法铁军这条主线，教育引导政法干警做政治忠诚、干净干事、担当作为的模范。要坚持高标准高起点，对标党中央决策部署，对标习近平总书记“七一”重要讲话精神，对标人民群众的期待，力求站位更高、方案更优、举措更实、成效更好。要突出政治建设、表率作用、建章立制，筑牢政治忠诚，把表率作用体现在教育整顿各方面，把建章立制贯穿于教育整顿各环节。要紧扣“四项任务”抓深化落实。筑牢政治忠诚，强化科学理论武装，弘扬伟大建党精神，严明政治纪律和政治规矩。清除害群之马，坚持无禁区、全覆盖、零容忍，维护好政法队伍肌体健康。整治顽瘴痼疾，坚决破除制约严格公正执法司法、影响队伍形象的堵点难点。弘扬英模精神，让政法

① 《政法战线刀刃向内的自我革命成效明显》，《人民法院报》2021年8月31日第1版。

干警见贤思齐，在全社会展现政法队伍的时代楷模、时代正气、时代风采。要坚持问题导向和目标导向，接续推进学习教育、查纠整改、总结提升“三个环节”。[①] 要用好政策策略，做到原则性与灵活性相结合、内力驱动与外力推动同发力。抓住“关键少数”，发挥领导干部表率作用。用好宽严政策，坚持“自查从宽、被查从严”，教育大多数、惩处极少数。坚持开门整顿，让人民群众参与、受人民群众监督、由人民群众评判。深化巡视整改，对标对表巡视整改要求，逐项整改落实到位。[②]

八　扫黑除恶专项斗争取得显著成效

黑恶势力是社会毒瘤，严重破坏经济社会秩序，侵蚀党的执政根基，人民群众无不对之深恶痛绝、恨之入骨。通常情况下，腐败是黑恶势力存在的条件和基础，黑恶势力犯罪反过来助推腐败发展甚至使腐败变本加厉。从一定意义上说，开展扫黑除恶专项斗争就是深入推进反腐败斗争的重要内容。党的十九大胜利闭幕不久，以习近平同志为核心的党中央站在保障人民安居乐业、维护社会安定有序、实现国家长治久安、巩固党的执政基础的战略高度，做出开展为期三年扫黑除恶专项斗争的重大决策部署。习近平总书记强调：“要把扫黑除恶同反腐败结合起来，既抓涉黑组织，也抓后面的‘保护伞’。”赵乐际同志在十九届中央纪委二次全会工作报告中也强调，把惩治“蝇贪”同扫黑除恶结合起来，坚决查处涉黑腐败，坚决惩治放纵、包庇黑恶势力甚至充当“保护伞”的党员干部。“打蛇要

---

① 学习教育环节要“求真”，做到真学真懂，学思用结合，提高政治能力。查纠整改环节要“动真”，做到真查真改，自查自纠与组织查处相结合，坚决清除害群之马，整治顽瘴痼疾。总结提升环节要“较真”，做到真破真立，巩固教育整顿成果，形成长效制度机制。

② 《高标准高起点抓好第二批教育整顿》，《人民法院报》2021 年 8 月 18 日第 1 版。

打七寸，扫黑必须反腐。黑恶势力背后往往有来自党政干部的‘保护伞’，‘保护伞’不除，黑恶势力就扫不干净。”① 2018 年 1 月，中共中央、国务院发出《关于开展扫黑除恶专项斗争的通知》，为期三年的扫黑除恶专项斗争在全国范围内启动。2018 年 2 月，中央纪委印发《关于在扫黑除恶专项斗争中强化监督执纪问责的意见》，其中“把扫黑除恶与反腐败斗争和基层‘拍蝇’结合起来，深挖黑恶势力‘保护伞’”的表述格外醒目。

在扫黑除恶专项斗争中，各地各有关部门坚决贯彻党中央决策部署，把打击黑恶势力犯罪与反腐败、基层“拍蝇”结合起来，把扫黑除恶与加强基层组织建设、行业领域整治结合起来，坚持以打击农村黑恶势力为重点，以“破案攻坚”开路、以“打伞破网”断根、以“打财断血”绝后、以“问题整改”提质、以“组织建设”强基，打了一场扫黑除恶整体战、歼灭战，取得了显著成效。一是黑恶势力得到有效铲除。全国共打掉涉黑组织 3644 个，涉恶犯罪集团 11675 个，抓获犯罪嫌疑人 23.7 万人，缉拿目标逃犯 5768 人，境内目标逃犯全部缉拿归案，境外目标逃犯到案率达 88.7%，43144 名涉黑涉恶违法犯罪人员投案自首。通过专项斗争，彻底打击了黑恶势力的嚣张气焰，黑恶犯罪得到了根本遏制。二是社会治安环境显著改善。全国公安机关共破获涉黑涉恶刑事案件 24.6 万起，缴获枪支 3114 支，带动破获 2015 年以前陈年积案 8.08 万起，其中命案积案 2669 起，极大震慑了犯罪。2020 年全国刑事案件比 2017 年下降 13.1%，八类严重暴力案件下降 30%。通过专项斗争，攻克了一批长期悬而未破的重大刑事案件，全面整治了治安乱点，有效净化了社会治安环境。三是法治权威充分彰显。坚持以法治思维和法治方式推进扫黑除恶专项斗争，全国检察机关起诉涉黑涉恶犯罪案件 3.6 万件 23 万余人，全国法院一审判决 3.29 万件 22.55 万人。通过

---

① 沈叶：《掐住黑恶势力的“七寸”：纪检监察机关严查涉黑涉恶腐败和“保护伞”综述》，《中国纪检监察》2018 年第 14 期。

专项斗争，依法严惩了一大批黑恶犯罪分子，保障了人民群众合法权益，充分彰显了法治精神、法治力量，扫黑除恶专项斗争成为全面依法治国的成功实践。四是党风政风社会风气明显好转。坚决惩治涉黑涉恶腐败和“保护伞”。在扫黑除恶专项斗争和全国政法队伍教育整顿中，完善工作协同机制，对移交问题线索全面摸排、重点督办，对重大复杂案件协同立案、协同推进，坚决惩治包庇、纵容黑恶势力的“保护伞”甚至直接组织、参与黑恶组织犯罪的党员干部和公职人员，推进“打伞破网”机制化常态化。严肃查处涉黑涉恶案件背后的责任问题、腐败问题，督促查办群众反映强烈的选择性执法、“纸面服刑”、违规违法“减假暂”等执法不严、司法不公问题。[①] 中央纪委国家监委强化监督执纪问责，建立健全纪法协同机制。会同“两高两部”联合印发通知，明确公职人员涉黑涉恶违法犯罪问题重点查办情形。建立完善“保护伞”线索主动收集、移送等机制，破解了“保护伞”发现难。严格落实“两个一律”“一案三查”，通过联合调查、“双专班”办案等方式，破解了“保护伞”查处难。组织各地对“有黑无伞”“大黑小伞”案件回溯核查、扩线深挖，对进展缓慢或草率结案的逐案筛查、深挖彻查，破解了“保护伞”查透难。党的十九大以来的五年，全国纪检监察机关共立案查处涉黑涉恶腐败和“保护伞”问题10.3万件，给予党纪政务处分9.3万人，移送检察机关1.2万人。[②] 通过专项斗争，推动全面从严治党向基层延伸取得重大进展，风清气正的政治生态社会生态进一步形成。五是基层基础全面夯实。全国共打掉农村涉黑组织1289个，农村涉恶犯罪集团4095个，依法严惩“村霸”3727名。全国组织系统会同有关部门排查清理受过刑事处罚，存在“村霸”、涉黑涉

① 《十九届中央纪律检查委员会向中国共产党第二十次全国代表大会的工作报告》，《人民日报》2022年10月28日第1版。

② 《十九届中央纪律检查委员会向中国共产党第二十次全国代表大会的工作报告》，《人民日报》2022年10月28日第1版。

恶等问题的村干部4.27万名，补齐配强了一批村干部。通过专项斗争，加强基层组织建设的环境明显优化，基层治理能力明显提升，党的执政根基更加巩固。六是发展环境持续优化。全国共打掉欺行霸市等涉黑组织1128个，打掉资产在亿元以上的涉黑组织653个，依法处置生效涉黑涉恶案件资产1462亿元。依法托管代管涉案企业887家，保障了3.6万多名员工就业。通过专项斗争，有力摧毁了黑恶势力的经济基础，重点行业领域监管明显加强，营商环境持续向好。七是政法队伍战斗力进一步增强。全国100余万政法干警充当主力军、奋战在一线，共有754名政法干警在专项斗争中负伤牺牲。通过专项斗争，锤炼了斗争精神，增强了斗争本领，推动了政法队伍自我革新、自我净化。八是人民群众获得感幸福感安全感不断提升。国家统计局调查显示，2020年下半年全国群众安全感为98.4%，有95.7%的群众对专项斗争成效表示“满意”或“比较满意”；对全面从严治党、党风廉政建设和反腐败印象深刻的工作中，有84.1%的群众选择了“打伞破网”，位居首位。在2020年对当前主要民生领域现状的满意度调查中，群众对社会治安的满意度位列第一。通过专项斗争，实现了扫黑除恶过程人民参与、成效人民评价、成果人民共享，赢得广大人民群众真心拥护。①

社会各界普遍认为，开展扫黑除恶专项斗争是党的十九大以来最得人心的大事之一。近年来，“黑恶势力被铲除、群众放鞭炮庆祝”之类新闻屡见不鲜，从一个侧面折射出人心所向，说明推进扫黑除恶、捍卫公平正义是不可撼动的社会共识。实践充分证明，党中央关于开展扫黑除恶专项斗争的决策部署是英明正确的。

---

① 《全国扫黑除恶专项斗争总结表彰大会在京召开　部署常态化开展扫黑除恶斗争》，http：//www.chinapeace.gov.cn/chinapeace/c100007/2021－03/30/content_ 12468913.shtml。

九　织牢织密国际追逃追赃"天网"

加强反腐败国际追逃追赃是深入推进党风廉政建设和反腐败斗争的重要举措，也是全面从严治党的必然要求。党的十八大以来，党中央站在世界反腐败斗争全局的高度，正确处理国际国内反腐败斗争的关系，把国际追逃追赃工作提升到国家政治和外交层面，纳入反腐败斗争总体部署，并延伸到国际社会，切断腐败分子外逃后路，占领国际反腐败道义的制高点，有效遏制腐败蔓延的势头，把反腐败斗争引向深入。

（一）遏制腐败现象蔓延的重要一环

党的十八大以来，党中央根据反腐败斗争新形势新要求，将国际追逃追赃工作列为反腐败斗争的重要组成部分，追逃追赃工作进入了新的发展阶段。习近平总书记在十八届中央纪委三次全会上指出，各有关部门要加大交涉力度，让腐败分子无处藏身，腐败分子即使逃到天涯海角，也要把他们追回来绳之以法，五年、十年、二十年都要追，要切断腐败分子的后路。[①] 习近平总书记在十八届中央政治局常委会第七十八次会议上就加强反腐败国际追逃追赃工作指出，近年来，党员干部携款外逃事件时有发生。有的腐败分子先是做"裸官"，一有风吹草动，就逃之夭夭；有的跑到国外买豪车豪宅，挥金如土，逍遥法外；有的跑到国外摇身一变，参与当地选举。这些年，我们追回了一些重要外逃人员，但总体看，还是跑出去的

---

① 《习近平关于党风廉政建设和反腐败斗争论述摘编》，中央文献出版社、中国方正出版社 2016 年版，第 98 页。

多，抓回来的少，追逃工作还很艰巨。[①] 随着反腐败力度不断加大，中央和省级反腐败协调小组都设立国际追逃追赃工作办公室，建立集中统一的协调机制，制定责任追究制度，连续组织开展"天网行动"，因国施策、因案制宜，追拿归案一批外逃腐败分子。中央追逃办始终坚持追逃与追赃同步进行，通过双边刑事司法协助条约、刑诉法违法所得没收程序、境外民事诉讼、运用刑事政策促使嫌疑人或近亲属主动退赃等方式对每一起外逃人员案件开展追赃工作。2015 年 3 月，中央反腐败协调小组国际追逃追赃工作办公室首次启动针对外逃腐败分子的"天网行动"。党的十九大以来，"天网行动"持续深入开展。截至 2022 年 9 月初，共追回外逃人员 6900 人，追回赃款 300 余亿元，"百名红通人员"已有 61 人归案，"把惩治腐败的天罗地网撒向全球，让已经潜逃的无处藏身，让企图外逃的丢掉幻想"，这一目标正在变为现实。[②]

（二）构建不敢逃、不能逃的机制

党中央坚持追逃防逃追赃一起抓，筑牢防逃堤坝，让已经潜逃的无处藏身，让妄图外逃的丢掉幻想，形成国内反腐与国际追逃追赃相互联动的反腐新格局。

一是深化国际反腐败执法合作。深度参与全球反腐败治理，参与制定相关规则，提出坚持公平正义、惩恶扬善，坚持尊重差异、平等互鉴，坚持合作共赢、共商共建，坚持信守承诺、行动优先等反腐败国际合作"四项主张"，推动构建更加公正合理的国际反腐败治理体系。通过联合国和二十国集团、亚太经合组织、上海合作组织、金砖国家等国际组织建立高效的反腐败合作机制，或协调建立反腐败执法合作网络。2014 年 11 月，亚太经合组织领导人非正式会

---

① 《习近平关于党风廉政建设和反腐败斗争论述摘编》，中央文献出版社、中国方正出版社 2015 年版，第 23 页。

② 赵振宇：《打好自我革命攻坚战持久战》，《中国纪检监察》2022 年第 20 期。

议期间，发表了《北京反腐败宣言》。2016 年 9 月，二十国集团反腐败追逃追赃研究中心在北京设立。与美国、英国、加拿大、澳大利亚、新西兰等国建立双边执法合作机制，搭建联合调查、快速遣返、资产追缴便捷通道。当前，我国已经初步构建起覆盖各大洲和相关国家的反腐败执法合作网络。国家监委还先后同 9 个国家反腐败司法执法机构签署了 10 份反腐败合作谅解备忘录，反腐败执法合作体系不断完善。[①] 举办外国反腐败官员研修班，宣传介绍反腐败中国智慧和中国方案，拓展反腐败国际合作“朋友圈”。

二是让腐败分子在海外永无“避罪天堂”。首先，实施国际追逃追赃重大专项行动。公安部猎狐 2014 专项行动、最高检职务犯罪国际追逃追赃专项行动、“天网行动”先后展开。2015 年 4 月 22 日，100 名涉嫌贪腐外逃人员的红色通缉令通过国际刑警组织集中发布。其次，建立外逃信息统计报告制度。加强基础工作，摸清底数，建立并完善外逃人员数据库，准确全面掌握外逃腐败分子情况，并及时上报中央。及时更新统计数据，深入分析掌握的情况，从中发现规律，探寻追逃追赃新思路新途径新方法，形成分析报告，为中央决策提供信息支持。最后，加强日常监督管理。通过个人有关事项报告、入境证件管理和审批报备等相关制度体系，加强“裸官”管理监督和清理调整工作，持续打击通过地下钱庄和离岸公司转移赃款活动，防止贪污腐败分子外逃和赃款外流。

（三）深化国际追逃追赃

党的十九大以来，中国强化与有关国家、地区的司法协助和执法合作，严厉打击涉腐洗钱犯罪，加大国际追逃追赃力度，有效阻遏人员外逃和脏款外流，让外逃贪腐分子的避罪之路越走越窄，给妄图外逃的腐败分子以震慑，让他们明白通过外逃来躲避纪律约束

---

① 《纪律从这里来》，中国方正出版社 2021 年版，第 258 页。

和法律制裁只能是黄粱美梦。十九届中央纪委二次全会强调，要通过反腐败综合执法国际协作给腐败犯罪分子以极大的震慑。十九届中央纪委四次全会强调，推进“一带一路”廉洁建设，落实廉洁丝绸之路北京倡议，强化对海外投资经营等领域廉洁风险防控，探索标本兼治有效办法，一体推进追逃防逃追赃，推动重点个案攻坚，持续开展“天网行动”。

以法治思维和法治方式追逃追赃。国家监委组建后，更加注重运用法律手段开展追逃追赃，有效占据法律制高点，注重法治意识、程序和证据意识，依照相关制度规定着力提升打法律战的能力水平，这成为反腐败国际追逃追赃的一大特点。2019 年，中央纪委国家监委办公厅印发《纪检监察机关办理反腐败追逃追赃等涉外案件规定（试行）》，明确追逃追赃工作范围、纪检监察机关的追逃追赃职责和追逃追赃部门的工作任务等，成为纪检监察机关首个关于追逃追赃的规范性文件。这是深化纪检监察体制改革、健全执纪执法工作机制的重要成果，为以法治思维和法治方式追逃追赃提供了重要遵循。中央纪委国家监委会同有关部门逐步完善国家监委履行引渡、刑协、被判刑人移管等相关反腐败国际合作法律职责工作机制，实现监察法与相关法律的有效衔接，将改革形成的制度优势充分转化为追逃追赃治理效能。2020 年 1 月 3 日，“红通人员”彭旭峰受贿和贾斯语受贿、洗钱违法所得没收申请案一审宣判，两人在境内外的违法所得均被裁定没收。监察法、国际刑事司法协助法以及修改后的刑事诉讼法中规定的违法所得没收程序和刑事缺席审判制度等，正从“彭旭峰、贾斯语违法所得被没收”等个案中，由法律规定转变为生动实践。[①]

在全球织密天罗地网。国家监委依据监察法、国际刑事司法协助法和有关国际公约、双边条约、双边合作协议，积极与外方开展

---

① 王卓：《贯彻落实中央纪委四次全会精神一体推进追逃防逃追赃》，中央纪委国家监委网站，2020 年 3 月 26 日，https://www.ccdi.gov.cn/toutiaon/202003/t20200326_97145.html。

刑事司法协助、引渡、遣返等司法执法合作。党的十九大以来的五年，“天网行动”追回外逃人员7089人，其中党员和国家工作人员1992人，追回赃款352.4亿元，“百名红通人员”已有61人归案。[①] 一个个成功案例，充分彰显了党中央有贪必肃、有腐必惩的鲜明态度，有逃必追、一追到底的坚定决心以及积极参与全球反腐败治理的强烈愿望，充分彰显了监察体制改革带来的制度优势，不断提升了追逃追赃领域治理效能。

① 《十九届中央纪律检查委员会向中国共产党第二十次全国代表大会的工作报告》，《人民日报》2022年10月28日第1版。

第六章　正确认识反腐败斗争形势

中国共产党是一个善于分析形势并据此做出正确决策的马克思主义政党。在波澜壮阔、亘古未有的百余年征程中，在重要的历史关头，我们党面对错综复杂的形势，总能洞察精微，放眼全局谋一域，把握形势谋大事，科学把握事物发展总体趋势和方向，准确判断，科学谋划，赢得主动，带领全国各族人民战胜艰难险阻，不断从胜利走向新的胜利。历史反复证明，加强形势分析，做出科学判断，是制定方针、描绘蓝图、实施行动的重要依据，也是使全党同志特别是各级领导干部提高认识和统一思想的基础。2019 年 1 月 21 日，习近平总书记做出重大判断："党的十八大以来，我们取得了反腐败斗争压倒性胜利，但未取得彻底性胜利，形势依然严峻复杂。"① 2021 年 1 月 22 日，习近平总书记强调："党风廉政建设永远在路上，反腐败斗争永远在路上。"② 2022 年 6 月 17 日，习近平总书记在十九届中央政治局第四十次集体学习时再次强调，"反腐败斗争取得压倒性胜利并全面巩固，但形势依然严峻复杂。我们对腐败的顽固性和危害性绝不能低估，必须将反腐败斗争进行到底"③。对新时代反

---

① 《习近平在省部级主要领导干部坚持底线思维着力防范化解重大风险专题研讨班开班式上发表重要讲话》，《人民日报》2019 年 1 月 22 日第 1 版。

② 《充分发挥全面从严治党引领保障作用确保"十四五"时期目标任务落到实处》，《人民日报》2021 年 1 月 23 日第 1 版。

③ 《提高一体推进"三不腐"能力和水平全面打赢反腐败斗争攻坚战持久战》，《人民日报》2022 年 6 月 19 日第 1 版。

腐败斗争形势做出新的战略性判断具有深刻的里程碑意义，标志着中国共产党以“踏石留印、抓铁有痕”的劲头持续高压反腐，反腐败斗争实现了从量的积累到质的飞跃，为全面建设社会主义现代化国家、全面推进中华民族伟大复兴提供了源源不断的新动能。

一　找到跳出历史周期率的成功道路

党的十八大以来，面对“四大考验”和“四种危险”的严峻挑战，面对“四风”变异传染与腐败现象易发多发的严峻形势，习近平总书记反复告诫全党：党风廉政建设和反腐败斗争关系党和国家生死存亡，全面从严治党永远在路上，党的自我革命永远在路上，反腐败斗争永远在路上；政之所兴在顺民心、政之所废在逆民心，人心向背决定执政成败与政党兴衰，保持党同人民群众的血肉联系没有休止符。我们党始终高度重视全面加强自身建设，以正视问题的勇气和刀刃向内的自觉推进党的自我革命，从严从细抓管党治党。着力真管真严、敢管敢严、长管长严，以前所未有的勇气和定力推进党风廉政建设和反腐败斗争，着力从作风建设这个环节突破，严抓中央八项规定精神落实，着力纠治“四风”，解决党风存在的突出问题和弊端，以顽强意志品质正风肃纪、反腐惩恶。经过不懈努力，党找到了自我革命这一跳出治乱兴衰历史周期率的第二个答案，全面从严治党的政治引领和政治保障作用充分发挥，自我净化、自我完善、自我革新、自我提高能力显著增强，我们党焕发出新的强大生机活力。管党治党宽松软状况得到根本扭转，风清气正的党内政治生态不断形成和发展，确保党永远不变质、不变色、不变味。特别是党风廉政建设和反腐败斗争成效显著，刹住了一些长期没有刹住的歪风，纠治了一些多年未除的顽瘴痼疾，清除了党、国家、军队内部存在的严重隐患，不敢腐的目标初步实现、不能腐的笼子越扎越牢、不想腐的堤坝正在构筑，反腐败斗争取得压倒性胜利并全面巩固。

党的十八大以来，党中央不断深化对反腐败斗争形势的判断。2013 年 1 月 22 日，在十八届中央纪委二次全会上，习近平总书记指出，“反腐败斗争形势依然严峻”。2014 年 1 月 14 日，在十八届中央纪委三次全会上，习近平总书记做出“反腐败形势依然严峻复杂”的判断。2015 年 1 月 13 日，在十八届中央纪委五次全会上，习近平总书记指出，现在“腐败和反腐败呈胶着状态”“反腐败斗争形势依然严峻复杂，主要是在实现不敢腐、不能腐、不想腐上还没有取得压倒性胜利”。2016 年 12 月，习近平总书记主持中央政治局会议，指出“反腐败斗争压倒性态势已经形成”①。2017 年 10 月 18 日，习近平总书记在党的十九大上郑重做出“反腐败斗争压倒性态势已经形成并巩固发展”的重大判断。2018 年 7 月 3 日，习近平总书记在全国组织工作会议上提出“夺取了反腐败斗争压倒性胜利”。2018 年 12 月 13 日，中共中央政治局强调“反腐败斗争取得压倒性胜利”。2019 年 1 月 11 日，习近平总书记强调要“巩固发展反腐败斗争压倒性胜利”。反腐败斗争从“呈胶着状态”到“压倒性态势正在形成”，从“压倒性态势正在形成”到“压倒性态势巩固发展”，再到“取得压倒性胜利”，这是党的十八大以来反腐败斗争的动态轨迹。反腐败斗争的成果举世瞩目，党中央对反腐败形势做出的判断实事求是、鼓舞人心，经得起历史和人民的检验。

做出反腐败斗争取得压倒性胜利的判断是有实实在在的数据和成效做支撑的。我们党在反腐败这场“输不起也决不能输的重大政治斗争中”向人民和历史交出了一份满意的答卷。中国共产党视腐败如仇雠，以零容忍态度惩治腐败，一体推进不敢腐、不能腐、不想腐。坚持腐败不除誓不罢休，反腐肃贪毫不手软，形成强大震慑

---

① 赵林等：《反腐败斗争取得压倒性胜利怎么看，怎么干?》，中央纪委国家监委网站，2019 年 1 月 14 日，https://www.ccdi.gov.cn/yaowenn/201901/t20190114_70821.html。

效应。党的十八大以来，共查处违反中央八项规定精神问题76.1万多件，全国纪检监察机关共立案464.8万余件，其中，立案审查调查中管干部553人，处分厅局级干部2.5万多人、县处级干部18.2万多人。与此同时，信访举报量连续4年下降，2021年比2018年下降了29.9%。严厉整治群众身边的“蝇贪”。党的十八大以来，全国纪检监察机关总共查处涉及教育医疗、养老社保、执法司法等民生领域的腐败和作风问题65万多件，让群众切身感受到全面从严治党就在身边、正风肃纪反腐就在身边。斩断“围猎”与甘于被“围猎”的利益链条，才能铲除腐败滋生的土壤。党的十八大以来，全国纪检监察机关共查处行贿人员6.3万多人，全国检察机关共查处行贿人员3.6万余人。[①] 数据的增减，为腐败存量明显减少、腐败增量有效遏制增添了有力注脚，让压倒性胜利更加直观具象。[②] 还有一个现象值得关注，“主动投案”成为案件通报中的常见用词。2022年6月30日，中共中央宣传部新闻发布会介绍，党的十九大以来，全国共有7.4万人主动向纪检监察机关投案。数据显示，2019年、2020年全国有10357人、1.6万人向纪检监察机关主动投案；2021年，全国有3.8万人向纪检监察机关主动投案，10.4万人主动交代问题。[③] 这一体现从压倒性态势向压倒性胜利转变的典型事件，充分验证腐败正历史性地走向绝境，贪腐者已陷入穷途末路。[④] 这一方面凸显了党的十八大以来持续高压反腐的震慑效应，另一方面也表明一体推进不敢腐、不能腐、不想腐体制机制的作用越发明显。正如有的专家所认为的，在反腐高压震慑之下，“自首效应”正在形成，

---

① 孟祥夫：《党在革命性锻造中更加坚强有力》，《人民日报》2022年10月18日第4版。

② 黄月、王诗雨：《充分认识反腐败斗争取得压倒性胜利》，《中国纪检监察》2019年第3期。

③ 赵振宇：《打好自我革命攻坚战持久战》，《中国纪检监察》2022年第20期。

④ 黄月、王诗雨：《充分认识反腐败斗争取得压倒性胜利》，《中国纪检监察》2019年第3期。

有类似行为的党员干部会越来越多，“是一件好事”。如果说，党的十八大以来党和国家工作中最大亮点、最得人心的是反腐败，相信没有人能提出异议。国家统计局问卷调查结果也显示，人民群众对反腐败工作成效表示很满意或比较满意的比例由2012年的75%增长至2016年的92.9%。[①]（见图6-1）

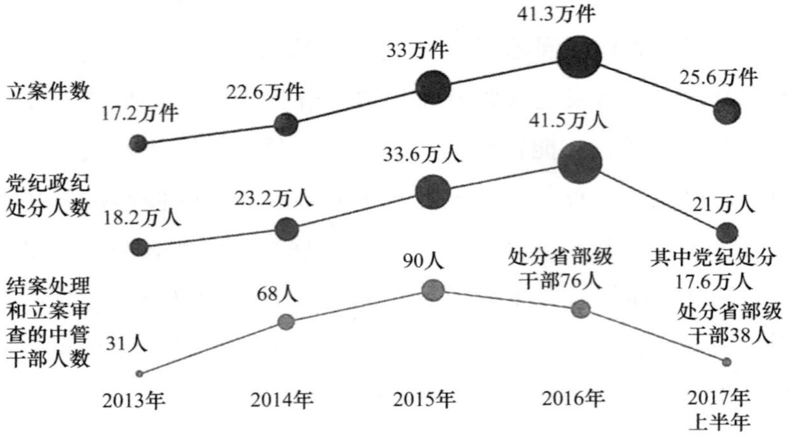

图6-1 党的十八大以来全国纪检监察机关纪律审查情况

资料来源：邢婷婷：《腐败蔓延势头得到有效遏制反腐败斗争压倒性态势已经形成》，中央纪委国家监委网站，2017年9月20日，http：//www.ccdi.gov.cn/toutiao/201709/t20170919_126013.html。

反腐败斗争取得压倒性胜利，对于深入推进反腐败斗争具有重大意义。它既是全面从严治党的阶段性成果，又为我们党在新时代取得反腐败斗争彻底胜利奠定了坚实基础、创造了有利条件，更重要的是使全党全社会根治腐败顽疾的决心更加坚如磐石（见图6-2）。

压倒性胜利，首先，是我们党一以贯之推进反腐败斗争的胜利。反腐败始终是执政党面临的重大课题。坚决惩治腐败是我们党的鲜

① 温红彦等：《坚决打赢反腐败这场正义之战》，《人民日报》2017年9月18日第1版。

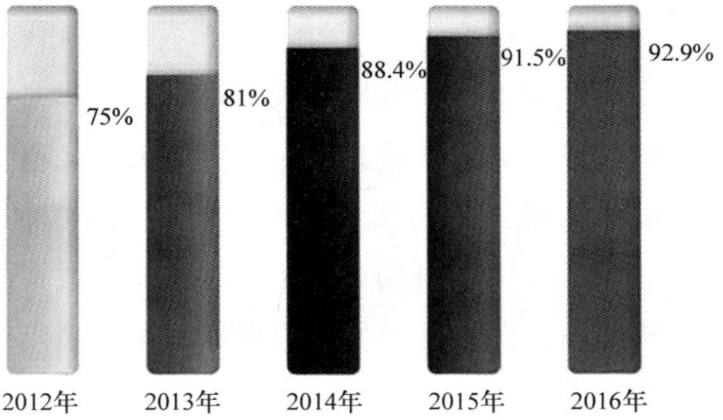

图 6-2 党的十八大以来人民群众对党风廉政建设和反腐败工作的满意度

资料来源：邢婷婷：《腐败蔓延势头得到有效遏制反腐败斗争压倒性态势已经形成》，中央纪委国家监委网站，2017 年 9 月 20 日，http：//www. ccdi. gov. cn/toutiao/201709/t20170919_ 126013. html。

明态度和一贯主张，我们党始终强调为政清廉才能取信于民、秉公用权才能赢得人心。一百多年来，中国共产党惩治腐败始终态度不变、决心不减、尺度不松，一刻不停地推进党风廉政建设和反腐败斗争。党的一大明确提出要实行纪律约束和党内监督，“工人、农民、士兵和学生的地方组织中党员人数多时，可派他们到其他地区去工作，但是一定要受地方执行委员会的严格监督”。“地方委员会的财务、活动和政策，应受中央执行委员会的监督。”① 这表明我们从建党之日起，就非常重视党风廉政建设和反腐败斗争，就强调要保持党的清正廉洁，做到取信于民。1926 年 8 月 4 日，针对少数党员中“贪官污吏化”的现象，中央扩大会议向全党发布《坚决肃清贪污腐化分子》的通告，这是中国共产党历史上第一部惩治贪污腐化分子的文件。② 通告要求高度警惕投机腐败分子混入党内的现象，

① 杨青：《民主革命时期我党的反腐倡廉历程》，中央纪委国家监委网站，2014 年 2 月 10 日，http：//www. ccdi. gov. cn/lswh/shijian/201401/t20140130_ 121036. html。

② 《纪律从这里来》，中国方正出版社 2021 年版，第 56 页。

“应该很坚决地洗清这些不良分子，和这些不良倾向奋斗，才能坚固我们的营垒，才能树立党在群众中的威望”[①]。中央苏区时期，在毛泽东直接领导下，苏区中央工农检查部、中央党务委员会、中央审计委员会三大机构具体运作，掀起了一场反腐肃贪的红色风暴，处决谢步陞，查处了左祥云贪污案、钟铁青腐败案、唐仁达贪污案、陈景魁涉黑案、于都县集体腐败案。中央苏区几起大案要案的查处很有力度，执法如山，充分显示了我们党和毛泽东同志以及苏维埃政府反腐肃贪的决心。毛泽东同志曾说：“与贪污腐化作斗争，是我们共产党人的天职，谁也阻挡不了！”[②] “腐败不清除，苏维埃旗帜就打不下去，共产党就会失去民心！”[③] 新中国成立前夕，毛泽东同志在党的七届二中全会上要求全党做到“两个务必”，不要经不起用糖衣裹着的炮弹的攻击，在糖弹面前打败仗。这充分说明“糖衣炮弹”带来的腐败的腐蚀性比枪炮更强，更应警惕并加以防范惩治。新中国成立初期，中国共产党查处了“新中国反腐第一案”刘青山、张子善贪污腐败案件，严肃了党纪，教育了干部，给后人留下了深刻的警醒，在人民群众中树立了共产党人嫉腐如仇、执法如山的形象，赢得了人民的衷心拥戴和世人的无限钦佩，使共和国连续保持了几十年的廉洁，没有出现严重的、较广泛的腐败。正如毛泽东同志所言：“正因为他们两人的地位高、功劳大，影响大，所以才要下决心处决他们。只有处决他们，才能挽救 20 个，200 个，2000 个，2 万个犯有各种不同程度错误的干部。”[④] 中国共产党不徇私情、严惩腐败的决心和行动向全社会表明，中国共产党人决不会做李自成，中国共产党绝不允许腐败，绝不允许消极腐败病毒侵蚀自己的肌体，

---

① 史鉴：《中国共产党第一份惩治贪污腐败分子的党内文件》，《大江南北》2016 年第 8 期。

② 《纪律从这里来》，中国方正出版社 2021 年版，第 57 页。

③ 余伯流：《中央苏区时期的反腐肃贪及其启示》，《光明日报》2011 年 11 月 2 日第 11 版。

④ 《纪律从这里来》，中国方正出版社 2021 年版，第 160 页。

决不会让无数革命先烈用鲜血和生命换来的江山改变颜色。在刘青山、张子善被执行死刑两个月后，新中国第一部专门惩治贪污腐败的法律《中华人民共和国惩治贪污条例》出台，为新中国惩腐肃贪提供了法治保障。改革开放四十多年来，我们党对惩腐肃贪始终态度鲜明、措施有力、成效明显，为保持党的先进性和纯洁性发挥了重大作用，为坚持和发展中国特色社会主义提供了坚强保证。可以说，如果我们党不是一以贯之高度重视党风廉政建设、坚决反对腐败，我国经济社会发展不可能取得这么大的成就，改革发展稳定大局也不可能得到巩固。①

其次，压倒性胜利的取得，党的坚强领导和坚决态度是根本保证。有研究表明，强有力的政治意愿是持续而有效的反腐行动中具有决定性作用的第一步。② 新加坡是全球政治最清廉的国家之一，也是一党长期执政条件下始终保持政党自身清正廉洁的楷模。新加坡反腐成功是一个奇迹，这一奇迹主要得益于人民行动党领导人强有力的政治意愿、以身作则以及设计的一整套制度和管理措施。执政党及其领导人对根除腐败的态度、意志、决心和承诺是能否取得反腐败成功的关键因素。是否有决心、决心是否坚定、决心是否有行动支撑，对于反腐败能否取得胜利有着天壤之别。③ 反腐败必然会影响很多人的既得利益，但是触动人的利益比触动人的灵魂更难，阻力之大可想而知。改革开放以来，在反腐败斗争中，有很多难题是长期想解决却一直没有解决，很多大事是过去想办却始终没有办成。

① 中共中央纪律检查委员会、中共中央文献研究室：《习近平关于党风廉政建设和反腐败斗争论述摘编》，中央文献出版社、中国方正出版社2015年版，第4—5页。

② 政治领导者强有力的反腐意愿表现在以下几个方面：彻底地分析腐败及其孕育环境的原因；从腐败根源着手，实施反腐措施；为执行反腐措施投入充足的人力和财力；为抑制腐败而提供强烈的激励，并予以严厉的惩罚；建立独立的反腐机构，赋予其相当大的权力对腐败官员（不论其职位高低）进行调查与惩处；不断检查反腐过程与效果，持续调整反腐制度以使其适应新的变化；鼓励并依靠公民参与反腐过程。参见于文轩、吴进进《反腐败政策的奇迹：新加坡经验及对中国的启示》，《公共行政评论》2014年第5期。

③ 任建明：《夺取反腐败斗争压倒性胜利》，《前线》2017年第11期。

党的十八大以来，习近平总书记把清正廉洁作为治国之本，对反腐败斗争始终旗帜鲜明、立场坚定、意志顽强，以“反腐败关系党和国家生死存亡”的清醒自觉、“得罪千百人，不负十三亿”的政治担当、“不是没有掂量过”的毅然决然和“敢教日月换新天”的斗争精神，以力挽狂澜的气魄和胆识，做出了坚决打赢反腐败斗争攻坚战、持久战的战略决断。我们党坚持有腐必反、有贪必肃、有恶必除，不以权势大而破规，不以违者众而放任，不因问题小而轻纵，一刻不停地“打虎”“拍蝇”“猎狐”，坚决惩治腐败的旗帜立场始终如一，遏制腐败蔓延势头的目标从未动摇，坚持“无禁区、零容忍、全覆盖”，“强高压、重遏制、长震慑”，“受贿行贿一起查”，猛药去疴、重典治乱，刮骨疗毒、壮士断腕，工作力度之大前所未有，勇气和定力之大史无前例，取得成效之大有目共睹，书写了中国反腐败史上前无古人的崭新篇章，深刻昭示了习近平总书记和党中央坚决惩治腐败的巨大政治勇气和坚定决心，是反腐败斗争能够取得压倒性胜利的根本保证。

最后，压倒性胜利的取得离不开人民群众的坚定支持。习近平总书记强调，“对腐败分子，我们决不能放过去，放过他们就是对人民的犯罪、对党不负责任！我们这么强力反腐，对腐败采取零容忍的态度，目的是什么呢？是为了赢得党心民心”①。反腐败是党心民心所向，反腐败得人心顺民意。巩固反腐败斗争压倒性胜利必须紧紧依靠人民群众的支持和参与，充分发挥人民群众的作用。群众的眼睛是雪亮的，任何腐败行为都逃不过群众的眼睛。腐败损害的是人民群众的根本利益，人民群众对任何腐败现象都深恶痛绝，把任何腐败分子都视作人人喊打的过街老鼠。实践表明，无论是公款吃喝、公车私用、出入会所、大摆筵席等不正之风，还是巡视中发现的重要线索，以及微腐败、小官巨贪现行，很多都是来自群众举报。

---

① 中共中央文献研究室：《习近平关于全面从严治党论述摘编》，中央文献出版社 2016 年版，第 186 页。

特别在互联网时代，人人都是自媒体、人人都有麦克风，绝大多数网民都比较关注网络监督，如果发现违纪违法问题线索，只要通过微博、微信、论坛等平台渠道，立即就能上网曝光，对腐败分子进行关键一击。党的十八大以来的反腐败斗争始终坚持以人民为中心，以维护人民根本利益为导向，以人民满意为标准，在人民群众中汲取智慧和力量，争取人民群众的积极参与，着力解决发生在基层和群众身边的不正之风和腐败问题，让正风反腐给老百姓带来更多获得感。反腐败斗争不仅有力清除了党的队伍中的害群之马，更以实际行动和扎实成效回应了人民期盼，赢得了人民群众的信心、信任和信赖，以及对反腐败的全力支持。高压反腐扬正气，贪官污吏纷纷落马，人民群众无不拍手称快；铁腕惩贪显威力，腐化变质分子得到应有惩罚，人民群众由衷支持点赞。2014 年 12 月 13 日，习近平总书记在江苏镇江永茂圩村考察时，有着 53 年党龄的崔荣海激动地紧握总书记的手说："总书记，您好！你是腐败分子的克星，全国人民的福星！"这一席话，是党的十八大以来反腐败受到广大人民群众高度认可的一个缩影。[①] 可以说，反腐败斗争的压倒性胜利是民心上的胜利。

我们党深入推进反腐败斗争并且取得压倒性胜利，占据了国际道义制高点。过去，以美国为首的西方国家总想拿所谓的腐败问题拿捏我们，不断地在联合国、二十国集团、亚太经合组织等场合肆无忌惮地提出腐败问题来制造事端。现在，我们用前所未有的反腐败力度和举世公认的反腐败成效，赢得了国际社会的尊重和赞叹，在国际上一举由被动转为战略主动。我国加强反腐败国际多边双边合作，加大追逃追赃力度，启动"天网行动"，向外逃的犯罪分子释放出"不管腐败分子逃到哪里，都要缉拿归案、绳之以法"的强烈信号。我国还主动提出一系列反腐败国际合作倡议，倡议构建国际

---

① 邓联繁：《得罪千百人，不负十三亿：共产党人在反腐败上的担当与无畏》，《中国纪检监察》2019 年第 24 期。

反腐新秩序，特别是加大对美国等西方国家在反腐败合作方面的压力，要求他们不要成为腐败分子的“避罪天堂”。原来他们认为那些犯罪嫌疑人是他们手中的撒手锏，现在都成了手里的烫山芋。[1] 我国反腐败的成功经验还为世界各国应对腐败问题提供了全新选择，为解决这一全球性难题贡献了中国智慧和中国方案。肯尼亚国际问题专家爱德赫雷·卡文斯说，中国的反腐工作取得显著成果，不仅增强了中国民众的信心，而且为非洲地区以及世界提供了宝贵经验，值得学习借鉴。“俄罗斯之声”电台亚洲问题专家亚历山大·泽连科夫说，近些年来中国坚决与腐败作斗争，成就有目共睹。腐败是当今世界面临的严峻挑战之一，中国政府高度重视反腐工作，致力于系统性解决腐败问题，中国已找到适合国情并卓有成效的反腐政策。古巴国际政治研究中心研究员何塞·罗瓦依纳认为，腐败是世界上许多国家发展过程中存在的问题。中国共产党和中国政府致力于反腐斗争，取得了巨大成就，增进了民众信心，值得他国学习与借鉴。南非金山大学经济与商业学院院长詹尼·罗索乌说，多年来，中国政府以严肃态度对待腐败问题。这有助于促进中国在未来取得更大的成就。南非和金砖国家其他成员都应向中国学习反腐经验。[2] 美国佐治亚州立大学的安德鲁·魏德安认为，中国开展的反腐行动“很可能成为自 1970 年代末中国改革开放以来最持久、最强硬的一次‘实干’行动。”法国尼斯欧洲研究所的乔治·佐戈普鲁斯感慨，目前很多国家对如何有效解决腐败问题都一筹莫展，而中国在短短几年内就取得了反腐的重大胜利，着实让世界为之惊叹。路透社承认，

---

① 习近平：《在第十八届中央纪律检查委员会第六次全体会议上的讲话》，《人民日报》2016 年 5 月 3 日第 2 版。

② 储信艳等：《坚定反腐决心经验值得借鉴：国际社会高度评价中国制度反腐取得显著成效》，新华网，2020 年 1 月 14 日，http：//www. xinhuanet. com//world/2020 - 01/14/c_1125462402. htm。

"反腐败在中国深得人心。"[①] 中国反腐败斗争取得压倒性胜利赢得了国际社会尊重，同时也向世界证明，我们已经探索出一条长期执政条件下解决自身问题、跳出历史周期率的成功道路，构建起一套行之有效的权力监督制约制度和执纪执法体系。

反腐败取得压倒性胜利意味着反腐败斗争进入新阶段、站到新起点。回望党的十八大以来党领导推进反腐败斗争波澜壮阔的历程，这场硬仗始终在稳扎稳打中推进、真刀真枪中前行，成果逐步巩固扩大，然而所有这些都是量的积累，直到取得压倒性胜利，才完成从量变到质变的升华。压倒性胜利还不是最终胜利、彻底胜利，但作为阶段性成果，它意味着正义的一方占据绝对优势，标志着"全面从严治党取得了历史性、开创性成就，产生了全方位、深层次影响",[②] 为反腐败斗争取得彻底胜利准备了充分条件、奠定坚实基础。成绩面前，尤须保持清醒。我们要倍加珍惜、长期坚持并不断丰富发展党的十八大以来反腐败斗争宝贵经验，认真研究新时代腐败新特点，深刻把握反腐败斗争规律，在理念、思路、战略、战术上实现与时俱进，不断探索推进反腐败斗争的新策略、新路径、新方式、新打法，以永远在路上的坚韧和执着，将反腐败斗争进行到底。

二 "依然严峻复杂"的反腐败斗争形势没有变

习近平总书记指出反腐败斗争形势"依然严峻"，并在十八届中

---

① 邓联繁：《得罪千百人，不负十三亿：共产党人在反腐败上的担当与无畏》，《中国纪检监察》2019 年第 24 期。

② 《一以贯之全面从严治党强化对权力运行的制约和监督为决胜全面建成小康社会决战脱贫攻坚提供坚强保障》，《人民日报》2020 年 1 月 14 日第 1 版。

央纪委三次全会上做出反腐败斗争形势“依然严峻复杂”的判断。此后，“依然严峻复杂”的形势判断始终没有变，这充分说明党中央在反腐败斗争问题上始终保持清醒冷静。

习近平总书记指出：“党风廉政建设和反腐败斗争是一项长期的、复杂的、艰巨的任务。”虽然我们在反腐败斗争中取得了显著成效，但这些成效是阶段性的，反腐败斗争形势依然严峻复杂。这一判断绝不是抽象的推论，因为党的十九大以来审查调查的情况、巡视发现的问题、社情民意的反映，都印证了“依然严峻复杂”的形势判断，这也有力地提醒我们，反腐败斗争既是一场攻坚战，也是一场持久战，零容忍的决心丝毫不能动摇，打击腐败的力度丝毫不能削减。①

“依然严峻复杂”的形势判断，首先建立在对“四风”问题具有顽固性反复性的清醒认识上。作风问题是腐败的孵化剂，是腐败滋生的温床。那些被查处的领导干部的案例，无不印证了“千里之堤、毁于蚁穴”的道理，一再证明腐败案件都肇始于干部作风变坏。作风问题往往成为官员走向腐败的第一步，作风问题与腐败现象如影随形。一个好干部由于沾染了不良作风，而变得或爱财如命，或贪图享乐，或以权谋私，思想一步步变质，行为越来越疯狂，最终掉进腐败的深渊。作风上的问题绝对不是小事，发展下去往往造成严重后果，直接危害党和人民群众的血肉联系。正如习近平总书记所指出的，我们党得到了中国最广大人民的支持和拥护，中国没有一种政治势力能够取代中国共产党。我们党的执政基础很牢固，但如果作风问题解决不好，也就可能出现“霸王别姬”这样的时刻。我们一定要有危机意识。因此，新时代推进反腐败斗争从作风建设抓起，以改进作风作为遏制腐败的突破口。党的十八大以来，我们党以落实中央八项规定为切入口，驰而不息纠“四风”、改作风。整

① 师长青：《坚持两点论看待反腐败斗争形势》，《中国纪检监察》2019 年第 3 期。

治“四风问题”深刻改变了我国的政治生态和社会面貌，作风建设“小切口”撬动了政治生态“大变局”。[①] 八项规定已经成为中国共产党抓全面从严治党的亮丽名片，成为改变中国党风政风社会风气的标志性话语。但是，作风问题具有顽固性、反复性，存在一个抓一抓就好一些、放一放就松下来的怪圈。改革开放以来，我们党一直抓作风问题，出台文件不少，查处的党员干部也很多，然而作风问题却屡禁不止甚至愈演愈烈，这就充分证明了作风问题的顽固性。经过党的十八大以来持之以恒的努力，“不敢”的问题已得到遏制，“不想”“不愿”的内在自觉尚未普遍形成；不良作风树倒根在，隐形变异问题时有发生，反弹回潮、死灰复燃的隐患和压力犹存；制度体系尚不完备，制度落地生根还有差距；责任落实压力传导不到位，有的领导机关、领导干部存在“灯下黑”“手电筒只照别人不照自己”等问题。从各级纪检监察机关公开的数据和曝光的案例来看，奢靡之风和享乐主义方面不收手、不收敛的现象仍然较多，而且很多作风违纪现象发生在党的十九大之后。[②] 根据媒体报道，防“四风”反弹任务依然艰巨。特别是中秋、春节等中国传统节日前，虽然违规收送节礼问题得到很大程度遏制，但仍有蛛丝马迹可循。虽然礼盒类月饼的销售逐渐回归理性，月饼逐渐从礼品“回归”食品，但是，隐藏在高档商品背后的不正之风尤其需要警惕。比如，大闸蟹以及具备提货券性质的大闸蟹礼品卡，在中秋礼品市场的热度依然居高不下。此外，茶叶和烟酒逐渐成为中秋礼品市场的主力军。正如有的商家工作人员表示，节日只是送礼的噱头，送什么东西并不是最重要的，关键是所送礼品的价值和对方喜好。[③] 我们从节日前的城市大堵车和快递繁忙的情况，就知道节日送礼有多火爆，

---

① 《纪律从这里来》，中国方正出版社 2021 年版，第 241 页。

② 王京清、孙壮志：《中国反腐倡廉建设报告 No. 9》，社会科学文献出版社 2020 年版，第 50—51 页。

③ 瞿芃：《防四风反弹任务依然艰巨》，《中国纪检监察报》2021 年 9 月 20 日第 1 版。

严防“四风”隐形变异、反弹回潮、疲劳厌战的任务有多么艰巨。2021 年中秋节、国庆节前，中央纪委国家监委公开通报了 10 起违反中央八项规定精神典型问题，再次警示广大党员干部要时刻警觉由风及腐的现实风险和严重危害，营造风清气正的节日氛围，构建清正廉洁的政治生态。① 因此，解决作风问题必须要像防治疾病复发一样来抓，不能蜻蜓点水，不能虎头蛇尾，不能搞一阵风，否则不仅不能从根本上解决问题，反而会导致作风问题不断反弹、愈演愈烈，最后失信于民，那对我们党的形象和威信损害巨大。必须牢记，作风建设是攻坚战，也是持久战；作风建设永远在路上，永远没有休止符。

“依然严峻复杂”的形势判断，是基于削减存量、遏制增量任务艰巨的清醒认识。习近平总书记在十九届中央纪委五次全会上告诫全党，“腐败这个党执政的最大风险仍然存在，存量还未清底，增量仍有发生。政治问题和经济问题交织，威胁党和国家政治安全。传统腐败和新型腐败交织，贪腐行为更加隐蔽复杂。腐败问题和不正之风交织，‘四风’成为腐败滋长的温床。腐蚀和反腐蚀斗争长期存在，稍有松懈就可能前功尽弃，反腐败没有选择，

---

① 包括贵州省政府原党组成员、副省长蒲波接受可能影响公正执行公务的宴请和旅游安排问题；国家开发银行原党委书记、董事长胡怀邦违规出入私人会所，由他人支付应由个人支付的费用问题；安徽省高级人民法院原党组书记、院长张坚违规出入私人会所，接受可能影响公正执行公务的宴请，违规收受礼金等财物，用公款支付应由个人支付的费用问题；青海省政府原党组成员、副省长，海西州委原书记，柴达木循环经济试验区党工委原书记文国栋违规收受礼金，接受可能影响公正执行公务的宴请问题；原中国船舶重工集团有限公司党组书记、董事长胡问鸣违规打高尔夫球，违规出入私人会所，接受可能影响公正执行公务的宴请，违规收受礼品礼金，安排下属单位支付应由个人支付的费用问题；国家税务总局机关党委原副书记王立斌违规接受宴请、收受礼品问题；中国投资有限责任公司下属新华保险云南分公司团体业务部总经理助理郝学孝用快递方式违规公款赠送月饼问题；湖南省衡阳县自然资源局违规使用“空白公函”等方式超标准接待问题；山西省长治经济技术开发区党工委书记、管委会主任李文斌违规收受礼品问题；黑龙江省巴彦县房产住宅局行政审批窗口违规为房地产中介等优先办理业务问题。参见《中央纪委国家监委公开通报十起违反中央八项规定精神典型问题》，《中国纪检监察报》2021 年 9 月 17 日第 1 版。

必须知难而进。”[①] 反腐败斗争形势总体向好，但问题依然存在，甚至问题还很多，腐败存量不少、增量仍在发生，高压之下仍有人不知敬畏，不收敛、不收手，一意孤行，甚至变本加厉，顶风搞腐败，特别是在权力集中、资金密集、资源富集、资产聚集的部门和行业更为突出。从已经查处的案件和纪检监察等部门掌握的问题线索来看，一些腐败分子贪腐胃口之大、数额之巨、时间之长、情节之恶劣令人触目惊心。党的十九大以来，全国纪检监察机关处分的党员、干部中，党的十八大以后不收敛、不收手的属于绝大多数，削减存量、遏制增量的任务艰巨。2020 年 3 月 27 日，中央纪委国家监委网站发布黑龙江省哈尔滨市政协原党组书记、主席姜国文严重违纪违法被开除党籍和公职的通报，指出“姜国文严重违反党的政治纪律、组织纪律、廉洁纪律和生活纪律，构成严重职务违法并涉嫌受贿犯罪，且在党的十八大后不收敛不收手，性质严重，影响恶劣，应予严肃处理”。这是党的十九大后中央纪委国家监委通报的第 53 份中管干部党纪政纪处分决定，在 53 份通报中其中有 43 份出现了“在党的十八大后不收敛、不收手”的表述，约占 81%，问题之严重可见一斑。其中，财政部原党组副书记、副部长张少春的“违纪违法事实主要发生在党的十八大后，属于典型的不收敛、不收手，性质恶劣，情节严重”。中国华融资产管理股份有限公司原党委书记、董事长赖小民“在党的十八大后不收敛、不收手，且毫无顾忌、不知敬畏、变本加厉，政治问题与经济问题相互交织，群众反映特别强烈、腐败问题特别严重、性质特别恶劣”。从党的十九大以来全国查处违反中央八项规定精神案件数和处理人数，全国纪检监察机关信访举报、立案、处分数来看，腐败存量问题依然较大，增量问题也不可忽视。这些“存量”“增量”的查处通报，一方面反映出党风廉政建设和反腐败斗争重点突出、聚焦精准，另一方面也折射出

---

① 《充分发挥全面从严治党引领保障作用确保“十四五”时期目标任务落到实处》，《人民日报》2021 年 1 月 23 日第 1 版。

在遏制、高压、震慑的态势下，仍有腐败分子心存侥幸、以身试纪、顶风作案，反腐败斗争形势依然严峻复杂，须臾不能缓气、松劲、歇脚。[①]（见表6－1、表6－2）

表6－1　**全国查处违法中央八项规定精神案件数**　单位：起，人

项目		中央八项规定实施以来至2013年底	2014年	2015年	2016年	2017年	2018年	2019年
查处问题数		24521	53085	36911	40827	51008	65055	136307
处理人数		30420	71748	49508	57723	71644	92215	194124
给予党纪政务处分人数		7692	23646	33966	42466	50069	65558	136307
其中	省部级	1	2	8	5	6	6	5
	地厅级	41	112	410	551	543	746	761
	县处级	485	1205	2787	3966	4541	6344	9976
	乡科级及以下	7165	22327	30761	37944	44979	58462	125565

资料来源：引自王京清、孙壮志：《中国反腐倡廉建设报告No.9》，社会科学文献出版社2020年版，第16页。

表6－2　**2016—2019年全国纪检监察机关信访举报、立案、处分数**

时间		信访举报（万件次）	立案（万件）	处分（万人）
2016年	上半年	120.5	19.3	16.3
	全年	253.8	41.3	41.5
2017年	上半年	131.9	25.6	21.0
	全年	273.3	52.7	52.7
2018年	上半年	168.3	30.2	24
	全年	344.0	63.8	62.1
2019年	上半年	160.9	31.5	25.4
	全年	329.4	61.9	58.7

资料来源：引自王京清、孙壮志：《中国反腐倡廉建设报告No.9》，社会科学文献出版社2020年版，第19页。

---

① 杨巨帅：《“依然严峻复杂”的反腐败斗争形势没有变》，《中国纪检监察》2019年第3期。

"依然严峻复杂"的形势判断，是基于对腐败现象复杂性的清醒认识。许多典型腐败案件的背后都有各种问题和矛盾交织，特别是政治问题和经济问题交织、"围猎"和甘于被"围猎"交织、区域性腐败和领域性腐败交织、个人腐败和家庭腐败交织等问题依然突出，使得问题解决的难度加大，[①]这进一步增加了反腐败斗争形势的严峻性和复杂性。第一，从已经查处的案件来看，领导干部被"围猎"成为当前腐败的重要形式。在中央纪委国家监委通报的中管干部党纪政纪处分决定中，王晓光、张少春、赖小民、艾文礼、白向群、王晓林都有"甘于被'围猎'"情节。在中央纪委国家监委网站发布的非中管干部通报中，江西省能源集团公司原总经理、党委副书记李良仕有"长期与不法商人勾结，甘愿被'围猎'，进行利益输送和利益交换"的表述；四川省旅投集团党委原副书记兰蓉记则是长期与私营企业主不当交往，甘于被"围猎"。别有用心的人拉拢腐蚀干部，或者投其所好，根据领导的爱好刻意逢迎；或者温水煮青蛙，用所谓的"情谊"在潜移默化中软化官员的警惕性，淡化官员的底线意识；或者进行利益交换，这种情况通常发生在项目审批、职称评定和相关人员提拔调动等事项上和重大工程项目招标投标、卖官鬻爵、土地出让等领域；或者曲线救国，选择从官员家属、子女、秘书、司机等入手进行"围猎"；或者架天线、抱大腿、找靠山，利用领导的影响为自己营造气势，达到"围猎"目的。[②]"围猎"和甘于被"围猎"交织，危害很大，直接影响着夺取反腐败斗争彻底胜利的进程。因此，必须构建亲清政商关系，压缩官员被"围猎"的生成空间。要坚持受贿行贿一起查，让利益输送无处遁形，让权钱交易逃脱不了法律制裁。第二，绝大多数腐败官员除经

---

① 参见杨巨帅《"依然严峻复杂"的反腐败斗争形势没有变》，《中国纪检监察》2019年第3期。

② 徐梦龙：《坚决追缴通过行贿获取的不法利益》，中央纪委国家监委网站，2018年6月25日，http://www.ccdi.gov.cn/toutiao/201806/t20180625_174418.html。

济问题外，还涉及违反政治纪律、政治规矩。在对鲁炜、王晓光、赖小民的通报中，明确出现“政治问题与经济问题相互交织”的表述；在刘强、张杰辉、王铁的通报中，有“拉票贿选”等违反政治纪律情节；陈刚则被点出“对党不忠诚不老实，搞两面派、做两面人”。这种盘根错节的交织，让腐败问题的严峻性、复杂性陡然提升。通报中有多个腐败官员涉及股权、股票等金融问题，反映出金融腐败和区域腐败的叠加交织。[①] 在当前反腐败高压态势之下，腐败就像无孔不入的病毒以各种形式变异，“上有政策下有对策”的隐形腐败手段早已令群众深恶痛绝。新的腐败手段不断出现，花样不断翻新，反复提醒我们要采用有效手段惩治积习甚深、具有顽固性和反复性的腐败现象。第三，很多腐败官员把经济问题与人事工作交织在一起，造成用人腐败。用人腐败是最大的腐败。中央纪委国家监委网站上的通报中，绝大部分受处理领导干部都有违反组织纪律、在干部选拔任用中为他人谋取利益并收受财物，或者在职务晋升等方面为他人谋取利益并非法收受巨额财物，或者利用职务便利在干部录用等方面违规为他人谋取利益，或者严重违反干部选拔任用规定卖官鬻爵，或者扭曲选人用人政治导向、破坏所任职单位政治生态等情节。第四，有的领导干部全家齐上阵，自己在前台大搞权钱交易，老婆在幕后收钱敛财，有的官员甚至将自己积累的所谓“人脉”“面子”等资源用来为子女经商非法牟利，全家同发不义之财。比如，对赵正永的党纪政纪处分决定，点出“道德败坏，家风不正，对家人、亲属失管失教”；对努尔·白克力的党纪政纪处分决定，点出“贪婪腐化，大搞家族式腐败”，“直接或通过其亲属非法收受他人巨额财物”；对胡怀邦的党纪政纪处分决定，点出“家风不正，家教不严，纵容家属大肆收取财物”；对陈刚的党纪政纪处分决定，点出“为亲属经营活动谋取利益”；对孙顺德的党纪政纪处分决定，点

① 杨巨帅：《“依然严峻复杂”的反腐败斗争形势没有变》，《中国纪检监察》2019 年第 3 期。

出"为本人及亲友攫取巨额利益"；对杨克勤的党纪政纪处分决定，点出"道德失守，家风败坏"。诸如此类状况，让反腐败斗争形势更加严峻复杂。第五，一些腐败案件数额特别巨大，犯罪情节特别严重，社会影响特别恶劣，特别是贪腐纪录一再刷新。比如赵正永，非法收受他人财物折合人民币共计7.17亿余元。[①] 再如，中国华融资产管理股份有限公司原董事长赖小民，非法收受相关单位和个人给予的财物折合人民币共计17.88亿余元。[②] 违纪违法数额、危害程度、犯罪情节、犯罪手段、涉案款物之多、金额之大令人触目惊心。这表明，当前反腐败斗争形势依然严峻复杂，必须一鼓作气将反腐败斗争向纵深发展，将反腐败斗争进行到底。

三　几种错误观点辨析

党的十八大以来，以习近平同志为核心的党中央朝着"不敢腐、不能腐、不想腐"一体推进战略目标不断迈进，反腐败斗争取得卓著成效，赢得了党心民心，得到了国际社会广泛赞誉。需要注意的是，中国强力肃贪反腐成效凸显，经济社会大局继续稳定向好，中国正成为国际社会反腐败的一面旗帜，但是，社会上出现了一些不好的舆论倾向和错误观点，有的论调还很有些市场。这些舆论和观点在理论上是错误的，在行动上是有害的，如果任其发展，将会扰乱视听，干扰反腐视线，对反腐败斗争产生消极影响。对这些模糊认识和错误言论，必须加以辨析、批驳、引导，正本清源，为巩固拓展压倒性胜利营造良好舆论氛围。

---

① 《中共陕西省委原书记赵正永受贿案一审宣判》，新华网，2020年7月31日，http：//www.xinhuanet.com/2020－07/31/c_ 1126309532.htm。

② 《华融公司原董事长赖小民受贿、贪污、重婚案一审开庭》，新华网，2020年8月11日，http：//www.xinhuanet.com/2020－08/11/c_ 1126354853.htm。

（一）反腐同群众利益无关论

社情民意是观察政治的晴雨表。反腐败斗争成效如何，人民群众的感受与评价最有说服力。要问党的十八大以来，党和国家工作中最大的亮点、最得人心的是什么？最具共识的回答一定是：反腐败！[①] 连续几年的全国两会调查，反腐话题都高居前列。中国社科院的一个问卷调查显示，反腐败满意度、信心度等指数仍然保持相当高位，干部群众对反腐败斗争充满信心和希望。[②] 凡此种种都表明，党的十八大以来的反腐败斗争，已经成为目前中国最能凝聚人心、激浊扬清的力量之一。

然而，在反腐败斗争顺党心、合民意、政治基础和群众基础广泛而坚实的形势下，社会上出现了一些模糊认识，有人认为反腐败是国家的事，和群众利益没有直接关系；甚至有人认为反腐败阻碍经济发展，对群众切身利益有减损。这些论调的出现，主要是不能正确认识党同人民群众的血肉联系，更理解不了正风反腐背后的人心期待。

中国共产党之所以能够从一个弱小的政党发展成世界上最大的马克思主义执政党，就在于它始终牢记初心使命，坚持根本宗旨，站稳人民立场，始终保持工人阶级先锋队性质，始终代表最广大人民群众的根本利益，始终经得起各种风险挑战的考验，始终发挥好坚强领导核心作用，团结带领中国人民不断为美好生活而奋斗。但是，党的性质不是固定不变的，特别是在执政条件下，如果不加强自身建设，很容易在各种因素影响下而变质。国际共产主义运动中各国政党的变化就是最好的例子。在影响党的性质的诸多因素中，

---

① 温红彦等：《坚决打赢反腐败这场正义之战：党的十八大以来反腐败斗争成就述评》，《人民日报》2017年9月18日第1版。

② 王京清、孙壮志：《中国反腐倡廉建设报告 No.9》，社会科学文献出版社2020年版，第3页。

腐败的危害最大。如果腐败蔓延，共产党员就会从一个先锋队战士蜕变为腐败分子，就不能用手中权力践行初心使命，就不能坚持全心全意为人民服务的根本宗旨，反而一心谋取私利，本来发展成果应该由广大人民群众共享，却被个别人据为私有，造成极大的不公。

腐败损害的是老百姓切身利益，啃食的是群众获得感，挥霍的是人民群众对党的信任。毫无疑问，反腐败是事关群众的大事。党的十八大以来，反腐败斗争首先集中精力整治侵害群众利益的不正之风和贪腐问题，以此作为夯实党执政的群众基础的切入点。在过去，有的党员干部滥用职权、营私舞弊、欺压百姓，“只顾自己奔小康、不管他人喝米汤”，处处刁难群众，办事不公、优亲厚友、吃拿卡要成为普遍现象，导致群众办事“托关系、找路子”成为无奈之举，这些都严重损害群众的利益。我们党把群众反映强烈的难点痛点、最急难愁盼的问题作为重中之重，深化拓展群众身边腐败和作风问题整治，着力深化扶贫领域专项治理，深挖彻查涉黑涉恶腐败和“保护伞”，查处涉黑涉恶案件背后的腐败问题。查处教育医疗、生态环保、食品药品安全等民生领域侵害群众利益的问题。这些都是坚持人民至上的体现，与群众利益息息相关。

只有深入推进反腐败斗争、勇于进行自我革命，才能锻炼出一支忠诚、干净、有担当的党员干部队伍。制定和贯彻落实党的路线、方针、政策，必须有一支高素质的党员干部队伍做组织保证；开展党的宣传教育工作，做群众的思想政治工作，必须有一支坚强的党员队伍做骨干力量；实现党的组织领导，同样需要一支优秀的干部队伍带领群众实现治国理政的任务。只有风清气正、廉洁高效、勇于担当的干部队伍，才能坚持以人民为中心，始终把人民利益摆在至高无上的地位，攻克体制机制上的顽瘴痼疾，突破利益固化的藩篱，让改革发展成果更多更公平地惠及全体人民，而不是成为一小部分人牟取不义之财的手段；才能以务实的改革精神、清廉的工作作风，察民情、晓民意、解民忧、排民难，从根本上守护好最广大人民的根本利益。

党的十八大以来的反腐败斗争表明，凡是正风反腐做得好的地域，群众的各项权益也能得到更好保障。[①] 随着全面从严治党向纵深发展，反腐败斗争压倒性胜利得以巩固发展，发展不平衡不充分问题将逐步得以解决，全体人民共同富裕也将取得更为明显的实质性进展，人民群众必将实现对美好生活的向往，人民的获得感、幸福感、安全感将更加充实、更有保障、更可持续。

（二）反腐让干部不作为论

党的十八大以来，随着反腐持续发力，为官不为的现象有所抬头。有些媒体也对此类现象发声附和，认为反腐高压导致一些官员意志消沉、工作消极，患上了“反腐恐惧症”。一言以蔽之，就是反腐败斗争造成官员不作为。

反腐败和官员不作为是因果关系吗？习近平总书记在福建工作时，就关注过反腐败与干部作为之间的关系问题。他指出，“那些利用手中掌握的某些权力去谋私、贪污受贿、鱼肉乡里则是我们所不齿的。当然，单是廉政还不够，还要有政绩，要能改变当地面貌，促进经济发展，提高生活水平，所以，我提倡‘为官一场，造福一方’。”[②] 习近平总书记在这个问题上的态度鲜明，就是反腐败从哪个角度讲都不应成为不作为的“理由”，不贪腐是为官的底线要求，除了自身干净，还要做到认真干事、敢担当、善作为。

在其位不谋其政，无论是能力不足“不能为”，还是动力不足“不想为”，抑或担当不足“不敢为”，尽管成因各异、缘由不同，但危害同样不容忽视，都应该得到负面评价。这几种不作为现象，大多数受社会心理影响，主要是与干部的责任心以及激励管理有关

---

① 白龙：《莫让杂音侵蚀了反腐“获得感”》，《人民日报》2016 年 1 月 19 日第 5 版。

② 习近平：《摆脱贫困》，福建人民出版社 1992 年版，第 79 页。

系。即使没有高压反腐，这种情况也是存在的，只不过反腐败使此类干部不作为的倾向更明显。其实，最应该高度警惕的是因为不能腐败而不作为的官员，要采取有效措施进行治理。这种“不作为”只是表面现象，其深层次原因是，党中央对于腐败动真碰硬，对于违法乱纪的坚决查处、严肃问责、一律曝光，刹住了一些难以根治的歪风邪气，攻克了一些令人头疼的顽瘴痼疾，使中央八项规定成为“铁八条”；同时强化党内监督，充分发挥社会监督、舆论监督作用，注重运用新媒体，形成了无处不在的监督网，彻底堵住了贪腐之路。总之，在反腐高压下，昔日逍遥日子一去不复返，有些官员感到很不舒服、很不自在、倍感失落，不作为是这些干部对反腐败斗争的消极反应。如果有人拿这种不作为说事，显然是妄图借经济发展、社会稳定等问题来绑架反腐败斗争。

为官避事平生耻。占着位子不作为，也是“腐败”，而且是危害更大的隐性腐败，是对党和人民事业的极端不负责，甚至是对人民的犯罪。一般干部如果不作为不干事，该办的事拖着不办，该管的事放任不管，让政策空转无法落地，那么工作中的疏漏和差错就可能演变成全局性的事故，惠民好事也会变成伤民坏事，最终损害的是党群关系。身居要职的领导干部不作为不干事危害更大，绝不只是使正常工作陷于停滞这么简单，还会耽误一方发展、错失历史机遇，使党和人民事业蒙受不可估量的损失。

习近平总书记严肃批评过“为官不为”的现象。他指出，我们做人一世，为官一任，要有肝胆，要有担当精神，应该对“为官不为”感到羞耻，应该予以严肃批评。① 因此，要以零容忍的态度治理不作为，特别要密切关注“四风”问题新动向新表现，做好正面引导，加强责任追究，让那些不作为的干部得到警醒和惩戒，坚决防止回潮复燃。同时，要加大关心爱护干部力度，探索完善正向激励

---

① 习近平：《在党的群众路线教育实践活动总结大会上的讲话》，人民出版社2014年版，第23页。

措施，建立健全容错纠错机制，把习近平总书记提出的“三个区分开来”要求具体化，[①] 对敢于担当、敢闯敢试而出现失误的干部，该容的容、该纠的纠，鼓励干部放下包袱、轻装上阵，激发干部干事创业的精气神。

（三）反腐影响经济发展论

在众多关于反腐败的错误认识中，反腐败影响经济发展、腐败是经济发展的“润滑剂”等论调甚嚣尘上。持这种观点的人认为，经济增速放缓、经济下行压力增加都是反腐败的“成果”，反腐败还对群众生活造成负面影响，要想保持经济持续快速发展就不能反腐败等。这些谬论具有很大的迷惑性，必须正本清源。

近些年来，我国面临着经济下行压力，这是事实。但是把经济下行和反腐败硬扯在一起，显然既不客观，也不符合实际。对于我国当前经济形势，我们要用全面、辩证、系统、历史的方法进行科学分析、把握发展大势，充分利用好我国作为世界最大市场的潜力和优势，努力在危机中育新机、于变局中开新局。当前和今后一个时期，我国发展仍然处于重要战略机遇期，但机遇和挑战都有新的发展变化，机遇和挑战之大都前所未有，总体上机遇大于挑战。[②] 我国经济面临着结构性、体制性、周期性问题相互交织所带来的困难和挑战，面临着世界经济深度衰退、全球化遭遇逆流、保护主义和单边主义盛行等不利局面，还面临着新冠肺炎疫情等非传统安全威

---

① 2016 年初，习近平总书记在省部级主要领导干部学习贯彻党的十八届五中全会精神专题研讨班的讲话中指出：“要把干部在推进改革中因缺乏经验、先行先试出现的失误和错误，同明知故犯的违纪违法行为区分开来；把上级尚无明确限制的探索性试验中的失误和错误，同上级明令禁止后依然我行我素的违纪违法行为区分开来；把为推动发展的无意过失，同为谋取私利的违纪违法行为区分开来。”这“三个区分开来”的重要论断，给作风正派、锐意进取的干部吃了定心丸，对于扭转干部队伍中存在的“为官不为”的现象，大力弘扬实干之风起到了非常重要的作用。

② 习近平：《把握新发展阶段，贯彻新发展理念，构建新发展格局》，《求是》2021 年第 9 期。

胁持续蔓延的冲击。我国已进入高质量发展阶段，但发展不平衡不充分问题仍然突出。[①] 在诸多因素影响下，我国经济运行面临着严峻考验，承担着较大压力。我国必须在一个更加不稳定不确定的世界中谋求发展。[②]

我国经济在经过长期高速增长后，增速放缓也是正常现象，不能简单归咎于反腐败。众所周知，改革开放以来的40多年，我国经济保持了近10%的高速增长。国际金融危机爆发后，在稳增长的刺激政策下，我国增速率先回升并于2011年达到高点，此后增长速度逐步放缓。[③] 党的十八大后，我国经济发展进入新常态，由高速增长阶段转向高质量发展阶段，由“铺摊子”向“上台阶”的转变，把经济工作着力点放在提高经济增长质量和效益上，保持可争取的增长速度而不是一味地强调增长速度，2020年政府工作报告就没有提出全年经济增速具体目标。即便如此，还是要看到，我国经济稳中向好、长期向好的基本趋势没有变，充分发挥社会主义基本经济制度的优越性，我国经济一定会乘风破浪、行稳致远。

实际上，惩治腐败本身就具有经济意义。2013年以后，“四风”从根本上被遏制，餐饮、娱乐、房地产、奢侈品等行业受到影响，这确实与反腐败、治理公款消费有关，但据此就断定反腐导致中国GDP下降，则完全是短视思维。依赖少数人利用公帑奢侈消费盈利的行业，挤占大量社会资源，造成严重浪费，败坏社会风气，抑制其他行业发展和广大消费者需求的满足，这样的行业萧条萎缩不足惜。通过反腐败，社会资源得以优化配置，资源要素从公款消费行业领域转移到更需要的地方，显然有利于经济发展。一个健康的经济是不能建立在靠铺张浪费公款消费拉动基础之上的。有媒体称，

---

① 《中共中央政治局召开会议决定召开十九届五中全会》，《人民日报》2020年7月31日第1版。

② 《坚持用全面辩证长远眼光分析经济形势努力在危机中育新机于变局中开新局》，《人民日报》2020年5月24日第1版。

③ 《党的十九大报告辅导读本》，人民出版社2017年版，第182—183页。

据估计腐败损耗了全球 GDP 的 5%。这也就解释了，为什么在后危机时代全球经济增长乏力的今天，世界各国都在重视反腐。毕竟，比起全面改变经济结构或是升级技术水平，通过反腐就能明显促进经济发展，收到事半功倍之效。①

在腐败和经济发展的关系问题上，必须强调的是，腐败对经济发展有百害而无一利，绝不是经济发展的“必需”。腐败是公权力的私用甚至滥用，它本身不创造任何价值，也不会带来社会财富的增加，只会破坏经济发展。腐败行为，无论是领导干部与商人亲而不清，甘于“被围猎”，在承揽工程项目、办理审批手续、项目招投标等方面为企业和他人谋取利益，进行利益输送，还是有些官员既想当官又想发财，利用职务便利和影响帮助配偶、子女及亲属承揽项目、获取非法利润，或者一些基层党员干部利用手中的司法、审批、监管、检验、认证、检查等职权勒拿卡要、任性妄为，都会瓦解市场规则和法律制度，破坏公平原则和经济秩序，增加经济活动成本，降低经济效率，严重损害政府公信力，致使经济发展环境不断恶化。与其说腐败是经济发展的“润滑剂”，倒不如说是毒害经济发展的“海洛因”。以腐败推动经济发展，就如同人吸毒一样，由刚开始的少量吸食即可感到刺激和满足，逐步变成大剂量的“瘾君子”而不能自拔。腐败现象蔓延如出一辙，官员从最初的收点礼物就积极办事，到后来钱送少了都不办事。普通的贿赂已经满足不了腐败分子不断升级的“口味”，为了刺激官员早已麻木不仁的神经，只能不断翻新腐败花样，从金钱到美色，从俗贿到雅贿，从现货到期权，简直无所不用其极。在此过程中，贿赂俨然成为商业行规，造成企业成本不断攀升。然而，行贿起点尽管不停地“水涨船高”，行贿人却未必能获得期望中的利益。腐败成本中很大一部分转嫁给消费者，换言之是全民在为腐败埋单。以腐败为经济“助力”的逻辑是一种

① 曹岳：《反腐全球化一举多得》，中国日报中文网，2014 年 11 月 26 日，http://world.chinadaily.com.cn/2014-11/26/content_18978388.htm。

反常的发展逻辑，其结果只能是死路一条。从本质上看，通过纵容腐败来刺激经济发展无异于饮鸩止渴。

反腐影响经济发展论纯属无稽之谈。反腐败是经济发展的“助推器”，而不是“绊脚石”。反腐败能够营造良好的政治生态和营商环境，净化社会风气，堵住腐败分子设租、寻租的漏洞，规范市场秩序，减少不正当竞争，降低交易成本。腐败减少了，市场将变得更加公平有效，市场主体就会更有活力，党员、干部就能更加专注于行政效率和服务意识的提升，从而为经济发展保驾护航、释放红利。因此，反腐“风暴眼”也会成为发展机遇地，这样的辩证法，已被现实所证明。有的企业家说，现在正是到山西投资的最好机会。曾经出现“塌方式腐败”的山西，逐步肃清的腐败和逐步改善的风气，让投资环境有所改善，“谁先投资，谁先得利”。曾经被苏荣搞坏政治生态的江西，抓作风抓反腐不松劲，当地各项发展指标全线飘红，“发展与反腐齐飞”。在发生破坏选举案的湖南衡阳，一度收送红包、吃拿卡要成风，不少外地客商惧于不良政务环境，纷纷避而远之，让人心生“衡阳雁去无留意”之叹。而近几年来，衡阳各级干部痛定思痛，整肃吏治、匡正风气，清扫多年积弊。随着政治恢复清明，当地投资环境得到改善，产业发展搞活了，经济增速也回升了，大有奋起直追之势。① 事实胜于雄辩，这充分说明了“可见，反腐并不会影响经济发展，反而有利于经济发展持续健康。”②

（四）反腐权力斗争论

“反腐权力斗争论”是反腐败斗争中出现的另一种杂音噪声。这种说法，把党风廉政建设和反腐败斗争看成是高层权力斗争的工具、

---

① 詹勇：《腐败不是发展的“润滑剂”》，《人民日报》2015 年 3 月 11 日第 4 版。

② 《反腐有利于经济发展持续健康》，https://www.ccdi.gov.cn/yaowenn/201503/t20150307_48000.html。

排除异己的手段，认为落马的腐败官员是权力斗争的牺牲品。从深得人心的反腐败斗争中炮制出这种阴谋论，着实荒唐，显然是有些人西方大片和美剧看多了，把西方政客玩弄权术的危险游戏生搬硬套到全面从严治党实践中，这是典型的带着偏见和戴着有色眼镜看当前的反腐败斗争，是一种刻意的抹黑和故意歪曲。对于“权力斗争论”这种杂音，不管是源于政治猎奇的冲动，还是别有用心者的造谣，都要进行有力批驳，否则无中生有、道听途说就变成以讹传讹、广布谬种，就会扰乱人心，公然为腐败行为张目，这对深入推进反腐败斗争极为有害。

我们党历来旗帜鲜明地反对腐败，光明正大地查处腐败，这也是反腐败斗争得到人民群众高度评价、赢得国际社会尊重的重要原因。2015 年访美期间，习近平总书记在谈到中国的反腐败问题时指出，这其中没有什么权力斗争，没有什么“纸牌屋”。这是中国最高领导人首次对社会各界最为直接的公开回应。借“纸牌屋”的政治意象，为中国的反腐败斗争正名，向美国乃至全世界民众表明，反腐既不是政治表演，也绝非为了一己私利。中国反腐，没有“纸牌屋”，更不可能去搭建“纸牌屋”，否则最终将毁掉执政根基，失去万众民心。习近平总书记在接受《华尔街日报》专访时说：“将坚持零容忍的态度不变、猛药去疴的决心不减、刮骨疗伤的勇气不泄、严厉惩处的尺度不松，做到有腐必反、有贪必肃。”[①] 2015 年 3 月 2 日，中央书记处原书记、中央纪委原副书记赵洪祝撰文指出“反腐败与权力斗争”是境内外一些别有用心的人抛出杂音噪声。[②] 这是公开报道中官方层面对反腐败与权力斗争关系做出的正面回应。

以习近平同志为核心的党中央始终坚持以身作则、以上率下。

① 吕晓勋：《习近平提“反腐没有‘纸牌屋’”，有何深意?》，人民网，2015 年 9 月 24 日，http：//politics. people. com. cn/n/2015/0924/c1001 - 27626129. html。

② 赵洪祝：《深入推进党风廉政建设和反腐败斗争的强大思想武器》，《人民日报》2015 年 3 月 2 日第 6 版。

党的十八大后，党中央制定了八项规定，要求从严治党要从领导干部做起，领导干部首先要从中央领导做起。“中央政治局的同志要身体力行、以上率下，自觉做到廉洁自律，从严管好家属子女和身边工作人员，抓好家风家教，坚决防止和反对特权思想、特权现象，带头不搞任何形式主义、官僚主义，为全党立好标杆、作好示范。”[①] 一批又一批高官被查处，就是全面从严治党从高级领导干部抓起的要求在反腐败斗争中的具体体现和真正落实。党中央严肃查处周永康、薄熙来、郭伯雄、徐才厚、孙政才、令计划等人，向世人表明，中国共产党不存在“刑不上大夫”的“潜规则”，也不存在“丹书铁券”和“铁帽子王”的例外。如果执意认为高级别官员肯定不会因为腐败而被审查，落马的就是权力斗争的牺牲品，那么这种逻辑太脑洞大开了。仅党的十八大以来的五年，处分省军级以上党员干部及其他中管干部 440 人，处分厅局级干部 8900 余人，县处级干部 6.3 万人。无论高级官员还是基层干部，只要违法违纪，就必然受到惩处，不存在所谓的“选择性反腐”。这种“有腐必反、有贪必肃”的决心和意志，怎么能被庸俗牵强地解释为权力斗争？

有些人对反腐败性质与形势做出误判。腐败是我们党执政面临的最大威胁，严重侵蚀党的执政基础。人民群众最痛恨腐败现象。“党风廉政建设和反腐败斗争永远在路上，只有进行时”，是我们党“管党治党不放松、正风肃纪不停步、反腐惩恶不手软”的庄严承诺，必须持之以恒推进。在全党全国进行的正风肃纪惩贪，坚持无禁区、无上限，只要涉贪涉腐一个都不放过。从起于毫末、积于忽微的贺卡节礼抓起，盯住基层村官的腐败问题不放，退休多年的贪官也实现不了“平安着陆”的美梦，不收敛、不收手的腐败分子更难逃法网，真正做到了“打虎”全覆盖、“拍蝇”无死角、“猎狐”

① 《树牢“四个意识”坚定“四个自信”坚决做到“两个维护”勇于担当作为以求真务实作风把党中央决策部署落到实处》，《光明日报》2018 年 12 月 27 日第 1 版。

不间断，而且反腐压力进一步传导到国企、教育、科研、社团等领域。对于有的窝案，“拔出萝卜带出泥”并不足为奇，“顺藤摸瓜”揪出“大老虎”也具有必然性，“发现一个、揪出一窝”也属正常现象，因为腐败分子总是善于搞圈子、拉帮派、搞人身依附、结成利益同盟，沆瀣一气、狼狈为奸。[①] 有腐必反、除恶务尽的反腐败斗争，怎么能被庸俗牵强地解释为权力斗争？

有些人低估了我们党坚如磐石的反腐败的决心和信心。无论是反腐败斗争处于胶着状态，还是形成压倒性态势，或者取得压倒性胜利，我们党的反腐力度始终不减、节奏始终不变、尺度始终不松，越往后越严，制度之笼越扎越紧，开足马力前行的反腐战车决不会慢下来，反腐败斗争也绝没有中场休息。当反腐大幕开启之际，有人说反腐只是一阵风，不可能一直严下去，还危言耸听地散布“反腐亡党”论，但是反腐败斗争始终在推进；当大“老虎”纷纷落马后，有人又跳出来说从此反腐可以歇口气了，但是反腐败斗争始终在推进；当周一“拍蝇”、周末“打虎”成为常态化反腐节奏，网民迸发出对反腐监督参与热情时，有人又说反腐败打得太狠了，查得太多了，导致“官不聊生”，干部人人自危、发展处处受绊，反腐应该“见好就收”，但是反腐败斗争依然在推进，直至取得压倒性胜利并巩固发展。以“宜将剩勇追穷寇”的信心和决心，以永远在路上的坚韧和执着坚定不移深入推进的反腐败斗争，怎么能被庸俗牵强地解释为权力斗争？

有些人根本就没弄明白全面依法治国的真正内涵和我国社会主义法治的本质特征，主观臆断、肆意歪曲反腐败是人治反腐。法律是治国之重器，法治是国家治理体系和治理能力的重要依托。惩治消极腐败现象，需要织密法律之网、强化法治之力。我们党坚持依法反腐、制度反腐，始终在法治轨道上推进反腐败斗争。把每一个

① 叶帆：《反腐败斗争无禁区无上限》，《人民日报》2016年1月29日第7版。

贪腐案件都办成铁案，每一个违法违纪官员的惩处都经过法定程序，法院公开审理甚至通过媒体直播社会关注案件的庭审情况。这样符合程序公正和实体公正，经得起历史、人民和实践检验的反腐败斗争，怎么能被庸俗牵强地解释为权力斗争?

反腐败权力斗争论的最大危害，是给党员干部特别是那些不干净的领导干部以错误的提示：既然是权力斗争，当然就会“选择性反腐”，凡是落马的官员只能说明他们的后台不硬，只要自己的靠山不倒，自己的利益同盟还在，自己的圈子还能发挥作用，反腐败就反不到自己头上。这些人有一种错觉，以为反腐风暴再猛烈，自己也是安全的。事实已经证明，反腐败斗争绝不是权力斗争，我们党将以零容忍态度驰而不息地反腐败，谁搞腐败都逃脱不了法律的制裁。

（五）腐败不可避免论

众所周知，腐败问题，是人类社会的共同敌人，自有人类文明史以来就一直存在，古今中外概莫能外。① 时至今日，腐败依然是世界各国普遍面临的痼疾，一幕幕腐败“活剧”在西方政坛上演。② 党的十八大以来，中国掀起举世瞩目的反腐风暴，虽然反腐力度如此之大，却仍然有人不收敛不收手。“远在天边”的“老虎”不时被关进笼中，不见昔日飞扬跋扈的威风；大量嗡嗡乱飞的“蝇贪”不时落在拍下，被钉在耻辱柱上。随着一个又一个腐败分子落马，围观中央纪委国家监委网站宣布贪官落马，俨然已成舆论关注的

---

① 早在3700多年前，古巴比伦的《汉谟拉比法典》中就铭刻了防止审判权滥用的条文；我国儒家经典《荀子·大略》中也曾记载，商朝开国君主成汤在一篇求雨的祷词中痛陈六件失政之事，三件便是贪贿问题。杨巨帅：《“依然严峻复杂”的反腐败斗争形势没有变》，《中国纪检监察》2019年第3期。

② 有的国家的政要深陷腐败丑闻，有的国家的领导人因腐败问题遭到指控。2018年韩国甚至出现了连续两任总统因腐败犯罪受审被判重刑的“政治奇观”。杨巨帅：《“依然严峻复杂”的反腐败斗争形势没有变》，《中国纪检监察》2019年第3期。

“保留节目”[①]。对此，有人疑惑是不是腐败问题根治不了，不禁生出腐败不可避免的感叹。

对于当前的反腐败形势应辩证看待：一方面，在制度力量与舆论力量密切配合之下，腐败分子如过街老鼠人人喊打，腐败问题被发现和查处的概率大大提高，即使潜逃的也无处藏身，迟早会接受正义的审判；另一方面，同时这也充分印证了党中央关于反腐败斗争已经取得压倒性胜利，但是反腐败斗争形势依然严峻复杂的科学准确判断。腐败尽管存在，但绝不是不可避免。[②]

不可否认，腐败问题具有顽固性和反复性。腐败是公共权力的伴生物。在马克思主义政党执政的条件下出现腐败现象，是一种畸形的政治行为和社会现象。腐败现象的产生有深刻的社会和思想根源，有其客观存在的土壤和条件。中国历史上的封建残余思想如特权思想、等级观念、封建宗法观念等根深蒂固。随着改革开放进程加快以及全球化发展，西方的价值观、生活方式涌入进来，与封建残余思想共同腐蚀着党的肌体。在社会转型、经济转轨、体制改革，特别是社会主义市场经济建立完善过程中，总有制度、政策和实践不同步不匹配的地方，这无形中就使腐败滋生蔓延得到了空间，为权钱、权色、权权交易提供了条件和方便。腐败产生根源是多方面的，其滋生条件也是随着经济社会发展不断变化的。[③] 因此，在一个阶段，反腐败斗争取得显著成效，腐败现象得到有效遏制，但在另一个阶段有可能出现反复，这就决定了反腐败斗争永远在路上，在

---

① 仅 2019 年，全国共查处扶贫领域腐败和作风问题 8.5 万件；共立案查处涉黑涉恶腐败和“保护伞”问题 3.8 万件，给予党纪政务处分 3.2 万人，涉嫌犯罪移送检察机关 4900 余人。

② 习近平同志在福建工作时，曾经态度鲜明地批驳过“腐败不可避免论”。他指出，“有人认为改革开放必然会带来腐败现象，如果是这样——改革开放不是带来民心的振奋，而是民心的颓废；不是增强了党的凝聚力，而是带来民心的涣散——那决不是我们所要进行的改革开放。我们的目标是：既要发展经济，又要廉洁的政府、清明的政风。”习近平：《摆脱贫困》，福建人民出版社 1992 年版，第 26—27 页。

③ 《胡锦涛文选》第 3 卷，人民出版社 2016 年版，第 52 页。

任何时候反腐败斗争都不能有丝毫松懈。我们要对党中央坚定不移反腐败的决心和意志有足够信心，对实现打赢反腐败斗争这场战役的目标有足够信心，对反腐败斗争带来的正能量有足够信心，对反腐败斗争的光明前景有足够信心。

第七章　反腐败斗争必须坚持的原则

以什么样的态度对待腐败、以什么样的行动铲除腐败，决定着一个政党、一个政权的成败兴衰。① 一百余年来，在革命、建设和改革各个历史时期，我们党始终不忘初心、牢记使命，与时代同奋进，与人民共命运，不断推进党的自我革命，坚持从严治党，坚持不懈与腐败现象作斗争，不断创新反腐败的理念思路、体制机制、方式方法，保持党的先进性和纯洁性，始终保持党同人民群众的血肉联系。党的十八大以来，以习近平同志为核心的党中央高度重视并坚决改变管党治党宽松软状况，一体推进不敢腐、不能腐、不想腐，反腐败斗争取得压倒性胜利并全面巩固，为党和国家事业发生历史性变革、取得历史性成就提供了重要保障，向人民和历史交上了一份优异答卷。百余年来特别是党的十八大以来积累的宝贵经验弥足珍贵，对新时代深入推进反腐败斗争有着极为重要的指导意义，必须倍加珍惜、并且在新时代反腐败斗争实践中不断丰富和发展。

一　坚持党对反腐败斗争的全面领导

中国共产党领导是中国特色社会主义最本质的特征，是中国特

① 赵振宇：《打好自我革命攻坚战持久战》，《中国纪检监察》2022 年第 20 期。

色社会主义制度的最大优势。[①] 坚持党的领导已写入党章和宪法，是坚持四项基本原则的核心要求，是决定党和国家前途命运的重大原则问题，是最核心的政治纪律。坚持党对一切工作的领导，当然体现在党对全面从严治党的领导和管理上，体现在党对党风廉政建设和反腐败斗争的领导和把关上。对于中国共产党来说，党要管党、全面从严治党，最重要的就是实现干部清正、政府清廉、政治清明。加强党对反腐败斗争的全面领导，是全面从严治党的根本要求、鲜明底色，也是深入推进党风廉政建设和反腐败斗争的根本政治保证。

在坚持和发展中国特色社会主义的理论和实践的双重探索中，正是因为始终坚持党的集中统一领导，我们才能在革命、建设、改革的不同时期不断取得胜利，并进行具有许多新的历史特点的伟大斗争，才能成功应对一系列重大风险挑战、克服无数艰难险阻，才能推动全面从严治党不断向纵深发展，反腐败斗争才能取得压倒性胜利。党风问题和反腐败问题关乎人心向背，关系能否实现中华民族伟大复兴。没有党中央鲜明的政治态度、坚强领导、率先垂范，党风廉政建设和反腐败斗争就会一事无成。[②] 坚持党的领导是取得反腐败斗争胜利的根本保证。前进道路上，反腐败斗争形势依然严峻复杂，未来必定会面临这样那样的风险挑战，党的自我革命任重而道远。因此，在坚持党的领导这个重大原则问题上，全党全国必须丝毫不能动摇。

我们必须深刻领悟“两个确立”的决定性意义，增强“四个意识”、坚定“四个自信”，做到“两个维护”，牢记“国之大者”，坚决贯彻落实党中央决策部署，把党的领导贯彻和体现到全面从严治党和党风廉政建设的全过程各方面。我们党要不断提高执政水平，

---

① 习近平：《在庆祝中国共产党成立 100 周年大会上的讲话》，人民出版社 2021 年版，第 11 页。

② 王岐山：《依法治国　依规治党　坚定不移推进党风廉政建设和反腐败斗争：在中国共产党第十八届中央纪律检查委员会第五次全体会议上的工作报告》，《人民日报》2015 年 1 月 30 日第 3 版。

完善党的领导方式和执政方式，充分发挥党总揽全局、协调各方的领导核心作用，使党的领导更加适应实践、时代、人民的要求，确保反腐败斗争取得彻底胜利。

反腐败斗争是严肃的政治斗争，决不能看成只是业务问题，更要作为严肃的政治要求和政治责任，要确保各级纪委监委在党的集中统一领导下行使执纪执法权、坚持党对反腐败工作集中统一领导。实践中，中央纪委国家监委每年向中央政治局、中央政治局常委会请示汇报工作，重大工作事项、重大改革措施、重大立法项目和重大机构调整等及时主动向党中央请示报告，既报告结果、又报告过程。各级纪检监察机关加强向上级纪委监委和同级党委的请示报告，严格履行各项报批程序和手续，将党对反腐败工作的统一领导具体化，把党的领导真正落下去、实起来，转化成具体的行为规范。[①]

要落实党对纪检监察工作全覆盖、全方位、全过程领导，推进双重领导体制具体化、程序化、制度化。完善查办腐败案件以上级纪委监委领导为主的工作机制，开展落实重大事项请示报告条例专项检查，建立法规前置审核、备案审查工作机制，形成上下统一的工作规范、工作标准。调整优化内设机构设置，实行监督检查和审查调查职能分离、部门分设，完善与案件监督管理、案件审理部门协调机制。整合纪检监察工作运行规定及流程，健全统一决策、一体运行的执纪执法工作机制。[②]

坚持党的领导关键在加强党的建设，推进党的建设必须坚持问题导向。党员干部最终走上腐败的道路往往是从工作、生活等各方面作风问题开始的，并且，作风问题影响着党的形象。党的十八大前后，人民群众对党员尤其是党员领导干部的作风和廉洁问题反映

---

① 史梦宇：《厉行法治：以法治思维法治方式正风肃纪反腐》，《中国纪检监察》2022 年第 20 期。

② 《十九届中央纪律检查委员会向中国共产党第二十次全国代表大会的工作报告》，《人民日报》2022 年 10 月 28 日第 1 版。

最强烈。以习近平同志为核心的党中央精准把脉，从党的作风抓起，率先垂范，以中央的“八项规定”出台为起点，坚定不移正风肃纪、反腐惩恶，回应广大人民群众的期盼，巩固党的执政之基。全面从严治党，要靠全党、管全党、治全党。党风廉政建设和反腐败斗争仅靠党中央抓不行，仅靠纪委抓也不行，也要靠全党、管全党、治全党。主体责任是党章赋予各级党组织的基本责任。主体责任不能虚化空转，必须细化、具体化。各级党组织要切实担负起主体责任，落实政治责任，强化责任担当，以上率下，一级抓一级，层层传导压力，发挥领导核心和战斗堡垒作用；纪委要坚守监督执纪问责的定位，维护党章、严明党纪，监督党的路线方针政策执行情况和党中央重大决策部署落实情况，协助党组织加强党风建设和组织协调反腐败工作，确保党的集中统一。要把党委的主体责任、纪委的监督责任真正扛起来、落实下去，推动协助职责和监督责任贯通协同、主体责任和监督责任一贯到底，推动形成全党齐动手一起抓反腐败的局面。

二　坚持为党的中心工作服务

以经济建设为中心，是我们党在社会主义初级阶段基本路线的主要内容，是坚持和发展中国特色社会主义的工作重点，是兴国之要、立邦之本，是党和国家兴旺发达和长治久安的根本要求。中国发展取得了历史性进步，经济总量已经稳居世界第二位。但是，中国依然处于并将长期处于社会主义初级阶段的基本国情没有变，中国是世界上最大的发展中国家的国际地位没有变。中国目前的中心任务依然是经济建设，并在经济发展的基础上推动社会全面进步。[①]

① 习近平：《在布鲁日欧洲学院的演讲》，《光明日报》2014 年 4 月 2 日第 2 版。

党的一切工作都要围绕、服从这个中心，决不能干扰、冲击这个中心。因为只有牢牢扭住经济建设这个中心，毫不动摇坚持发展是硬道理、发展应该是科学发展和高质量发展的战略思想，推动经济社会持续健康发展，才能全面增强我国经济实力、科技实力、国防实力、综合国力，才能为坚持和发展中国特色社会主义、实现中华民族伟大复兴奠定雄厚物质基础。[①] 同样，纪检监察机关的一切工作都是围绕党在一个时期的中心任务开展的，必须从政治和全局上把握。显而易见，反腐败斗争也必须服从和服务于经济建设这个中心任务，而不能背离和干扰它。反腐败斗争是为更好地坚持和发展中国特色社会主义保驾护航，因而反腐败必须寓于经济建设和改革开放之中，符合完善和发展中国特色社会主义制度、推进国家治理体系和治理能力现代化的总目标，而不能游离其外。反腐败斗争对坚持经济建设这个中心工作起着重要保障作用，它为经济建设和高质量发展提供良好的社会政治环境和条件，保证经济建设和改革开放沿着正确轨道前进。要保持现代化建设的社会主义方向、将改革开放进行到底，就必须坚决、持久地推进反腐败斗争。

反腐败斗争必须服从并服务于党和国家的中心工作，保障党的基本理论、基本路线、基本方略得以贯彻落实，更好地引领党和人民事业发展。反腐败斗争要为党的中心工作服务从来不是抽象的，而是具体的。以政治巡视为例，中央巡视自觉围绕中心、服务大局，聚焦党的路线方针政策、党中央重大决策部署、习近平总书记重要指示要求的贯彻落实情况，紧扣“四个落实”监督重点，深入查找问题。巡视中央和国家机关单位党组织时，对照“三定”规定看党中央赋予的职能责任是否履行到位；巡视中央管理企业党组织时，看履行主责主业、服务国家发展战略情况如何；巡视中管高校党组织时，围绕立德树人根本任务看党中央关于教育工作的决策部署是

① 习近平：《在庆祝改革开放40周年大会上的讲话》，《人民日报》2018年12月19日第2版。

否得以贯彻……对于具体业务问题，注重从党委（党组）的政治责任上分析根源，查找政治偏差，督促被巡视党组织扎实履行职责使命，用实际行动践行“两个维护”。[①] 要始终把党风廉政建设和反腐败斗争放在中国特色社会主义事业大局中、放在坚持统筹推进“五位一体”总体布局、协调推进“四个全面”战略布局中来认识和把握，始终围绕党和国家在不同历史时期的中心工作来谋划和开展，坚持把反腐败工作同改革开放和经济建设的重大决策部署相衔接，聚焦我国发展面临的突出矛盾和问题，提出解决问题的正确思路和有效办法，确保各项重大改革开放举措落到实处，推动新时代改革开放和经济建设走得更稳、走得更远。要引导各级党组织树立反腐败工作与业务工作一体推进的理念，将二者同部署、同落实、同考核，形成围绕业务工作抓反腐败、抓好反腐败工作促业务的良性互动局面；将党建责任制、行政问责制等结合起来，推动反腐败工作与中心工作的任务、要求等细化为具体指标，将反腐败工作纳入干部绩效考核体系。

三 坚持经常的思想政治教育

唯物辩证法主张外因是变化的条件，内因是变化的根据，外因通过内因而起作用。[②] 腐败的外在表现是贪污腐化、滥用职权、生活奢侈、官僚主义等，但内在原因则在于腐败分子的理想信念淡薄、权力认识不清、自律能力不够、服务意识不强，忽视了世界观、人生观、价值观的改造。换言之，一个党员干部的腐败蜕变，就是从理想信念丧失或缺失开始的。对党员干部来说，没有理想信念或者

---

① 马直辰、王丹妮：《政治巡视全面从严治党利剑作用充分彰显》，《中国纪检监察》2022 年第 20 期。

② 《毛泽东选集》第 1 卷，人民出版社 1991 年版，第 301—302 页。

理想信念动摇，就会迷失方向，政治灵魂缺少支撑，精神上就会缺钙，得“软骨病”。世界观、人生观、价值观这个“总开关”拧不紧，就会在风雨面前东摇西摆，就不能经得起各方面诱惑，就会出现各种出轨越界、跑冒滴漏。纵观中国共产党无数的先烈，正是坚定的理想信念支撑着他们不断克服艰险，甚至是慷慨赴义视死如归。钉上耻辱柱的腐败分子之所以腐化堕落最终走上不归路，最根本的原因就是丧失了理想信念，“总开关”出了问题，在利益面前，忘记了党的宗旨，弯下了共产党人的精神脊梁，丧失了精神灵魂。

因此，深入推进党风廉政建设和反腐败斗争，必须从源头防范，狠抓教育，用马克思主义中国化时代化最新成果——习近平新时代中国特色社会主义思想武装全党，不断筑牢思想防线。在面对贪腐利益集团威胁、资本围猎、不良意识侵蚀和各种诱惑时，都能立场坚定、旗帜鲜明，清清白白做人，干干净净干事，始终做到秉公用权、依法用权、廉洁用权，不以权谋私、不假公济私、不贪污腐败，始终保持共产党人的政治本色。

要把坚定理想信念作为教育的首要任务，在立根固本培元上下足功夫，铸牢理想信念宗旨这个政治灵魂。要教育引导全体党员坚定马克思主义信仰、对共产主义和社会主义的信念，坚定对党和人民的忠诚，坚守真理、坚守正道、坚守原则、坚守规矩，从思想上自觉抵制各种诱惑，改善作风提升防腐能力。有自信才能有定力。中华优秀文化是我们民族的根和魂，共产党人为之奋斗的理想和目标蕴含着中华民族的价值追求，要从中华传统文化精华中汲取智慧和力量，始终对党的事业、国家命运、民族前途满怀信心。[①] 要学懂弄通做实习近平新时代中国特色社会主义思想，把学习成果转化为不可撼动的理想信念，用理想之光照亮奋斗之路，用信仰之力开创美好未来。要教育党员干部“正其义不谋其利”，牢记当官不要以钱

---

① 《十八届中央纪律检查委员会向中国共产党第十九次全国代表大会的工作报告》，《人民日报》2017 年 10 月 30 日第 1 版。

为念，要以理想为基础，鱼和熊掌不可兼得，当官发财两条道，当官就不要发财，发财就不要当官，否则，最终只能落得个“官财两空”的下场。要教育引导广大党员、干部经常进行思想政治体检，同党中央要求“对标”，拿党章党规“扫描”，用人民群众新期待“透视”，同历史和时代楷模“对照”，不断反省自己，以殷为鉴，始终远离诱惑，真正做一个纯粹的人、高尚的人。

四 坚持标本兼治

任何权力都面临被腐蚀的危险，执政党永远要面对与腐败的斗争。我们党历来重视拒腐防变，腐败问题的产生有着复杂的历史与现实原因，是同我们党的性质、宗旨完全相背离的，坚决反对腐败是党一贯坚持的鲜明立场。总结长期以来我们党反腐败斗争的经验，就是要始终坚持一手抓改革发展、一手抓反腐败斗争，坚持思想建党和制度治党紧密结合、同向发力。改革开放以来，党中央的反腐方针一直是坚持标本兼治，但是并未收到既治标又治本的功效。党的十八大以来，以习近平同志为核心的党中央对反腐败斗争做出了新的重要部署，决定采取先治标后治本、标本兼治的新反腐策略。在坚持标本兼治的前提下，一个时期内加大反腐败惩治力度，做到有腐必查、贪腐必究，开展了“打虎”“拍蝇”“猎狐”行动，形成反腐的高压态势，为治本赢得时间。从治标入手，把治本寓于治标之中，让党员干部因敬畏而“不敢”，因制度而“不能”，因觉悟而“不想”。

治标，就是要有明确的问题导向，将工作的重点放在解决最突出的矛盾上，出台相应反腐败政策，遏制腐败之风，以最短时间达到不敢腐的效果。发现问题是解决问题的关键、创新的起点，把住问题之所在就抓住了反腐败斗争的“牛鼻子”。党的十八大以来，党中央强化问题意识、坚持问题导向，扭住反腐败的深层次矛盾和重点难点问题持续发力、精准发力，进行开拓性、创造性工作，反腐败斗争取得压倒性胜利。治标可以为治本赢得时间，在治标的基础上要加大治本的力度。即使治标，也不能就事论事，头痛医头、脚痛医脚，而要着眼长远，以完善体制机制为更高目标，着力在解决问题中完善新体制新机制、推进国家治理体系和治理能力现代化。

在新时代，发挥标本兼治综合效应，就要充分认识反腐败斗争的长期性复杂性艰巨性，把握好纠正与防范、治标与治本、阶段性与连续性的关系，既善用治标的利器，又夯实治本的基础，防范商品交换原则向党内渗透，强化党和国家自我监督，构建党统一指挥、全面覆盖、权威高效的监督体系，确保党永不变质、红色江山永不变色。[①] 要坚定信心决心，保持定力耐力，以一体推进不敢腐、不能腐、不想腐的体制机制成效深化标本兼治。要以稳高压态势、稳惩治力度、稳干部群众对持续正风反腐的预期，以综合运用政策策略和纪律法律增强惩治效果，以深化改革创新提升执纪执法水平，以久久为功的韧劲持续净化政治生态，坚定不移推动党风廉政建设和反腐败斗争向纵深发展。[②]

五　坚持依法反腐

“法令行则国治，法令弛则国乱。”党的十八大以来，以习近平

---

① 赵乐际：《忠实履行党章和宪法赋予的职责　努力实现新时代纪检监察工作高质量发展：在中国共产党第十九届中央纪律检查委员会第三次全体会议上的工作报告》，《人民日报》2019年2月21日第4版。

② 赵乐际：《坚持和完善党和国家监督体系为全面建成小康社会提供坚强保障：在中国共产党第十九届中央纪律检查委员会第四次全体会议上的工作报告》，《人民日报》2020年2月25日第3版。

同志为核心的党中央确立法治为治国理政的基本方式，依规治党为管党治党的基本方式，并将监督制度纳入中国特色社会主义法治体系，推进依规治党和依法治国有机统一。习近平总书记指出："我们党要履行好执政兴国的重大历史使命、赢得具有许多新的历史特点的伟大斗争胜利、实现党和国家的长治久安，必须坚持依法治国与制度治党、依规治党统筹推进、一体建设。"习近平总书记高度重视反腐败工作规范化法治化正规化建设。2013 年 1 月，习近平总书记在十八届中央纪委二次全会上强调，要"善于运用法治思维和法治方式反对腐败，加强反腐败国家立法，加强反腐倡廉法规制度建设，让法律制度刚性运行"；2017 年 10 月在党的十九大报告中要求"制定国家监察法"；2018 年 12 月 13 日在主持十九届中央政治局第十一次集体学习时强调"促进执纪执法贯通，有效衔接司法，推进反腐败工作法治化、规范化"；2021 年 12 月 6 日在中央政治局会议上强调"以法治思维和法治方式强化监督、防治腐败"。既表明了新时期管党治党、反腐败斗争更加注重法治建设的鲜明态度，也对纪检监察工作的规范化法治化正规化提出明确要求。①

坚持依法反腐必须强化法治思维。2018 年 1 月十九届中央纪委二次全会工作报告提出，"以法治思维和法治方式惩治腐败，确保每一起案件都经得起历史和人民检验"；2020 年 11 月十九届中央纪委常委会第十八次集体学习会强调，"运用法治思维法治方式正风反腐，努力在推进全面依法治国中展现出更大的担当和作为"；2021 年 1 月十九届中央纪委五次全会要求，"依规依纪依法正风肃纪反腐，落实依法治国和依规治党有机统一要求，促进履职尽责规范化法治化"；2022 年 9 月全国纪检监察系统表彰大会强调，"加强规范化、法治化、正规化建设，增强法治意识、程序意识、证据意识，以法治思维和法治方式正风反腐，让纪法成为不

① 史梦宇：《厉行法治：以法治思维法治方式正风肃纪反腐》，《中国纪检监察》2022 年第 20 期。

可逾越的底线”[①]。法治思维是指受法律规范、法律原则、法律精神和法律逻辑约束、指引的一种思维方式。在反腐败工作中，运用法治思维的核心要义是限制、约束权力滥用，在党员干部的思想上充分认识到要按照法定权限和程序行使权力。党员，尤其是领导干部要始终拧紧法治意识这根弦，牢固树立法律红线不可逾越、法律底线不可触碰的意识，必须要做到带头遵守法律、执行法律，自觉接受法律的约束。领导干部要把对法治的尊崇、对法律的敬畏转化成思维方式和行为方式，做到在法治之下、而不是法治之外、更不是法治之上想问题、作决策、办事情。谋划工作、处理问题、说话做事都要运用法治思维。党纪国法不能成为“橡皮泥”“稻草人”，违纪违法都要受到追究。[②] 深刻把握依规治党和依法治国的内在一致性，自觉把政治意识与法治思维统一起来，增强法治意识、程序意识、证据意识，做到职权法定、程序规范、监督有力。[③] 反腐败工作应于法有据，严格遵照宪法和法律，坚持依法办事，做到以事实为根据，以法律为准绳。反腐败最核心的内容就是防范和惩治公权力滥用，但在某种意义上，其本身也是一种公权力，同样要“关在笼子里”。

坚持依法反腐必须加强法制建设。经过百年来的实践探索，尤其是党的十八大以来，我们党加强党内法规建设，制定了大量党内法规，原有党内法规与时俱进得到修订，法规制度体系建设的科学化水平不断提高，具有中国特色的包括党章、准则、条例、规则、规定、办法、细则在内的党内法规制度体系已经形成。健全的反腐败国家法律体系是推进反腐败斗争法治化规范化的重要保障。要注

---

① 史梦宇：《厉行法治：以法治思维法治方式正风肃纪反腐》，《中国纪检监察》2022 年第 20 期。

② 《领导干部要做尊法学法守法用法的模范带动全党全国共同全面推进依法治国》，《光明日报》2015 年 2 月 3 日第 1 版。

③ 《十九届中央纪律检查委员会向中国共产党第二十次全国代表大会的工作报告》，《人民日报》2022 年 10 月 28 日第 1 版。

重党内法规同国家法律的有机衔接。党规党纪要做到要义明确、简明易懂、便于执行，要求真务实、循序渐进，成熟后再上升为制度。要将从严治党的实践成果固化为制度，不断完善反腐败工作相关党规党纪和法律法规，推进反腐败国家立法，坚决遏制腐败，维护党的肌体健康。2018 年 12 月印发的《中国共产党纪律检查机关监督执纪工作规则》，对纪检监察机关履行职责的权限和程序做出规范；2021 年 8 月通过的《中华人民共和国监察官法》，将监察法规定的监察机关职责予以细化具体化，将监察官履职要求具体化、制度化、法律化；2021 年 12 月印发的《中国共产党纪律检查委员会工作条例》，对纪委的领导体制、产生运行、任务职责、自身建设等做出全面规范。一系列标志性、关键性、基础性法规制度的出台，为纪检监察机关依规依纪依法履行职责提供了有力保证。[①] 总之，要认真总结我们党、无产阶级政党、世界政党制度建设理论和实践经验，立足当前、着眼长远，统筹推进党内法规制度建设，建成完备的党内法规制度体系。

坚持依法反腐，要做到党纪严于国法。在全面依法治国条件下，法律是任何组织和个人必须遵守的底线。我们党的性质、宗旨和执政地位决定了党规党纪必然严于国家法律。把纪律和规矩挺在法律的前面，就是用严明的纪律管住全体党员，解决党内法规中纪法不分的问题。如果混淆了纪律和法律的界限，把违纪当成“小节”，党员不违法就没人管、不追究，就会造成“要么是好同志、要么是阶下囚”的局面。坚持纪严于法、纪在法前，实现纪法分开，是思想认识的一次飞跃，是管党治党的理念创新。各级党组织必须克服惯性思维，以纪律为戒尺，发现苗头就要及时提醒，触犯纪律就要立即处理。纪检监察机关要依纪监督、从严执纪，真正把纪律立起来、严起来，

① 史梦宇：《厉行法治：以法治思维法治方式正风肃纪反腐》，《中国纪检监察》2022 年第 20 期。

执行到位，让纪律真正成为管党治党的尺子、不可逾越的底线。①

坚持依法反腐需要法律和道德共同发挥作用。中国这么大一个国家、中国共产党这么大一个执政党，不可能仅仅靠法律党纪来治理。法律法规再健全、体系再完备，最终还要靠人来执行。党员、领导干部出现腐败问题只是“表”，党的观念淡漠、组织涣散、纪律松弛才是“里”，根子在于理想信念动摇、宗旨意识丧失、党的领导弱化。所以，党员、领导干部一旦在道德上出问题，必然导致纲纪松弛、法令不行。从党的十八大以来查处的严重违纪违法案例看，有的领导干部法治意识淡薄、法治思维缺失，甚至根本没有学习过党规国法，不知法律法规，无视规矩、不讲廉耻，根本不把党纪国法当回事，毫无戒惧之心。职位越高、权力越大，越应心存敬畏，战战兢兢、如履薄冰，决不能无法无天、胆大妄为。② 在坚持依法反腐的同时，还要坚持以德为先、立根固本，做到依规治党与以德治党相统一。“德”就是理想信念宗旨、优良传统作风。要继承和弘扬中华民族优秀传统文化，汲取礼法相依、崇德重礼、正心修身等历史智慧，发挥礼序家规、乡规民约的教化作用，让崇德向善和遵规守纪相辅而行，坚持高标准毫不动摇，严守纪律的底线，坚持自律与他律相结合，既强化道德感召作用的发挥，又不断增强纪律的约束力。要抓好党性教育这个共产党人的“心学”和党员正心修身的必修课。党员干部向着高标准努力，心存敬畏和戒惧，就能坚守纪律，永葆党的先进性和纯洁性。③

---

① 王岐山：《全面从严治党把纪律挺在前面忠诚履行党章赋予的神圣职责：在中国共产党第十八届中央纪律检查委员会第六次全体会议上的工作报告》，《人民日报》2016 年 1 月 25 日第 3 版。

② 王岐山：《在中国共产党第十八届中央纪律检查委员会第四次全体会议上的讲话》，中央纪委监察部网站，2014 年 10 月 25 日，http：//www. ccdi. gov. cn/xxgk/hyzl/201412/t20141203_ 114170. html。

③ 王岐山：《全面从严治党把纪律挺在前面忠诚履行党章赋予的神圣职责——在中国共产党第十八届中央纪律检查委员会第六次全体会议上的工作报告》，《人民日报》2016 年 1 月 25 日第 3 版。

纪检监察机关是依规治党和依法治国的重要力量，运用法治思维和法治方式正风肃纪反腐，既是习近平法治思想在纪检监察工作中的具体体现，也是实现新时代纪检监察工作高质量发展的内在要求。纪检监察机关必须依据党章党规党纪和宪法法律法规赋权、限权、行权，以法治思维和法治方式推进监督、防治腐败。党章规定，各级纪委是党内监督专责机关，职责是监督执纪问责；宪法和监察法规定，各级监委是国家的监察机关，职责是监督调查处置。纪检监察机关要强化自我监督，针对自身权力运行机制和管理监督体系的薄弱环节，完善内控机制，扎紧制度笼子，坚决防止“灯下黑”，把不敢腐不能腐不想腐的理念贯穿自身建设之中，确保纪检监察权在法治轨道上规范运行。坚持执纪执法部门监督检查和审查调查“前后台分设”，进一步清晰界定各部门的权力边界，建立纪检监察机关内部机构相互协调、相互制约的工作机制。加强日常监管，建立监管台账，做实日常监督，最大限度地压缩了自由裁量权的使用空间。严格纪检监察工作流程，加强内部监督制约机制建设，把监督执纪执法权力关进制度的笼子。①

六　坚持人民至上

在中国共产党人的字典里，“人民”二字重千钧。习近平总书记始终心系百姓、情系人民，无论是打赢脱贫攻坚战，还是打赢疫情防控阻击战，无论是推进健康中国、平安中国、美丽中国建设，还是解决人民最关心最直接最现实的利益问题，他都强调“坚持以人民为中心”，要求“凡是群众反映强烈的问题都要严肃认真对待，凡是损害群众利益的行为都要坚决纠正”。

① 史梦宇：《厉行法治：以法治思维法治方式正风肃纪反腐》，《中国纪检监察》2022 年第 20 期。

中国共产党的根本宗旨是全心全意为人民服务。这就要求我们要始终将人民的利益放在首位，将人民满意不满意、高兴不高兴作为衡量工作成效的最高标准。党的根基在人民、血脉在人民、力量在人民，人民是党执政兴国的最大底气。民心是最大的政治，是党领导和执政的最宝贵资源。党的执政基础，最重要、最根本的是政治基础。我们党最大的政治优势是密切联系群众，民心始终是我们党最深厚的执政之基。坚持以人民为中心的根本立场，是以习近平同志为核心的党中央对我们党人民观的高度概括。践行以人民为中心的发展思想，就必须着力解决严重损害群众利益的干部腐败以及作风问题，这是不断厚植党执政的政治基础和群众基础的必然要求。拒腐防变、坚定进行反腐败斗争的根本目的在于永葆党的先进性、纯洁性和战斗力，坚定人民群众对党的信心和信任，不断增强党的执政基础。

党的十八大以来，以习近平同志为核心的党中央，立足于维护民心这个最大的政治，坚持人民至上根本立场，始终保持惩治腐败高压态势，有腐必反、有贪必肃，把整治群众身边腐败和作风问题作为推动全面从严治党向纵深发展、确保党中央重大决策部署和政策措施贯彻落实的有力举措。各级纪检监察机关以“执纪执法为民、纠风治乱为民”的实际行动保障群众安居乐业，持续守护人民群众的获得感、幸福感、安全感，厚植了党执政的政治基础和群众基础。首先，在护航脱贫攻坚决战决胜中，强化监督、跟进监督，工作压茬推进，治理年年深化，坚决斩断伸向扶贫资金的“黑手”，对胆敢向扶贫资金财物“动奶酪”的严惩不贷；对脱贫攻坚中的形式主义、官僚主义问题果断亮剑，对搞数字脱贫、虚假脱贫的严肃问责；开展三年扶贫领域腐败和作风问题专项治理期间，全国共查处相关问题 28 万个，给予党纪政务处分 18.8 万人。铁纪清风让贫困群众真正享受到了党的好政策，有力确保了脱贫工作务实、脱贫过程扎实、脱贫结果真实。为做好巩固拓展脱贫攻坚成果同乡村振兴有效衔接各项工作，扣牢“有效衔接”这个关键，锚定“乡村振兴”这个目标，开展过渡期专项监督，坚持乡村振兴资金项目投入到哪里、监督检查就跟进到哪里，2021 年全国查处巩固拓展脱贫攻坚成果同乡村振兴有效衔接方面腐败和作风问题1.9 万个，处分1.7 万人；2022 年上半年查处乡村振兴领域腐败和作风问题 1.1 万个，处分 1.1 万人。监督不松劲、不缺位、不断档，将脱贫群众“扶上马走一程”，纪检监察机关巩固提升脱贫质量，促进乡村振兴有序推进，护航党的好政策不断落实落细，保障人民的日子越过越好。其次，彻查黑恶势力“保护伞”，保障人民安居乐业。对黑恶势力露头就打、决不让其再祸害百姓；把扫黑除恶同基层“拍蝇”结合起来，加强与政法机关协同配合，攻克了一个个“钉子案”“骨头案”，极大地震慑了黑恶势力犯罪，人民群众拍手叫好；督办了一批案情复杂、影响较大案件，各级纪检监察机关较真碰硬，对背后“保护伞”“关系网”没查清的不放过，对背后腐败问题没查清的不放过，对失职渎职问题没查清的不放过；把“打伞破网”同政法队伍教育整顿结合起来，推动常态化“打伞破网”走深走实；把“打伞破网”同促进治理结合起来，从根本上遏制黑恶势力滋生蔓延。扫黑除恶专项斗争开展以来，截至2022 年4 月底，全国共查处涉黑涉恶腐败和“保护伞”问题 10.1 万个，给予党纪政务处分 9.2 万人，移送检察机关 1.2 万人。这份沉甸甸的“打伞破网”成绩单顺应了民心，维护了平安，彰显了正义。再次，整治民生领域“微腐败”，确保损害群众利益的事有人管能管好。把那些对中央政策置若罔闻、对民生疾苦麻木不仁、对民生资源巧取豪夺的“硕鼠”“蠹虫”揪出来、清出去，让人民群众真正在反腐“拍蝇”中提升获得感。党的十八大以来，各级纪检监察机关始终把“蝇贪”“蚁腐”作为监督执纪问责的重点，加大对“小官大贪”惩处力度。党的十九大以来，力度不减、节奏不变，截至今年 4 月底全国共查处民生领域腐败和作风问题 49.6 万个，给予党纪政务处分 45.6 万人。各级纪检监察机关在深挖细查民生领域背后的腐败、责任和作风问题之余，进一步把监督的“放大镜”聚焦到群众反映强烈的突出问题上，围绕教育医疗、养老社保、生态环保、安全生产、食品药品安全、执法司法等重点领域，摸清“病灶”、找到“病根”，精准选题、“点穴”整治，推动从查处个案向解决共性问题拓展，从局部治理向全域治理拓展，从惩治极少数向教育大多数拓展。新时代十年，我们党正风肃纪反腐有力度，亲民为民惠民有温度。始终坚持人民群众反对什么、痛恨什么，就坚决防范和纠正什么，以管党治党的实际成效解答了“江山就是人民，人民就是江山”的时代课题。国家统计局民意调查显示，97.4%的群众对党的十九大以来全面从严治党、党风廉政建设和反腐败工作成效表示满意。[①] 新时代新征程，我们要打赢反腐败斗争攻坚战持久战，就必须坚持人民至上、站稳人民立场，坚持反腐为民、反腐惠民的价值取向和根本立场，做到执纪执法为民、纠风治乱为民，凡是群众反映强烈的问题都严肃认真对待，凡是损害群众利益的行为都坚决纠正，不断在扶弱济贫中践行为民宗旨，在惩恶扬善中笃定为民初心，在排忧解难中厚植为民情怀，让群众获得感成色更足、幸福感更可持续、安全感更有保障。[②]

群众路线是我们党的根本工作路线和生命线，也是我们党的优良传统和政治优势。反腐败必须走群众路线。从社会分层的角度来看，群众显然属于大众阶层而非精英阶层。如果从官民二元划分的角度来看，群众应该属于“民”的范畴。群众路线是党的领导和群众参与的结合，是官民共治的新型国家治理模式。群众路线要求从群众中来到群众中去，表明中国共产党在治国理政过程中强调发挥群众的作用。群众路线的治理模式不是单向的治理，而是双向的治

① 《十九届中央纪律检查委员会向中国共产党第二十次全国代表大会的工作报告》，《人民日报》2022年10月28日第1版。

② 沈叶、董非晨：《人民至上：以管党治党实效筑牢执政根基》，《中国纪检监察》2022年第20期。

理：一方面，中国共产党要发挥引导作用；另一方面，中国共产党又要重视群众的意见和诉求。所以，作为治理模式的群众路线是中国共产党和群众的双向共治，是精英和大众的互动共治，是新型的官民共治模式。以群众路线为基础的官民共治超越了传统的官僚治理。在传统的官僚治理下，一切权力依职能和职位进行分工和分层，建立以规则为管理主体的组织体系和管理方式，它强调内部分工、职位分等、公开选拔、制度规范等原则。官僚治理的权力流向也是单向的，官民之间的关系是命令—服从关系。群众路线的治理则超越了这种治理模式，它可以跨越科层制的制约，使得任何级别的精英都能够直接面对人民大众。群众路线的治理也改变了干群关系，因为在这种模式下权力流向是双向的。一方面，领导干部要对人民群众加强领导、树立权威；另一方面，人民群众也通过与干部的直接接触，对公共政策产生影响，甚至对领导干部形成制约和监督。以群众路线为基础的官民共治不同于西方的民主治理。西方民主治理是选举制度与官僚制度结合的产物，它包括两个组成部分。民众通过选举产生代理人，然后由代理人通过官僚机器来实现整个国家治理的运转。但是，一旦代理人产生以后，他们与民众之间就有了距离。群众路线的治理则完全打开了另一条通道，它在党和群众之间架起了一座桥梁，形成合作共治，从而避免了西方国家存在的因授权而导致的代理人脱离选举人的局面。在群众路线的治理中，人民群众不再是治理的旁观者，而是深入参与具体治理过程之中。显然，群众路线不再是间接的治理，而是一种带有直接民主和协商色彩的治理模式。以群众路线为基础的党群共治是民主治理与官僚治理的混合模式。就群众路线的治理而言，“一方面，官僚体制的各级组织发展出一整套的治理技术，用以组织群众、发动群众卷入党和政府布置的各项工作和运动中。另一方面，通过发动群众来制约和整顿官僚组织。”① 有人

① 周雪光：《国家治理逻辑与中国官僚体制：一个韦伯理论的视角》，《开放时代》2013年第3期。

对某一城镇的跟踪研究表明，“群众路线是矛盾的结合体，行政体系的动员和群众动员，运动式的治理与科层制工作方法都是群众路线的有机组成部分，两者缺一不可。”[①] 在群众路线的治理中，一方面群众广泛地参与到治理过程中，群众在治理过程中具有较强的影响力；另一方面，它又强调治理的组织和领导。群众路线的治理是在党组织领导下进行的，同时又动员广大群众参与。一方面，它试图通过动态的群众参与来弥补官僚治理过于僵化的、自我封闭的弊端，希望从群众中获取治理的资源和策略；另一方面，它又希望通过党组织的领导和动员来控制群众对秩序可能带来的威胁，在精英治理和大众治理之间寻找平衡。[②] 由此，在我们党领导的反腐败斗争中，人民群众是遏制腐败行为和监督权力的基本队伍和根本力量。各种腐败现象，归根结底都是损害人民利益的，最为群众所深恶痛绝。因此，深入推进党风廉政建设和反腐败斗争是民意所致、民心所向，必然会得到人民群众的拥护和支持。党员、干部生活在群众中间，群众对他们的行为最有发言权。反腐败斗争实践也反复证明，许多腐败案件的发现和突破都是来自群众的检举和揭发。可以说，如果没有人民群众的支持参与，反腐败斗争就很难取得今天的成效。要贯彻党的群众路线，要把为了人民与依靠人民统一起来、贯穿反腐败各项工作中，推动解决人民群众反映最强烈、对党的执政基础威胁最大的问题，不断夯实党长期执政的政治根基。要坚持让群众评判，持续整治群众身边的腐败问题，坚决惩治群众身边的“蝇贪”，让群众感到正风肃纪反腐就在身边。不断开拓和畅通群众监督的渠道，释放群众和媒体监督正能量，形成无处不在的监督网，让腐败分子无处藏身，为深入推进党风廉政建设提供强大支撑。

---

① 吕德文：《群众路线与基层治理：赣南版上镇的计划生育工作（1991—2000）》，《开放时代》2012 年第 6 期。

② 姜卫平：《中国共产党的群众路线：革命理论、决策方式、治理模式、民主形式》，《世界社会主义研究》2019 年第 5 期。

在强调依靠群众并充分发挥群众作用的同时，要注意避免用群众运动的方式来解决腐败问题的倾向。群众运动作为我们党在特定历史时期、特定历史条件下贯彻群众路线的一种形式，曾经发挥了重要作用。董必武曾经指出："大规模的革命运动是群众运动，没有这些群众运动是不行的，比如土地改革，仅仅依靠中央人民政府发布一个法律而不动员人民群众是不行的，必须发动群众，让群众来参加，问题才能解决的比较彻底。"[①] 但是，用群众运动的方式来反腐败，难免会误伤好人，漏掉坏人，伤害人民群众的积极性，同时也会影响社会的正常秩序，冲击党的中心工作，最终也难以达到反腐败的预期目的。[②] 从治理的角度来看，大众治理一旦被动员起来，它能够自我生长和扩张，以至于会侵犯或者消弭精英治理，使精英治理与大众治理之间的平衡点被打破，走向无序的、暴力的治理。因此，决不能因群众运动的重要作用而将其看成是群众路线的唯一形式。反腐败坚持依靠群众，贯彻群众路线，扩大公众参与，就必须贯彻民主意识、法治精神，同时还要防止"大民主"的群众运动。

七　保持永远在路上的恒心和韧劲

腐败是党内各种不良因素长期积累、持续发酵的体现，反腐败就是同各种弱化党的先进性、损害党的纯洁性的病原体作斗争。这种斗争极其复杂、极其艰难，容不得丝毫退让妥协，必须始终保持正视问题的勇气和刀刃向内的坚定，坚决割除毒瘤、清除毒源、肃清流毒，以党永不变质确保红色江山永不变色。[③] 从作风建设永远在

---

① 《董必武选集》，人民出版社 1985 年版，第 340 页。

② 陈登才等：《党的领导和党的建设》，中共中央党校出版社 1997 年版，第 343 页。

③ 《提高一体推进"三不腐"能力和水平全面打赢反腐败斗争攻坚战持久战》，《人民日报》2022 年 6 月 19 日第 1 版。

路上到党风廉政建设和反腐败斗争永远在路上，再到全面从严治党永远在路上、自我革命永远在路上，彰显着共产党人的恒心和韧劲，体现了我们党对管党治党规律的坚持和不断深化。永远在路上，是在综合考量历史经验教训与当下反腐败斗争实践基础上得出的，是对新时期腐败发生规律与反腐败治理路径认识的进一步深化，更是我们党将反腐败斗争进行到底的态度与决心的展现。[①] 冰冻三尺非一日之寒。管党治党宽松软局面是多年形成的，要将管党治党变为严紧硬也绝非一日之功，从宽松软到严紧硬必然是一个长期过程，党风廉政建设和反腐败斗争只有进行时，永远在路上。

对于反腐形势，我们党始终保持清醒认识。从1993年开始，我们党对反腐败斗争形势一直沿用“依然严峻”的判断。党的十八大以来，党中央深化了对反腐败斗争形势的认识，强调形势“依然严峻复杂”。虽然当前反腐败斗争已经取得压倒性胜利并全面巩固，但是“四风”树倒根在，重压之下花样翻新，防止反弹任务艰巨；权权交易、权钱交易、权色交易和利益输送现象依然存在，“围猎”和甘于被“围猎”交织等问题依然突出，遏制腐败蔓延的任务仍然艰巨。总之，“四风”一旦反弹，腐败再次蔓延，后果不堪设想。党风廉政建设和反腐败斗争是一场输不起的斗争。[②] 赢得拒腐防变的胜利，建设廉洁高效的政治，需要我们党坚持不懈努力。邓小平同志多次强调，反腐败是一项长期的工作，必须常抓不懈。我们反对腐败，搞廉洁政治，不是搞一天两天、一月两月，整个改革开放过程中都要反对腐败。这一思想，对新时代反腐败斗争依然适用。“相对于实现中华民族伟大复兴的漫漫征程，全面从严治党仅仅是开了个头，任重而道远。”[③]

---

① 贾亮：《永远在路上只有进行时》，《中国纪检监察报》2016年3月3日第1版。

② 王岐山：《依法治国　依规治党　坚定不移推进党风廉政建设和反腐败斗争——在中国共产党第十八届中央纪律检查委员会第五次全体会议上的工作报告》（2015年1月12日），《人民日报》2015年1月30日第3版。

③ 王岐山：《全面从严治党把纪律挺在前面忠诚履行党章赋予的神圣职责——在中国共产党第十八届中央纪律检查委员会第六次全体会议上的工作报告》（2016年1月12日），《人民日报》2016年1月25日第3版。

强大的政党是在自我革命中锻造出来的。环顾当今世界，没有哪个政党有我们党这样的反腐决心、力度和成效，也没有哪个国家能够像中国这样，在强力反腐肃贪的同时保持经济快速发展、社会长期稳定。2013 年，中央政治局常委会审议巡视情况综合报告时，习近平总书记严正表明，“不管级别有多高，谁触犯法律都要问责，都要处理，我看天塌不下来。”2021 年全国两会参加内蒙古代表团审议时，习近平总书记谈到煤炭资源领域的腐败问题时非常严肃地指出，“这个账总是要算的”，并明确要求，对增量腐败坚决零容忍，对存量腐败只要揭露出来了也是零容忍。“这里，我再用重槌敲一下响鼓！”在学习贯彻党的十九届六中全会精神专题研讨班上，习近平总书记面对来自各领域各行业的党员领导干部斩钉截铁：“不论谁在党纪国法上出问题，党纪国法决不饶恕！特别是对那些攫取国家和人民利益、侵蚀党的执政根基、动摇社会主义国家政权的人，对那些在党内搞政治团伙、小圈子、利益集团的人，要毫不手软、坚决查处！”“‘怎么老抓？没完没了。’只要存在就没完没了，就是要永远进行时。”习近平总书记一以贯之坦荡回应各种关于正风反腐的杂音噪音。习近平总书记在党的二十大上再次掷地有声地强调，“全面从严治党永远在路上，党的自我革命永远在路上，决不能有松劲歇脚、疲劳厌战的情绪，必须持之以恒推进全面从严治党，深入推进新时代党的建设新的伟大工程，以党的自我革命引领社会革命。”“只要存在腐败问题产生的土壤和条件，反腐败斗争就一刻不能停，必须永远吹冲锋号。”① 我们必须保持永远在路上的政治定力，态度不变、决心不减、尺度不松，将反腐败斗争进行到底，坚决打赢反腐败斗争攻坚战持久战。

---

① 习近平：《高举中国特色社会主义伟大旗帜　为全面建设社会主义现代化国家而团结奋斗——在中国共产党第二十次全国代表大会上的报告》，人民出版社 2022 年版，第 64、69 页。

第八章　新时代反腐败斗争的着力点

新时代，我们党坚持打铁必须自身硬，从制定和执行中央八项规定入手，到以政治建设为统领全面推进党的建设，从形成压倒性态势到取得压倒性胜利并全面巩固，反腐败斗争不断向纵深推进，充分彰显了以习近平同志为核心的党中央以党的自我革命引领伟大社会革命，坚持不懈把全面从严治党向纵深推进的坚定决心和坚强毅力。党的性质、宗旨决定了党与腐败格格不入，决定了必须以永远在路上的坚韧和执着，同一切损害党的先进性和纯洁性的问题作坚决斗争。新时代新征程，我们必须牢记，全面从严治党永远在路上，党的自我革命永远在路上，必须持之以恒推进全面从严治党，深入推进新时代党的建设新的伟大工程，一体推进不敢腐、不能腐、不想腐，重点发力、持续发力，在新的赶考路上继续考出好成绩，为全面建设社会主义现代化国家、以中国式现代化全面推进中华民族伟大复兴提供坚强保障。

一　增强做到“两个维护”的政治自觉

保证全党服从中央，维护党中央权威和集中统一领导，这是一个成熟的马克思主义政党必须始终坚持、任何时候任何情况下都不能含糊和动摇的重大原则。新时代十年，我们攻克了许多长期没有解决的难题，办成了许多事关长远的大事要事，党和国家事业取得历史性成就、发生历史性变革。经过不懈努力，党找到了跳出治乱兴衰历史周期率的第二个答案，全面从严治党成为新时代我们党管党治党、治国理政的重要经验和鲜明标识，党的自我净化、自我完善、自我革新、自我提高能力显著增强，管党治党宽松软状况得到根本扭转，风清气正的党内政治生态不断形成和发展，人民群众对党的信心信任信赖更加坚定，党的群众基础和执政根基更加稳固。我们能够取得举世瞩目的伟大成就，最根本的原因在于有习近平同志作为党中央核心、全党核心的坚强领导，在于有习近平新时代中国特色社会主义思想的科学指引。当前，世界百年未有之大变局加速演进，世界之变、时代之变、历史之变的特征更加明显。我国发展面临新的战略机遇、新的战略任务、新的战略阶段、新的战略要求、新的战略环境，需要应对的风险和挑战、需要解决的矛盾和问题比以往更加错综复杂，反腐败斗争形势依然严峻复杂，总想过太平日子、不想斗争是不切实际的，必须坚定斗争意志，增强斗争本领，依靠顽强斗争打开事业发展新天地，最根本的是要把做到“两个维护”这一党的领导的最高政治原则和根本政治规矩，贯彻到党和国家事业的全过程各方面。

坚强的领导核心和科学的指导思想，是党的事业的制胜法宝，是我们战胜一切困难和风险的根本保证。反腐败工作是党和国家工作的重要组成部分，只有在党的创新理论科学指引下，在党中央集中统一领导下，才能坚定有力、行稳致远。必须把马克思主义中国化时代化最新成果作为根本遵循和行动指南，坚决服从党中央集中统一领导，坚决贯彻落实党中央决策和工作部署，确保党中央牢牢掌握正风肃纪反腐的领导权、主动权，确保反腐败工作政治立场不移、政治方向不偏。

新时代推进反腐败斗争，必须不断增强维护党的核心和党中央权威的政治自觉、思想自觉和行动自觉。要深刻认识在当今中国，

“党的核心”只有一个，就是习近平总书记，维护党的核心就是维护习近平总书记党中央的核心、全党的核心地位；维护党中央权威和集中统一领导，对象是党中央而不是其他任何组织。“两个维护”既不能层层套用，也不能随意延伸，不能层层提权威、要看齐。要旗帜鲜明讲政治，坚持以党的政治建设为统领，把坚持党的政治领导、做到“两个维护”放在首位，善于把握政治大局、政治逻辑，把准政治方向，夯实政治根基，涵养政治生态，防范政治风险，永葆政治本色，提高政治能力，做政治上的明白人。要始终忠于党，忠于党的核心，忠于党的信仰，忠于党的事业，忠于党的组织。要胸怀大局，牢记“国之大者”，识大体、顾大局，观大势、谋大事，自觉在大局下思考、在大局下行动，做到全党一盘棋、全国一盘棋。要心向习近平总书记，心有党中央、心为党中央，自觉向习近平总书记看齐，向党中央看齐，向党的理论和路线方针政策看齐，向党中央决策部署看齐，在思想上高度信赖核心、感情上衷心爱戴核心、政治上坚决维护核心、组织上自觉服从核心、行动上始终紧跟核心，一切行动听从习近平总书记和党中央的指挥。要强化“两个维护”的制度保障，把“两个维护”体现在制度规矩、体制机制中，贯彻到党的一切工作和活动中，落实到各级党组织和广大党员干部履职尽责、做好本职工作的行动上。要把贯彻落实习近平总书记重要指示批示精神作为首要政治责任、领导责任、工作责任，做到坚定坚决、不折不扣、落实落细、有力有效。纪检监察机关要在坚定践行“两个维护”上作表率，督促全党做到“两个维护”，以“两个维护”实际行动巩固党的团结统一，以有力政治监督确保党中央决策部署落地见效。要在坚持党的领导这个决定党和国家前途命运的重大原则问题上保持高度的思想自觉、政治自觉、行动自觉，既自觉在党中央坚强领导下开展工作，又通过履行职责使命坚决维护党的团结统一，确保党总揽全局、协调各方的领导核心地位坚如磐石，确保中国特色社会主义航船行稳致远。要深入学习贯彻党的自我革命战略思想和全面从严治党战略方针，不断提高政治判断力、政治领悟力、政治执行力，更加自觉地从政治大局和战略全局高度思考谋划工作，坚守政治原则，履行政治责任，防范政治风险，推动全党目标一致、团结一致、步调一致向前进。要牢牢抓住政治纪律这个最根本、最重要的纪律，将“首先从政治纪律查起”作为开展工作的重要遵循，将政治监督与审查调查深度融合，切实把严明政治纪律和政治规矩落实到具体的人和事。聚焦“七个有之”严明政治纪律，对在党内搞政治团伙、小圈子、利益集团的人毫不手软，对违反政治纪律和政治规矩、对党不忠诚不老实的两面人、两面派持续惩治，消除党和国家政治隐患，推动党组织和党的领导干部对党忠诚。着力提高政治站位，时刻关注“国之大者”，聚焦党中央决策部署、习近平总书记重要讲话和指示批示精神落实强化政治监督，充分发挥监督保障执行、促进完善发展作用，以实际行动捍卫“两个确立”、践行“两个维护”[①]。

二　完善权力配置和运行制约机制

反腐败斗争的核心是制约和监督权力。权力一旦脱离监督，就很容易滋生腐败。要从源头上防治腐败，就必须加强对权力运行的制约与监督，让权力在阳光下运行，从根本上铲除腐败滋生蔓延的土壤和环境，提高腐败治理效能。

党员干部要时刻保持对权力的清醒认识，任何人都没有法律之外的绝对权力，任何人行使权力都必须接受监督。对待权力一定要如履薄冰、如临深渊，务必珍惜权力、管好权力、慎用权力。要遵守权力使用的纪律规定，严格执行民主集中制，讨论问题讲民主，

---

① 白广磊：《高举旗帜：在科学思想引领下阔步向前》，《中国纪检监察》2022 年第 20 期。

进行决策讲程序，执行决议讲纪律。“三重一大”事项①，必须经集体讨论，不准个人或少数人专断。要牢记权力就是责任的理念，用权要接受监督，确保权力行使不偏离正确方向，确保权力行使的神圣性。②

要完善权力配置机制，坚持权责法定。要合理分解权力、科学配置权力，形成科学的权力结构和运行机制。健全分岗设权、分级授权、分事行权、定期轮岗制度，明晰权力边界，强化权力制约。建立政府内部重大决策合法性审查机制，推进机构、职能、权限、程序、责任法定化，推进政府事权规范化、法律化。完善党务、政务、司法等各领域用权公开制度，建立权力运行可查询、可追溯的反馈机制。全面推行政务公开，强化对行政权力的监督和制约。盯紧权力运行环节，完善责任落实和精准问责机制，压减权力设租寻租空间。增强依法行政意识，以法治理念、法治体制、法治程序开展工作，推进依法执政制度化、规范化、程序化。建立权责统一、权威高效的依法行政体制。要加强对执法司法权的监督制约，通过完善监督管理、有效制衡权力、严肃责任追究，最大限度减少权力出轨、个人寻租机会。

三　坚持和完善党和国家监督体系

在新的历史条件下推进党的自我革命、增强自我净化能力，根本要靠党的自我监督和群众监督。要推进监督全面覆盖，增强监督有效性，以有力有效监督提高发现和解决问题能力。

要加强党内监督，发挥党内监督主导作用。把领导权力和监督责任对应起来，落实各级党组织在同级组织中的领导和监督责任。

① 重大事项决策，重要干部任免，重大项目投资决策，大额资金使用。

② 习近平：《之江新语》，浙江人民出版社2007年版，第260页。

强化对于“一把手”的上级以及同级监督，同时加强上级党组织对下级党组织尤其是主要领导干部的监督，把管理和监督体现在实现领导的全过程。聚焦重点对象，紧盯“关键少数”，管好关键人、管到关键处、管住关键事、管在关键时，协同统筹自上而下的组织监督、同级互相监督、自下而上的民主监督，确保权力受到监督和制约。督促各级党组织和党员领导干部主动开展和自觉接受监督，带动和促进整个监督体系更好运转。抓紧抓实对党员领导干部的日常管理监督，通过平时观察、谈心谈话、检查抽查、信访举报、巡视巡察等形式补齐短板，保障党员监督权利。

发挥好纪委监委专责监督作用。坚持党对纪检监察工作全覆盖、全方位、全过程领导。严格落实和完善上级纪委监委对下级纪委监委的“两为主一报告”工作机制①，强化上级纪委监委对下级纪委监委的领导，推进完善双重领导体制具体化、程序化、制度化，推进纪检监察工作规范化、法治化。设立国家和各级监委是党的十八大以来，在党的领导下国家监督体系的一次极为重要的改革。纪委监委的合署办公而形成的统一决策、一体运行的执纪执法工作机制有利于实现监督的全覆盖，以及党纪国法的有效衔接，必须充分发挥纪委监委合署办公优势，运用法治思维和法治方式提高反腐败能力。完善派驻监督体制机制，加强对派驻机构的直接领导和统一管理。完善派驻机构“三为主一报告”工作机制②，推动纪检监察工

---

① 一是查办腐败案件以上级纪委领导为主，线索处置和案件查办在向同级党委报告的同时必须向上级纪委报告。如果案件线索处置和查办必须同时向上级纪委报告，上级纪委同时知情，那么就会对地方党委形成制约，就不能轻易放弃对案件的查办，这有利于推动查处腐败案件，打击腐败犯罪。二是各级纪委书记、副书记的提名和考察以上级纪委会同组织部门为主。纪委书记、副书记的提名和考察以上级纪委会同组织部门为主，有利于强化他们同上级纪委的沟通和联系，有利于他们更加大胆地履行监督职责。“两个为主”是在现行双重领导体制内从工作机制上解决问题的创新做法，既坚持了党对反腐败工作的领导，坚持了党管干部的原则，又保证了纪委监督权的行使，有利于加大反腐败工作力度。

② 查办案件、纪委书记（组长）副书记（副组长）提名考察、业绩考核以上级纪委为主，线索处置和案件查办在向同级党委报告的同时必须向上级纪委报告。

作向基层延伸，健全基层纪检监察组织制度。纪检监察机关要整体把握地区、部门、单位政治生态状况，对于主要领导干部尤其是党政“一把手”、关键岗位、重要部门要强化监督力度。同时，要加强纪委监委对同级党委特别是党委常委履职尽责、行使权力情况的监督。

强化政治监督，把坚定做到“两个维护”作为根本政治任务。要加强对贯彻党的基本理论、基本路线、基本方略情况的督察，加强对执行党规党纪和法律法规情况的督察，加强对学习研究阐释党的理论创新最新成果、强化理论武装情况的督察。加强对于贯彻落实习近平总书记重要指示精神的监督检查。加强对各级、各行业、各地区党委（党组）履职尽责情况的监督检查，确保党中央政令畅通、全党团结统一。要聚焦把握新发展阶段、贯彻新发展理念、构建新发展格局、推动高质量发展、促进共同富裕等重大决策，聚焦深化供给侧结构性改革、建设创新型国家、实施乡村振兴战略、完善社会主义市场经济体制、全面深化改革、扩大开放、打好防范化解重大风险、污染防治攻坚战等重大部署，突出抓好政治监督，要靠前监督、主动监督，坚持政治监督紧跟党中央重大决策部署和重大战略安排。集中开展系统腐败问题专项治理，督促整改，加大典型问题监督问责力度。完善督察落实情况报告制度，及时发现和报告问题，提高问题的处置效率与能力。

四　一体推进不敢腐、不能腐、不想腐

反腐败是一项系统工程。党员干部违纪违法既有思想滑坡、“总开关”出问题等各种主观因素，也有制度不健全、执行不力，教育管理监督缺失等原因。如果只抓一环、不及其余，腐败问题就难以得到遏制和清除。习近平总书记在长期反腐败斗争实践中总结提出

具有中国特色的一体推进不敢腐、不能腐、不想腐方针方略，强调把不敢腐的强大震慑效能、不能腐的刚性制度约束、不想腐的思想教育优势融于一体，用“全周期管理”方式，推动各项措施在政策取向上相互配合、在实施过程中相互促进、在工作成效上相得益彰。[①] 2019年1月11日，习近平总书记指出，要深化标本兼治，夯实治本基础，一体推进不敢腐、不能腐、不想腐。[②] 赵乐际同志在十九届中央纪委三次全会工作报告中总结改革开放40年来纪检监察工作的认识和体会时指出，要始终肩负起推进反腐败斗争的重大任务，坚持标本兼治、固本培元，构建不敢腐、不能腐、不想腐的有效机制。[③] 十九届四中全会通过的《中共中央关于坚持和完善中国特色社会主义制度、推进国家治理体系和治理能力现代化若干重大问题的决定》，明确要求“构建一体推进不敢腐、不能腐、不想腐体制机制”。党的二十大报告强调，“坚持不敢腐、不能腐、不想腐一体推进，同时发力、同向发力、综合发力。”[④] 从“不敢腐、不能腐、不易腐”，到“形成不敢腐、不能腐、不想腐的有效机制”、“一体推进不敢腐、不能腐、不想腐”，再到“构建一体推进不敢腐、不能腐、不想腐体制机制”，这充分体现了党的十八大以来，党中央反腐败斗争的理念思路、方式方法和制度创新等不断得到完善，探索出一条长期执政条件下解决自身问题、跳出历史周期率的成功道路，构建起一套行之有效的权力监督制度和执纪执法体系。[⑤] “三不腐”一体推进，用“全周期管理”方式遏制腐败清除腐败的方针方略丰

---

① 赵振宇：《打好自我革命攻坚战持久战》，《中国纪检监察》2022年第20期。

② 《取得全面从严治党更大战略性成果巩固发展反腐败斗争压倒性胜利》，《人民日报》2019年1月12日第1版。

③ 赵乐际：《忠实履行党章和宪法赋予的职责努力实现新时代纪检监察工作高质量发展》，《人民日报》2019年2月21日第4版。

④ 习近平：《高举中国特色社会主义伟大旗帜　为全面建设社会主义现代化国家而团结奋斗——在中国共产党第二十次全国代表大会上的报告》，人民出版社2022年版，第69页。

⑤ 闫鸣：《构建一体推进不敢腐不能腐不想腐体制机制》，《中国纪检监察报》2019年11月11日第1版。

富了党的自我革命战略思想，指引着中国特色反腐败之路行稳致远。[①]

一体推进不敢腐、不能腐、不想腐，揭示了反腐败斗争基本规律，是党的创新理论成果在全面从严治党领域的生动体现。因此，一体推进“三不”既是反腐败斗争的基本方针，也是新时代全面从严治党的重要方略，我们要在实践中整体把握、贯通运用。

“不敢腐”指的是纪律、法治、威慑，强化制度的刚性。通过严格执纪执法让贪腐分子付出惨痛代价，打消贪腐者的侥幸心理；通过贪污受贿与行贿一体抓、“打虎”、“拍蝇”、“猎狐”等行动让贪腐者明白“莫伸手，伸手必被抓”。让意欲贪腐者“不敢”越雷池半步，对党和人民、党纪国法充满敬畏，为实现“不能”“不想”提供前提，创造条件。[②] 强化不敢腐的威慑，要持续深化标本兼治，既要用好治标的利器，又要夯实治本的基础。没有严惩的威慑，治理也难见实效。标本兼治，关键在治，治是根本。要继续坚持无禁区、全覆盖、零容忍不变，继续加大反腐败力度，保持反腐高压态势，把遏制腐败滋生作为重点，使震慑的效果和威力长期发挥作用，更加有力遏制增量，更加有效清除存量。要继续坚持重拳出击、铁腕反腐，坚持制度面前人人平等、执行制度没有例外，严格执纪执法，贯通执纪执法，强化综合效能，真正让铁规发力、让禁令生威，坚决防止“破窗效应”，确保各项法规制度落地生根。

要坚决查处政治问题和经济问题相互交织的腐败，坚决防止领导干部成为利益集团和权势团体的代言人、代理人，坚决治理政商勾连破坏政治生态和经济发展环境问题，决不姑息。[③] 深化金融领域

---

① 赵振宇：《打好自我革命攻坚战持久战》，《中国纪检监察》2022 年第 20 期。

② 何韬：《一体推进不敢腐不能腐不想腐是新时代全面从严治党重要方略》，中央纪委国家监委网站，2020 年 3 月 13 日，http：//www. ccdi. gov. cn/toutiao/202003/t20200313_213360. html。

③ 习近平：《高举中国特色社会主义伟大旗帜　为全面建设社会主义现代化国家而团结奋斗——在中国共产党第二十次全国代表大会上的报告》，人民出版社 2022 年版，第 69 页。

反腐败工作，加大国有企业反腐力度，查处地方债务风险中隐藏的腐败问题。从严查处党的十八大后仍不知敬畏、胆大妄为的，不收敛、不收手的，触碰到党纪国法的“高压线”的，发现一起查处一起，决不手软。对群众反映强烈、具有大量问题线索且目前在重要岗位而且将来可能提拔使用的领导干部，要重点查处，对有政治、组织、廉洁问题反映的必查必核。加大重点领域和关键环节反腐力度，坚决查处各种风险背后的腐败问题。深化整治权力集中、资金密集、资源富集领域的腐败，严肃查处领导干部配偶、子女及其配偶等亲属和身边工作人员利用影响力谋私贪腐问题，惩治新型腐败和隐性腐败。[①] 要继续坚决铲除重点领域腐败毒瘤。[②]

坚持受贿行贿一起查，多措并举提高打击行贿的精准性、有效性，坚决肃清不良风气，营造良好的政治生态，破除“围猎”与甘于被“围猎”的同盟，斩断权钱交易的链条，让行贿者和受贿者都要受到法律的严厉惩治，推动实现腐败问题的标本兼治。重点查处以下行贿行为：多次行贿、巨额行贿以及向多人行贿，特别是党的十八大后不收敛不收手的；党员和国家工作人员行贿的；在国家重要工作、重点工程、重大项目中行贿的；在组织人事、执纪执法司法、生态环保、财政金融、安全生产、食品药品、帮扶救灾、养老社保、教育医疗等领域行贿的；实施重大商业贿赂的行为。纪检监察机关、审判机关和检察机关根据职能职责严肃惩治行贿行为。纪检监察机关要严格依法履行查处行贿的重要职责，对查办案件中涉及的行贿人，依法加大查处力度，该立案的坚决予以立案，该处理的坚决做出处理，并建立对行贿人处理工作的内部制约监督机制。检察机关和审判机关要严格行贿犯罪从宽情

---

① 习近平：《高举中国特色社会主义伟大旗帜　为全面建设社会主义现代化国家而团结奋斗——在中国共产党第二十次全国代表大会上的报告》，人民出版社 2022 年版，第 69 页。

② 《十九届中央纪律检查委员会向中国共产党第二十次全国代表大会的工作报告》，《人民日报》2022 年 10 月 28 日第 1 版。

节的认定和刑罚适用，加大财产刑运用和执行力度。纪检监察机关、审判机关和检察机关要认真履行追赃挽损职责，尽力追缴非法获利。对于行贿所得的不正当财产性利益，依法予以没收、追缴或者责令退赔；对于行贿所得的不正当非财产性利益，如职务职称、政治荣誉、经营资格资质、学历学位等，督促相关单位依照规定通过取消、撤销、变更等措施予以纠正。[①]

“不能腐”指的是制度、监督、约束，通过反腐败制度建设和重点领域监督机制改革对权力运行进行科学的配置和有效的约束，让权力行使者因为完备的制度、严格的监督而无机可乘，从制度上让党员、干部等行使公权力的公职人员无法得到腐败机会，从而巩固“不敢腐”和“不想腐”的成果。[②] 扎牢不能腐的笼子，必须强化对权力配置和运行的监督和制约。推动权力运行公开透明，加强对权力集中、资金密集、资源富集部门和行业的监督，加强选人用人、审批监管、执法司法、资源开发、土地出让、工程招投标等重点领域监督机制改革和制度建设，切断利益输送链条，铲除腐败滋生的土壤。[③] 健全党和国家监督体系，形成党内监督与国家机关监督、民主监督、司法监督、群众监督、舆论监督协调贯通的监督合力，确保党和人民赋予的权力不被滥用。推进反腐败国家立法，完善党内法规体系，坚持依法治国和依规治党有机统一，切实用制度管权管事管人。

“不想腐”指的是认知、觉悟、文化，加强思想教育，强化理论武装，通过推进党的思想建设，坚定理想信念，夯实牢记初心使命

---

① 张洋：《中央纪委国家监委会同多单位印发〈意见〉进一步推进受贿行贿一起查》，《人民日报》2021 年 9 月 9 日第 1 版。

② 何韬：《一体推进不敢腐不能腐不想腐是新时代全面从严治党重要方略》，中央纪委国家监委网站，2020 年 3 月 13 日，http：//www. ccdi. gov. cn/toutiao/202003/t20200313_213360. html。

③ 《中共中央坚持和完善中国特色社会主义制度、推进国家治理体系和治理能力现代化若干重大问题的决定》，人民出版社 2019 年版，第 380 页。

的思想根基，树立廉荣贪耻的价值观，让党员干部因觉悟而“不想”腐败，从思想源头上消除贪腐之念，从根本上解决腐败动机问题。[①]心有所畏，方能言有所戒、行有所止。构筑拒腐防变的思想堤坝，必须用理想信念强基固本，用党的创新理论武装全党，用优秀传统文化正心明德，补足精神之“钙”，铸牢思想之“魂”，筑牢思想道德防线。[②] 增强不想腐的自觉，要加强理想信念教育，引导全党牢记党的宗旨，解决好世界观、人生观、价值观这个总开关问题，自觉做共产主义远大理想和中国特色社会主义共同理想的坚定信仰者和忠实实践者，[③] 做到对马克思主义虔诚而执着、至信而深厚，让理想信念成为心中的灯塔、凝聚精气神的灵魂。要严格党内政治生活，用好批评和自我批评武器，弘扬忠诚老实、公道正派、实事求是、清正廉洁等价值观，使党员、干部在党性锻炼中锤炼政治能力、提高思想境界和政治觉悟，增强政治定力、纪律定力、道德定力、抵腐定力，切实增强不想腐的自觉。弘扬优秀传统文化，建设廉洁文化，修身律己、廉洁齐家，弘扬真善美、抑制假恶丑，营造崇德向善、见贤思齐的社会氛围。教育党的领导干部要对组织和人民常怀感恩敬畏之心，对功名利禄要知足，对物质享受和个人待遇要知止。要加强纪律教育，着眼典型的人和事开展警示教育，用典型案例当头喝棒，引导党员干部严以律己、廉洁治家，使铁的纪律转化为党员、干部的日常习惯和自觉遵循，从内心深处抵挡住腐败诱惑，不想腐的自觉显著增强。模范践行社会主义核心价值观、社会主义荣辱观，始终保持共产党人的高尚品格和廉洁操守。

---

① 何韬：《一体推进不敢腐不能腐不想腐是新时代全面从严治党重要方略》，中央纪委国家监委网站，2020 年 3 月 13 日，http://www.ccdi.gov.cn/toutiao/202003/t20200313_213360.html。

② 《提高一体推进“三不腐”能力和水平全面打赢反腐败斗争攻坚战持久战》，《人民日报》2022 年 6 月 19 日第 1 版。

③ 习近平：《高举中国特色社会主义伟大旗帜　为全面建设社会主义现代化国家而团结奋斗——在中国共产党第二十次全国代表大会上的报告》，人民出版社 2022 年版，第 65 页。

一体推进“三不腐”，除了坚持精准运用“四种形态”，同时发力、同向发力、综合发力、层层设防外，还要把反腐败和监督工作融入管党治党全局、嵌入中国特色社会主义制度和国家治理体系，为管党治党、治国理政提供重要制度保障。党的十九大以来，纪检监察机关立足职能职责，把正风肃纪反腐与深化改革、完善制度、促进治理、推动发展贯通起来，努力推动“三不腐”一体化推进取得更多制度性成果和更大治理成效。从 2021 年 8 月开始，在全国范围内开展粮食购销领域腐败问题专项整治，各级纪检监察机关加大案件查办力度，并深刻剖析涉粮腐败深层次原因，督促粮食主管部门、国有粮食企业加强产、储、供、销等环节建章立制、规范管理，取得显著成效。针对秦岭违建别墅专项整治中涉及“山”的问题、青海木里矿区调查整治中涉及“矿”的问题、云南滇池沿岸违建整治中涉及“湖”的问题、内蒙古自治区煤炭资源领域倒查 20 年涉及“煤”的问题，纪检监察机关把握好“点上改与面上治”“当下改与长久立”的关系，举一反三开展同类问题专项整治，推动不同行业领域治理水平提升。①

一体推进“三不腐”，必须要一体设计、同步推进、统筹联动、协调衔接，把一体推进“三不腐”的理念思路体现和贯彻到反腐败斗争的全过程各方面各环节，增强总体效果。要加强党对反腐败工作的统一领导，构建起党全面领导的反腐败工作格局，健全党中央统一领导、各级党委统筹指挥、纪委监委组织协调、职能部门高效协同、人民群众参与支持的反腐败工作体制机制。② 各级党委（党组）要履行好主体责任，将经济社会发展、改革发展稳定与党风廉政建设和反腐败斗争同步考虑、同步部署、同步实施、同步推进，各项政策举措要体现一体推进“三不腐”要求，堵塞一切可能出现

---

① 赵振宇：《打好自我革命攻坚战持久战》，《中国纪检监察》2022 年第 20 期。

② 《提高一体推进“三不腐”能力和水平全面打赢反腐败斗争攻坚战持久战》，《人民日报》2022 年 6 月 19 日第 1 版。

的腐败漏洞，保障改革健康顺利推进；各级纪委（纪检组）落实协助职责和监督责任，协助党委（党组）抓好组织协调和督促落实，督促主责部门履职尽责。要促进三者贯通，做到统筹联动。习近平总书记指出："不敢腐、不能腐、不想腐是一个有机整体，不是三个阶段的划分，也不是三个环节的割裂。要打通三者内在联系，在严厉惩治、形成震慑的同时，扎牢制度笼子、规范权力运行，加强党性教育、提高思想觉悟，一体推进不敢腐、不能腐、不想腐，早日迎来海晏河清！"[①] 在推进一方面"不敢"时，要从另外两方面"不"中吸收有效做法，同时为另外两方面"不"提出有价值建议，整合反腐败资源和力量，使"三不"相互依存、相互促进、相互作用、相互转化，使内因和外因、自律和他律共同发挥作用，增强反腐败工作的系统性、实效性。

五　巩固拓展作风建设成效

作风问题关系人心向背，关系党的执政基础，关系我们党能否实现执政使命。不正之风本质上就是以权谋私、利用手中掌握的权力捞好处。不正之风面广量大，危害不可小视。党的十八大以来，以习近平同志为核心的党中央从党的作风抓起，率先垂范，刀刃向内，坚定不移整治"四风"，作风建设取得显著成效，党风政风和社会风气发生全面深刻、影响深远、鼓舞人心的变化。作风问题具有显著的顽固性、反复性、变异性和传染性。不良作风蔓延势头得到遏制但滋生土壤仍在，隐形变异问题时有发生，反弹回潮的隐患和压力犹存，往往是一种问题消失了，其他问题又会出现，特别是有些顽瘴痼疾依然存在，但已改头换面，形式更加隐蔽。纠风之难，

---

① 《〈中共中央关于坚持和完善中国特色社会主义制度、推进国家治理体系和治理能力现代化若干重大问题的决定〉辅导读本》，人民出版社 2019 年版，第 445 页。

难在反弹。其实，老百姓最担心的是“四风”问题反弹，不能触及根本，而整改也往往是一阵风。老百姓最盼望的是作风建设坚持常态化，能够常抓不懈、保持长效。逆水行舟，一篙不可放缓；滴水穿石，一滴不可弃滞。习近平总书记指出：“作风建设是攻坚战，也是持久战”“作风建设永远在路上，永远没有休止符”。因此，对作风问题决不能掉以轻心，整治“四风”不能止步。要坚持不懈、驰而不息抓下去，巩固拓展作风建设成效，严防老问题复燃、新问题萌发、小问题坐大，推动化风成俗、成为习惯。

要坚持从政治上认识和对待作风问题。旗帜鲜明讲政治，不断增强“四个意识”，抓住作风建设的主要矛盾，拿出正风肃纪的过硬措施，扎扎实实整治群众反映强烈的问题，推动党风政风和社会风气进一步好转。各级党委（党组）及其主要负责人要压实管党治党主体责任，将党的作风建设作为抓党建的重要途径，要常抓常管，及时掌握领导班子和干部队伍作风和本地区本部门干群关系苗头性、倾向性问题，时刻关注“四风”问题隐形变异、改头换面等新动向新表现，采取有针对性的有效管用措施。领导机关和领导干部要带头转变作风，从自身抓起、改起，决不能“灯下黑”“手电筒只照别人不照自己”，要坚持以上率下、层层带动，形成“头雁效应”，形成全党上下齐抓作风建设的强大声势。

要紧密联系地区、部门实际，盯住老问题不放，把监督检查落实中央八项规定精神情况作为整治“四风”问题的重点任务和经常性工作，深化整治轻落实重表态，对待涉及群众利益的事情不担当不作为。要整治基层负担仍然较重，以形式主义反对形式主义，奢靡之风和享乐主义不收手、不收敛的现象仍然较多等突出问题，[①] 同时也要防范和整治新问题。要紧盯享乐主义和奢靡之风，抓住重要节点，紧盯薄弱环节，对歪风陋习要露头就打，严肃查处顶风违纪

---

① 王京清、孙壮志：《中国反腐倡廉建设报告 No. 9》，社会科学文献出版社 2020 年版，第 50—51 页。

行为，抓住典型案例，加大通报曝光力度，严厉问责和惩处相关人员，坚决防止反弹回潮、卷土重来。坚决反对特权思想和特权现象，教育引导党员、领导干部正确对待和处理“公与私”“廉与腐”“俭与奢”“苦与乐”“亲与清”等关系，严于律己，弘扬优良家风，加强对亲属和身边工作人员的教育和约束，绝不允许以权谋私，绝不允许特权行为滋长蔓延，一切触犯党纪国法的行为都要严惩不贷，绝不能手软。教育领导干部自觉传承优良传统和作风，增强群众观念和群众感情，站稳人民立场，维护社会公平正义，着力解决人民群众急难愁盼问题，真正做到尊重群众、贴近群众、凝聚群众、服务群众，不断巩固党执政的群众基础。要坚持破立并举、标本兼治，既着力解决面上的“四风”问题，又查找产生问题的深层次原因，用改革的思路和办法破解作风顽症，从理想信念、工作程序、体制机制等方面抑制不正之风，扎牢织密制度之笼，从根本上解决问题，铲除不良作风滋生的温床和土壤。抓好作风建设非一日之功，要持久抓、反复抓、见常态、见长效，持之以恒、久久为功，决不能三天打鱼两天晒网，否则就走不出抓一抓就好一些、放一放就松下来的怪圈，甚至会带来变本加厉的反弹。抓作风建设要注重“常”“长”二字，强化党内教育在作风日常教育上的作用，将作风建设融入工作生活中去，形成作风建设长效机制。要用好监督举报平台，保障群众的监督权、充分发挥群众参与监督的作用。此外，要坚持对“四风”的纠正与树立新风并举，以钉钉子精神打好作风建设持久战，为全面建设社会主义现代化国家提供作风保障。

六　持续整治群众身边腐败问题

我们党高度重视治理群众身边腐败问题。习近平总书记多次强调，要“向群众身边不正之风和腐败问题亮剑，维护群众切身利益”。首先，推动全面从严治党向基层延伸。做实基层监督，强化“县统筹抓乡促村”工作机制，发挥群众主体作用，合力解决群众反映强烈的突出问题。探索开展村（社区）集体“三资”、村（社区）“两委”和集体经济组织负责人、村组“小微权力”提级监督。整合基层监督力量，推进县乡纪检监察工作规范化建设，建立纪检监察工作协作机制，基层纪检监察组织更加健全，基层监督能力明显提升。创新监督方式，推进监督服务平台建设，建立健全基层监督网络。其次，整治扶贫和乡村振兴领域突出问题。围绕打赢脱贫攻坚战，开展扶贫领域腐败和作风问题专项治理，对原贫困县集中的7省（自治区）实地调研督导，重点纠治贯彻党中央脱贫攻坚决策部署不坚决不到位、责任职能不落实问题，对搞数字脱贫、虚假摘帽的严肃处理。聚焦原深度贫困地区，加强对“两不愁三保障”、脱贫摘帽后“四个不摘”等政策措施监督检查，保障落实到位。开展过渡期专项监督，紧盯乡村振兴重点规划、工程项目，推动巩固拓展脱贫攻坚成果同乡村振兴有效衔接。党的十九大以来的五年，全国纪检监察机关共查处扶贫领域腐败和作风问题29.9万个，给予党纪政务处分20.2万人，查处乡村振兴领域腐败和作风问题4.8万个，给予党纪政务处分4.6万人。最后，促进惠民富民政策落实落地。督促职能部门和地方责任主体，有什么问题就解决什么问题、什么问题突出就重点解决什么问题，不断完善民生领域损害群众利益问题治理机制，使改革发展成果更多更公平惠及人民群众。深入治理民生领域的“微腐败”、妨碍惠民政策落实的“绊脚石”，专项整治漠视侵害群众利益问题。扎实推进“我为群众办实事”实践活动，对反映集中、性质恶劣的突出问题挂牌督办，推动解决群众急难愁盼问题。持续纠治教育医疗、养老社保、生态环保、安全生产、食品药品安全等领域腐败和作风问题，严肃查处贪污侵占、虚报冒领、截留挪用、吃拿卡要、优亲厚友等行为。推动地方完善财政补贴资金“一卡通”等管理机制，开展社会保险基金、社会救助资金、农民工工资发放等领域问题专项整治。党的十九大以来的五年，全国纪检监察机关共查处民生领域腐败和作风问题53.2万个，给予党纪政务处分48.9万人。[①] 党的十九大报告要求，“加大整治群众身边腐败问题力度”。十九届中央纪委历次全会都就此做出专项部署，要求加强集中整治和督察督办，重点整治群众身边腐败和作风问题。

发生在群众身边的基层作风问题以及“微腐败”，容易演变成“大祸害”，就像癌变的细胞，如不及时根治很可能迅速爆发性扩散，在整个社会中形成“笑贫不笑贪”的腐败文化，败坏社会风气，导致出现政府信任危机甚至政治动荡。作风顽疾、“蚁贪”“蝇贪”是“大老虎”养成的温床，贪官往往都是从吃喝玩乐、收礼品索取好处费等违反“小节”开始，一步步失守道德和职业底线，逾越法律红线，触碰带电高压线，以身试法，肆意妄为，最后落到一个人财两空、家破人亡、身陷囹圄的下场。“微腐败”看似较小，但危害一点不亚于“虎贪”。人民群众最痛恨的就是发生在身边的腐败问题，这直接损害了人民群众的切身利益，严重损害了党和国家的形象，吞噬老百姓的获得感、幸福感，败坏党和政府的形象，啃食群众对党的信任，破坏良好政治生态，侵蚀党的执政基础。

党的二十大报告要求，“坚决惩治群众身边的‘蝇贪’”[②]。要坚持人民群众反对什么、痛恨什么，就坚决防范和纠正什么，把整治群众身边不正之风和腐败问题作为正风反腐重中之重。作为维护群众利益的民心工程和全面从严治党向基层延伸的有力抓手，有利于百姓的事再小也要认真做，危害百姓的事再小也要下力除，因地制宜，精准施治，切实增强人民群众获得感、幸福感、安全感，以实际成效赢得群众支持和信赖。

---

① 《十九届中央纪律检查委员会向中国共产党第二十次全国代表大会的工作报告》，《人民日报》2022年10月28日第1版。

② 习近平：《高举中国特色社会主义伟大旗帜　为全面建设社会主义现代化国家而团结奋斗——在中国共产党第二十次全国代表大会上的报告》，人民出版社2022年版，第69页。

要把权力关进制度的笼子里。“权力导致腐败，绝对的权力导致绝对的腐败。”群众身边的腐败，同样是对权力的滥用，必须强化对权力运行的制约和监督。要完善规章制度，深化标本兼治，为海晏河清、朗朗乾坤打牢基础。要深化机构和行政体制改革，优化行政决策、执行、组织、监督体制。健全部门协调配合机制，防止政出多门、政策效应相互抵消。创新监管理念和方式，运用现代科技手段建立统一监管平台，创新和完善事中事后监管，坚持对新兴产业实施包容审慎监管，推进综合执法，推广随机抽查，做到公开透明，压缩权力寻租空间。要把转变政府职能放在更加突出位置，把市场主体的痛点难点作为发力点，一体推进“放管服”改革，使市场在资源配置中起决定性作用、更好发挥政府作用。进一步为市场主体放权赋能，减少不当干预，加强公正监管，促进公平竞争，优化公共服务，让人民群众敢于创业奋斗，让市场主体敢于创新发展。① 进一步厘清政府和市场关系，使市场“无形的手”和政府“有形的手”有机结合起来，最大限度减少政府对市场资源的直接配置，最大限度减少政府对市场活动的直接干预，放活微观主体，使政府和市场各归其位、各展其长，激发市场活力，推动资源配置实现效益最大化和效率最优化。深入推进简政放权、放管结合、优化服务，全面提高政府效能，让一切创造社会财富的源泉充分涌流，创造公平公正的市场环境，让人民群众共享改革红利和发展成果。深化行政审批制度改革，着力破除审批“当关”、公章“旅行”、公文“长征”等乱象。持续打造市场化法治化国际化营商环境，聚焦企业和群众反映突出问题，力除烦苛之弊，大兴便民之举，大力破除市场准入壁垒，进一步推进减税降费，营造权利公平、机会公平、规则公平的环境条件，激发各类市场主体活力。要优化服务，以创业创新需求为导向，增加公共产品和服务供给，在政策、融资、统一平

① 李克强：《在全国深化“放管服”改革着力培育和激发市场主体活力电视电话会议上的讲话》，《人民日报》2021 年 6 月 8 日第 2 版。

台、法律、知识产权等方面提供更好的服务，打造全国一体化政务服务平台，营造良好生态，真正做到企业和群众“办事不求人”。总之，通过转变政府职能，从源头上解决权力寻租问题，促使政府工作人员改变与审批发证相伴的“看家本领”，转向提供优质服务，减少政府的微观管理、直接干预，提高政府公信力和执行力。

要加强日常监督。加大对查结的问题线索进行抽查复核，对所反映出来的问题要做到督察督办、直查直办，对失职失责的要从严问责。整治“微腐败”和不正之风，人民群众既是积极参与者，也是最权威的评判者。要加强各方面的社会监督，形成“苍蝇一飞人人拍”的态势。各级政府工作人员要习惯在监督和约束下履职，廉洁奉公，勤勉尽责为人民做事。①

要强化问题导向，集中整治群众反映强烈的突出问题。坚持见人、见事，盯住作风顽疾、“蚁贪”“蝇贪”等问题一抓到底，让群众切实感受到正风反腐的成效和变化。党组织要坚持问题导向，为民解忧，着力发现和解决群众身边问题，有的放矢，分类解决、逐项推进。深入推进乡村振兴领域腐败和作风问题专项治理，推动乡村振兴战略落到实处。深入开展民生领域专项整治，解决与人民群众生产生活密切相关的食品安全、教育医疗、生态环境等方面出现的腐败问题，严肃查处基层干部当中存在的优厚亲友、资金挪用、贪污侵占、虚假瞒报等行为。要加强资金使用监督，切实提高纾困政策落实的精准性、时效性。要严格执行特殊转移支付机制，使新增财政资金“一竿子插到底”、迅速落地见效，防止跑冒滴漏、减少腐败风险，把钱用在刀刃上，全力支持保就业保民生保市场主体。谁敢动用保基本民生的公共资金、搞腐败，一经发现要严惩不贷、绝不姑息。②

① 《正风肃纪　求真务实　施政为民　把政府系统党风廉政建设和反腐败工作推向深入》，《人民日报》2020 年 7 月 24 日第 1 版。

② 《正风肃纪　求真务实　施政为民　把政府系统党风廉政建设和反腐败工作推向深入》，《人民日报》2020 年 7 月 24 日第 1 版。

坚决查处涉黑涉恶腐败问题，深挖黑恶势力背后的“保护伞”，坚决将包庇、纵容黑恶势力的腐败分子清除出党和公职人员队伍，严肃追究其法律责任。要严肃查处党员干部和公职人员执法司法不严、不公、不义、不廉、“围猎”与被“围猎”交织、滥用职权与谋取私利交织、违法办案与利益输送交织等腐败问题，严肃查处“村霸”、宗族恶势力和黄赌毒背后的腐败行为。

七 常态化开展扫黑除恶斗争

党的十九大以来，为期三年的扫黑除恶专项斗争以雷霆万钧之势强力推进，取得了前所未有的效果，成为最得人心的大事之一。同时要清醒地看到，当前国际环境错综复杂，我国社会主要矛盾发生变化，黑恶势力违法犯罪组织形态、方式手段呈现新变化、新特征，有的黑恶势力隐身蛰伏、变异升级，彻底铲除黑恶势力是一项长期艰巨的任务。[①] 面对现实问题和群众期待，扫黑除恶绝不能有松口气、歇歇脚的想法，要有与黑恶势力长期斗争的思想准备，拿出“宜将剩勇追穷寇”的勇气，“不破楼兰终不还”的劲头，“咬定青山不放松”的执着坚持不懈抓下去，常态化开展扫黑除恶斗争，与黑恶势力斗争到底，务求实现常治长效。

常态化开展扫黑除恶斗争，要加强系统治理、依法治理、综合治理、源头治理，持续保持对黑恶势力违法犯罪的高压态势，形成有效震慑。坚持网上与网下相结合，准确掌握涉黑涉恶犯罪新动向，不断加强行业领域监管和专项整治，与反腐“拍蝇”、加强基层组织建设结合起来，不断完善党委领导、政府负责、民主协商、社会协同、公众参与、法治保障、科技支撑的社会治理体系，加快推进市

① 《确保人民安居乐业、社会安定有序、国家长治久安》，《人民日报》2021 年 5 月 21 日第 2 版。

域社会治理现代化，不断健全以人民群众获得感、幸福感、安全感为导向的评价体系，持续提高扫黑除恶法治化、规范化、专业化水平，切实巩固党的执政基础，确保人民安居乐业、社会安定有序、国家长治久安，为坚持和完善中国特色社会主义制度、推进国家治理体系和治理能力现代化奠定坚实基础。①

一是建立健全源头治理的防范整治机制，铲除黑恶势力滋生的土壤。持续推进十大重点行业领域专项整治，着力解决社会治理缺位、行业监管不力等问题，完善纪检监察、政法机关与行业主管部门常态化对接机制，实现全链条打击整治。不断夯实基层基础，全面落实村党组织书记由县级党委组织部门备案管理制度和村“两委”成员资格联审机制，选优配强村党组织，严格村干部日常管理监督。深入推进党建引领乡村治理，加强基层综治中心建设和网格化服务管理，健全基层治理体系，让黑恶势力在城乡无处生根。二是建立健全智能公开的举报奖励机制，持续发动群众。畅通线索举报渠道，实行全国扫黑办12337智能化举报平台常态化运行并拓展功能应用，激发群众检举揭发热情。严格线索核查责任，对线索统一分流转办，实行分级核查和上级复核办结制，核查结论落实终身负责制。建立省市县举报线索核查三级联动机制，动态掌握进展，定期分类分析和跟踪监测，为精准打击、源头治理提供指引。三是建立健全打早打小的依法惩处机制，持续严打深挖。对黑恶势力违法犯罪问题一旦发现就要出手铲除。建立预测预警机制，通过大数据、云计算等深入研究黑恶犯罪新动向，对倾向性、苗头性问题坚持露头就打，防止其坐大成势、称霸一方。加大对新型网络犯罪的防范打击力度，坚决遏制高发多发势头。《反有组织犯罪法》颁布后，做好普法宣传工作，为常态化开展扫黑除恶斗争提供法治保障。强化纪法协同，严格落实“两个一律”“一案三查”，严肃查处党员干部和公职人员

① 《中办国办印发〈关于常态化开展扫黑除恶斗争巩固专项斗争成果的意见〉》，《人民日报》2021年5月21日第1版。

涉黑涉恶违纪违法犯罪问题。四是建立健全精准有效的督导督办机制，持续压实责任。定期开展分级督导，中央每四年开展一次扫黑除恶督导督察，各地联动开展督导督察，实现一级抓一级、定期督落实。机动开展特派督导，保留全国扫黑办特派督导专员队伍，每年适时开展特派督导；各省市县要结合实际组建特派督导专员队伍，机动式开展特派督导，及时发现解决问题。要加大重点案件督办，通过领导包案、派出督办组、向省（区、市）党委主要负责同志通报等方式，推动涉黑涉恶大要案件取得突破。五是建立健全激励约束的考核评价机制，持续鼓舞斗志。加强考评工作，对成绩突出的地区、单位和个人通报表扬，对不敢打、不真打、不深打的后进地方重点通报督办，推动建立健全黑恶势力违法犯罪问责倒查机制。将扫黑除恶斗争情况作为平安中国建设评选表彰的重要依据，定期表彰奖励在扫黑除恶斗争中涌现出的先进集体和先进工作者。注重群众评价，结合国家统计局专项调查，通过线上问卷、回访举报人、召开人大代表和政协委员座谈会等方式，及时了解人民群众的新需求新建议，确保扫黑除恶斗争顺民心、合民意。六是建立健全持续推进的组织领导机制，持续强化保障。参照原有全国扫黑除恶专项斗争领导小组组成和分工，中央成立全国扫黑除恶斗争领导小组及其办公室，各级党委和有关部门要保留相应领导和办事机构，完善工作机制，实现常态化运行。推动各级党委和政府把常态化开展扫黑除恶斗争纳入经济社会发展全局谋划推进，研究解决重点难点问题。加强正面宣传，营造良好社会氛围。[①]

八　建设高素质专业化纪检监察干部队伍

打铁必须自身硬。纪检监察机关是党进行自我革命的重要力量，

① 《全国扫黑除恶专项斗争总结表彰大会在京召开　部署常态化开展扫黑除恶斗争》，http：//www.chinapeace.gov.cn/chinapeace/c100007/2021－03/30/content_ 12468913.shtml。

承担着维护党纪政纪、推进反腐败斗争的重要职责，纪检监察队伍建设直接关系推进全面从严治党、深入推进党风廉政建设和反腐败斗争的成效，关系党以伟大自我革命引领伟大社会革命的大局。党的十八大以来，习近平总书记每次在中央纪委全会上发表重要讲话，都强调加强纪检监察队伍建设的重要性。新时代党风廉政建设和反腐败斗争要有新气象新作为，必须从严从实加强纪检监察干部队伍建设。纪检监察机关不是保险箱；纪检监察干部是履行监督执纪问责职责的骨干和主力军，但是纪检监察干部也并没有天然的免疫力，干部队伍里存在的问题，也难以避免。要使广大纪检监察干部在做细做实政治监督中强化思想淬炼、政治历练、实践锻炼、专业训练，把权力关进制度的笼子里，在自我约束上严之又严，以更高标准、更严格纪律改造自己、提高自己，锻造忠诚干净担当的纪检监察铁军，为推动全面从严治党向纵深发展、坚决打赢反腐败斗争攻坚战持久战奠定坚实组织基础。①

要永葆政治本色。纪检监察机关是政治机关，要旗帜鲜明讲政治，“带头加强党的政治建设”，“带头增强‘四个意识’、坚定‘四个自信’、做到‘两个维护’”，“继承对党绝对忠诚的光荣传统”，对党绝对忠诚，维护党中央权威和集中统一领导，坚决做到“两个维护”，做到心中有党、心中有民、心中有责、心中有戒，坚定信仰信念信心，当好党和人民的忠诚卫士。要学习贯彻习近平新时代中国特色社会主义思想，掌握运用贯穿其中的马克思主义立场观点方法，做政治上的“明白人”，不断提高政治判断力、政治领悟力、政治执行力，更加自觉担负起“两个维护”特殊使命和重大责任，做党中央决策部署的坚定执行者、推动者、实践者。

要增强履职本领。要主动应对反腐败斗争新形势新挑战，深化对管党治党规律、反腐败斗争规律的认识，不断提高工作能力和水

---

① 窦克林、徐莹莹：《锻造铁军：建设忠诚干净担当的纪检监察队伍》，《中国纪检监察》2022 年第 20 期。

平。要适应反腐败斗争新形势和纪法衔接、执纪执法贯通新要求，克服本领恐慌，全面增强履职本领。要坚持在重大斗争中锤炼过硬本领，到正风肃纪反腐一线历练、到纪检监察体制改革前沿锤炼，在攻坚克难中增长才干。提高学习能力，通过学习汲取解决工作问题的智慧，善于在重大斗争一线学真本领、练真功夫。增强改革创新能力，保持锐意进取的精神风貌，把握新时代反腐败斗争规律，确保把每一起案件都办成铁案，经得起历史和人民检验。完善纪检监察干部考核评价体系，分级分类开展全员培训和考核测评。

要确保自身干净。建设讲政治、懂规矩、守纪律、拒腐蚀的纪检监察工作机关。从严要求、从严管理、从严监督纪检监察干部，严格组织授权，明确权力边界，完善内控机制，强化全过程监督。各级党委要加强对纪委监委的领导和监督，确保执纪执法权受监督、有约束。健全反映纪委常委、监委委员等同级党委管理干部问题线索处置情况向上级纪检监察机关报告制度。坚持特约监察员制度，强化对监察机关及其工作人员的监督，完善重要岗位和关键环节的监督，定期排查反映纪检监察干部问题线索。认真执行打听、干预监督审查工作登记备案制度，严肃查处以案谋私、串通包庇、跑风漏气等突出问题。防范纪检监察干部被“围猎”和甘于被“围猎”，对执纪违纪、执法违法行为“零容忍”，有违纪违法行为的，要铁面无私清理门户，坚决将蜕化变质的害群之马清除出纪检监察队伍，持续防治“灯下黑”。严肃纪检监察干部对外交往纪律，严格约束家属、子女和身边工作人员，加强自我约束，打造一支忠诚坚定、担当尽责、清正廉洁的纪检监察铁军。

九　持续一体推进追逃防逃追赃

推进追逃追赃，作为反腐败的重要手段，精准打击了那些存在侥幸心理、希望通过外逃脱罪、通过资产转移而“福泽”身边人的腐败分子，为构建一体推进“三不腐”提供了重要的支撑。追逃防逃追赃必须提高政治站位。党的十八大以来，习近平总书记和党中央高度重视腐败分子的外逃追逃工作。在中央反腐败协调小组领导下，不断建立健全反腐败追逃追赃快速反应机制，并在2014年设立国际追逃追赃办公室，专门负责协调国际追逃追赃工作。要加强党对追逃追赃工作的领导，各级党委落实全面从严治党主体责任，纪检监察部门落实监督责任，各级反腐败协调小组要做实履行重大案件的统筹、重大案件的协调、指导和督办重要职责。要填补制度漏洞，完善对领导干部和公职人员的监督制度，科学设置防逃程序，切实筑牢防逃堤坝，有效防止人员外逃和资金外流。[①]

一体推进追逃防逃追赃，必须树立法治意识、程序意识、证据意识。要坚持法治思维和法治方式，按照权限、规则、程序开展工作。执行《纪检监察机关办理反腐败追逃追赃等涉外案件的规定（试行）》，依法调取证据、采取措施、开展合作，用好缺席审判制度和违法所得没收程序等法律武器，对外逃人员和企图逃匿人员形成强力威慑。《中华人民共和国监察法》规定国家监委统筹协调反腐败国际合作，承担包括引渡、刑协、被判刑人移管等在内的法律职责，《中华人民共和国国际刑事司法协助法》和《联合国反腐败公约》分别将国家监委列为开展国际刑事司法协助的主管机关。要做好《中华人民共和国监察法》与相关法律的有效衔接，在法律框架下开展刑协、引渡、遣返、异地追诉、被判刑人移管等司法执法合作，使我国法院做出的冻结和没收裁定得到相关国家的承认和执行，提高打法律战的能力水平。[②]

---

① 中央纪委国家监委国际合作局：《一体推进追逃防逃追赃　完善党和国家监督体系》，《中国纪检监察》2020年第5期。

② 中央纪委国家监委国际合作局：《一体推进追逃防逃追赃　完善党和国家监督体系》，《中国纪检监察》2020年第5期。

一体推进追逃防逃追赃，必须继续加大工作力度。特别是《中华人民共和国监察法》施行后，防逃范围延伸到国有企业、金融机构、基层群众性自治组织中，国有企业管理人员、非党员身份的村干部等新增监察对象全部纳入防逃体系，真正实现防逃全覆盖、无死角。要加大防逃力度，补齐监督短板，完善管控制度，在审查调查工作中就要嵌入防逃程序，对有关人员的外逃苗头做到早发现、早报告、早处置，有效遏制外逃增量。要在外交工作大格局下推进追逃追赃工作，加强与相关国际组织的反腐败国际合作，增强反腐败的国际话语权和规则制定权，完善多边执法合作网络。要深入开展追逃追赃工作，加大反洗钱调查力度，并对国内涉案动产、不动产依法应冻尽冻、应收尽收，让赃款在境内“藏不住、转不出”，切实把腐败分子盗窃人民的财产如数追回、还给人民。推动与更多国家签订司法协助类条约和金融情报交换协议。重点推进同外逃人员主要目标国之间建立反腐败相关的执法合作机制，特别是要建立对于外逃人员的职务腐败定性、赃款的辨认、查找、冻结、返还等具体的合作机制，让赃款在境外“找得到、追得回”，切实消灭腐败分子妄想通过外逃的方式逃避党纪国法的严惩、占有赃款等不切实际的想法。

参考文献

一　马克思主义经典文献

《马克思恩格斯选集》第 1 卷，人民出版社 2012 年版。
《马克思恩格斯选集》第 2 卷，人民出版社 2012 年版。
《马克思恩格斯选集》第 3 卷，人民出版社 2012 年版。
《马克思恩格斯选集》第 3 卷，人民出版社 1995 年版。
《马克思恩格斯选集》第 4 卷，人民出版社 1995 年版。
《马克思恩格斯全集》第 29 卷，人民出版社 1972 年版。
《马克思恩格斯全集》第 38 卷，人民出版社 1972 年版。
《列宁选集》第 4 卷，人民出版社 1995 年版。
《列宁全集》第 7 卷，人民出版社 1986 年版。
《列宁全集》第 34 卷，人民出版社 1985 年版。
《列宁全集》第 35 卷，人民出版社 1963 年版。
《列宁全集》第 37 卷，人民出版社 2017 年版。
《列宁全集》第 39 卷，人民出版社 2017 年版。
《列宁全集》第 42 卷，人民出版社 1987 年版。
《列宁全集》第 43 卷，人民出版社 1987 年版。
中国社会科学院马克思主义研究院：《马克思恩格斯论反腐败》，中国方正出版社 2020 年版。

二　党和国家历史文献

《毛泽东选集》第 1 卷，人民出版社 1991 年版。
《毛泽东选集》第 2 卷，人民出版社 1991 年版。
《毛泽东选集》第 3 卷，人民出版社 1991 年版。
《毛泽东选集》第 4 卷，人民出版社 1991 年版。
《毛泽东文集》第 1 卷，人民出版社 1993 年版。
《毛泽东文集》第 2 卷，人民出版社 1993 年版。
《毛泽东文集》第 3 卷，人民出版社 1996 年版。
《毛泽东文集》第 4 卷，人民出版社 1996 年版。
《毛泽东文集》第 5 卷，人民出版社 1996 年版。
《毛泽东文集》第 6 卷，人民出版社 1999 年版。
《毛泽东文集》第 7 卷，人民出版社 1999 年版。
《毛泽东文集》第 8 卷，人民出版社 1999 年版。
《邓小平文选》第 1 卷，人民出版社 1994 年版。
《邓小平文选》第 2 卷，人民出版社 1994 年版。
《邓小平文选》第 3 卷，人民出版社 1993 年版。
《江泽民文选》第 1 卷，人民出版社 2006 年版。
《江泽民文选》第 2 卷，人民出版社 2006 年版。
《江泽民文选》第 3 卷，人民出版社 2006 年版。
《胡锦涛文选》第 1 卷，人民出版社 2016 年版。
《胡锦涛文选》第 2 卷，人民出版社 2016 年版。
《胡锦涛文选》第 3 卷，人民出版社 2016 年版。
《刘少奇选集》上卷，人民出版社 1981 年版。
《刘少奇选集》下卷，人民出版社 1985 年版。
《建国以来刘少奇文稿》第 2 册，中央文献出版社 2005 年版。

《朱德选集》，人民出版社 1983 年版。
《陈云文选》（一九二六——一九四九年），人民出版社 1984 年版。
《陈云文选》（一九四九——一九五六年），人民出版社 1984 年版。
《陈云文选》（一九五六——一九八五年），人民出版社 1984 年版。
《周恩来选集》上卷，人民出版社 1980 年版。
《周恩来选集》下卷，人民出版社 1984 年版。
《董必武选集》，人民出版社 1985 年版。
逄先知、金冲及：《毛泽东传》，中央文献出版社 2018 年版。
逄先知、金冲及：《毛泽东传》（二），中央文献出版社 2003 年版。
薄一波：《若干重大决策与事件的回顾》上卷，中共中央党校出版社 1991 年版。
薄一波：《若干重大决策与事件的回顾》下卷，中共中央党校出版社 1991 年版。
张闻天：《关于我们的报纸》，《斗争》第 38 期，1933 年 12 月 12 日。
中共中央文献研究室：《陈云论党的建设》，中央文献出版社 1995 年版。
中共中央文献研究室、中央档案馆：《建党以来重要文献选编》第 1 册，中央文献出版社 2011 年版。
中共中央文献研究室、中央档案馆：《建党以来重要文献选编》第 7 册，中央文献出版社 2011 年版。
中共中央文献研究室、中央档案馆：《建国以来重要文献选编》第 9 册，中央文献出版社 2011 年版。
中共中央文献研究室、中央档案馆：《建国以来重要文献选编》第 10 册，中央文献出版社 2011 年版。
中共中央文献研究室、中央档案馆：《建党以来重要文献选编》第 11 册，中央文献出版社 2011 年版。
中共中央文献研究室、中央档案馆：《建党以来重要文献选编》第

14册，中央文献出版社2011年版。
中共中央文献研究室、中央档案馆：《建党以来重要文献选编》第16册，中央文献出版社2011年版。
中共中央文献研究室、中央档案馆：《建党以来重要文献选编》第18册，中央文献出版社2011年版。
中共中央文献研究室、中央档案馆：《建党以来重要文献选编》第22册，中央文献出版社2011年版。
中共中央文献研究室、中央档案馆：《建党以来重要文献选编》第25册，中央文献出版社2011年版。
中共中央文献研究室：《建国以来重要文献选编》第1册，中央文献出版社2011年版。
中共中央文献研究室：《建国以来重要文献选编》第2册，中央文献出版社2011年版。
中共中央文献研究室：《建国以来重要文献选编》第3册，中央文献出版社2011年版。
中共中央文献研究室：《建国以来重要文献选编》第5册，中央文献出版社2011年版。
中共中央文献研究室：《建国以来重要文献选编》第15册，中央文献出版社2011年版。
中共中央文献研究室：《三中全会以来重要文献选编》（上），人民出版社1982年版。
中共中央文献研究室：《三中全会以来重要文献选编》（下），人民出版社1982年版。
中共中央文献研究室：《十二大以来重要文献选编》（上），人民出版社1986年版。
中共中央文献研究室：《十二大以来重要文献选编》（中），人民出版社1986年版。
中共中央文献研究室：《十二大以来重要文献选编》（下），人民出版社 1988 年版。
中共中央文献研究室：《十三大以来重要文献选编》（上），人民出版社 1991 年版。
中共中央文献研究室：《十三大以来重要文献选编》（中），人民出版社 1991 年版。
中共中央文献研究室：《十三大以来重要文献选编》（下），人民出版社 1993 年版。
中共中央文献研究室：《十四大以来重要文献选编》（上），人民出版社 1996 年版。
中共中央文献研究室：《十四大以来重要文献选编》（中），人民出版社 1997 年版。
中共中央文献研究室：《十四大以来重要文献选编》（下），人民出版社 1999 年版。
中共中央文献研究室：《十五大以来重要文献选编》（上），人民出版社 2000 年版。
中共中央文献研究室：《十五大以来重要文献选编》（中），人民出版社 2001 年版。
中共中央文献研究室：《十五大以来重要文献选编》（下），人民出版社 2003 年版。
中共中央文献研究室：《十六大以来重要文献选编》（上），中央文献出版社 2005 年版。
中共中央文献研究室：《十六大以来重要文献选编》（中），中央文献出版社 2006 年版。
中共中央文献研究室：《十六大以来重要文献选编》（下），中央文献出版社 2008 年版。
中共中央文献研究室：《十七大以来重要文献选编》（上），中央文献出版社 2009 年版。
中共中央文献研究室：《十七大以来重要文献选编》（中），中央文献出版社 2011 年版。
中共中央文献研究室：《十七大以来重要文献选编》（下），中央文献出版社 2013 年版。
《中国共产党第十二次全国代表大会文件汇编》，人民出版社 1982 年版。
《中国共产党第十三次全国代表大会文件汇编》，人民出版社 1987 年版。
《中国共产党第十四次全国代表大会文件汇编》，人民出版社 1992 年版。
《中国共产党第十五次全国代表大会文件汇编》，人民出版社 1997 年版。
《中国共产党第十六次全国代表大会文件汇编》，人民出版社 2002 年版。
《中国共产党第十七次全国代表大会文件汇编》，人民出版社 2007 年版。
中央档案馆：《中共中央文件选集》第 1 册，中共中央党校出版社 1989 年版。
中央档案馆：《中共中央文件选编》第 2 册，中共中央党校出版社 1989 年版。
中央档案馆：《中共中央文件选集》第 9 册，中共中央党校出版社 1991 年版。
中央档案馆：《中共中央文件选集》第 11 册，中共中央党校出版社 1989 年版。
中央档案馆：《中共中央文件选集》第 17 册，中共中央党校出版社 1992 年版。
中央档案馆：《中国共产党第二次至第六次全国代表大会文件汇编》，人民出版社 1981 年版。
中央纪委纪检监察研究所：《中国共产党反腐倡廉文献选编》，中央文献出版社 2002 年版。
中共武汉市委党史研究室、武汉市革命博物馆:《中国共产党第五次全国代表大会》，中共党史出版社 2007 年版。
《一个标本的官僚主义者——杨岳彬》,《红色中华》第 140 期，1934 年 1 月 4 日。
《怎样检举贪污浪费》,《红色中华》第 140 期，1934 年 1 月 4 日。
《中共中央机关外籍工作同志给本报节省运动号召的回答》，《红色中华》第 164 期，1934 年 3 月 20 日。
《关于四个月节省运动的报告》，《红色中华》第 232 期，1934 年 9 月 11 日。

三　新时代党和国家重要文献

《习近平谈治国理政》第 1 卷，外文出版社 2018 年版。
《习近平谈治国理政》第 2 卷，外文出版社 2017 年版。
《习近平谈治国理政》第 3 卷，外文出版社 2020 年版。
《习近平谈治国理政》第 4 卷，外文出版社 2022 年版。
习近平:《摆脱贫困》，福建人民出版社 1992 年版。
习近平:《干在实处走在前列》，中共中央党校出版社 2006 年版。
习近平:《决胜全面建成小康社会　夺取新时代中国特色社会主义伟大胜利——在中国共产党第十九次全国代表大会上的报告》，人民出版社 2017 年版。
习近平:《高举中国特色社会主义伟大旗帜　为全面建设社会主义现代化国家而团结奋斗——在中国共产党第二十次全国代表大会上的报告》，人民出版社 2022 年版。
习近平:《开放共创繁荣创新引领未来：在博鳌亚洲论坛 2018 年年会开幕式上的主旨演讲》,《人民日报》2018 年 4 月 11 日第 3 版。

《习近平李克强张德江刘云山分别参加全国人大会议一些代表团审议》,《人民日报》2015年3月10日第1版。

习近平:《推进党的建设新的伟大工程要一以贯之》,《求是》2019年第19期。

习近平:《携手共进,合力打造高质量世界经济——在二十国集团领导人峰会上关于世界经济形势和贸易问题的发言》,《人民日报》2019年6月29日第2版。

习近平:《在"不忘初心、牢记使命"主题教育总结大会上的讲话》,《人民日报》2020年1月9日第2版。

习近平:《在布鲁日欧洲学院的演讲》,《光明日报》2014年4月2日第2版。

习近平:《在党的群众路线教育实践活动第一批总结暨第二批部署会议上的讲话》,《党建研究》2014年第2期。

习近平:《在党的群众路线教育实践活动总结大会上的讲话》,人民出版社2014年版。

习近平:《在党的十八届六中全会第二次全体会议上的讲话(节选)》,《求是》2017年第1期。

习近平:《在第十八届中央纪律检查委员会第六次全体会议上的讲话》,《人民日报》2016年5月3日第2版。

习近平:《在庆祝改革开放40周年大会上的讲话》,《人民日报》2018年12月19日第2版。

习近平:《在省委十一届二次全体(扩大)会议上的报告》,《今日浙江》2003年第1期。

习近平:《之江新语》,浙江人民出版社2007年版。

习近平:《知之深爱之切》,河北人民出版社2015年版。

《把党的政治建设作为党的根本性建设 为党不断从胜利走向胜利提供重要保证》,《人民日报》2018年7月1日第1版。

《积极借鉴我国历史上优秀廉政文化 不断提高拒腐防变和抵御风险

能力》，《人民日报》2013 年 4 月 21 日第 1 版。

《坚持从严治党落实管党治党责任　把作风建设要求融入党的制度建设》，《人民日报》2014 年 7 月 1 日第 1 版。

《坚持新发展理念深入实施东北振兴战略　加快推动新时代吉林全面振兴全方位振兴》，《人民日报》2020 年 7 月 25 日第 1 版。

《坚持用全面辩证长远眼光分析经济形势　努力在危机中育新机于变局中开新局》，《人民日报》2020 年 5 月 24 日第 1 版。

《领导干部要做尊法学法守法用法的模范带动全党全国共同全面推进依法治国》，《光明日报》2015 年 2 月 3 日第 1 版。

《全面贯彻落实党的十九大精神以永远在路上的执着把从严治党引向深入》，《人民日报》2018 年 1 月 12 日第 1 版。

《提高一体推进"三不腐"能力和水平全面打赢反腐败斗争攻坚战持久战》，《人民日报》2022 年 6 月 19 日第 1 版。

《新时代要有新气象更要有新作为中国人民生活一定会一年更比一年好》，《人民日报》2017 年 10 月 26 日第 2 版。

《一鼓作气抓好第一批活动收尾工作认真扎实做好第二批活动准备工作》，《人民日报》2013 年 12 月 10 日第 1 版。

《依法治国依法执政依法行政共同推进法治国家法治政府法治社会一体建设》，《光明日报》2013 年 2 月 25 日第 1 版。

中共中央文献研究室：《十八大以来重要文献选编》（上），中央文献出版社 2014 年版。

中共中央文献研究室：《十八大以来重要文献选编》（中），中央文献出版社 2016 年版。

中共中央党史和文献研究院：《十八大以来重要文献选编》（下），中央文献出版社 2018 年版。

中共中央党史和文献研究院：《十九大以来重要文献选编》（上），中央文献出版社 2019 年版。

中共中央党史和文献研究院：《十九大以来重要文献选编》（中），

中央文献出版社 2021 年版。

中共中央党史和文献研究院：《习近平关于注重家庭家教家风建设论述摘编》，中央文献出版社 2021 年版。

中共中央党史和文献研究院、中央“不忘初心，牢记使命”主题教育办公室：《习近平关于“不忘初心、牢记使命”论述摘编》，中央文献出版社、党建读物出版社 2019 年版。

《〈中共中央关于党的百年奋斗重大成就和历史经验的决议〉辅导读本》，人民出版社 2021 年版。

《中共中央关于党的百年奋斗重大成就和历史经验的决议》，人民出版社 2021 年版。

《〈中共中央关于坚持和完善中国特色社会主义制度、推进国家治理体系和治理能力现代化若干重大问题的决定〉辅导读本》，人民出版社 2019 年版。

中共中央纪律检查委员会、中共中央文献研究室：《习近平关于党风廉政建设和反腐败斗争论述摘编》，中央文献出版社、中国方正出版社 2016 年版。

中共中央纪律检查委员会、中共中央文献研究室：《习近平关于严明党的纪律和规矩论述摘编》，中央文献出版社、中国方正出版社 2016 年版。

中共中央文献研究室：《习近平关于全面从严治党论述摘编》，中央文献出版社 2016 年版。

《中共中央政治局召开会议决定召开十九届五中全会》，《人民日报》2020 年 7 月 31 日第 1 版。

《中国共产党第十八次全国代表大会文件汇编》，人民出版社 2012 年版。

《中国共产党第十九次全国代表大会文件汇编》，人民出版社 2017 年版。

《中国共产党第十九届中央委员会第六次全体会议文件汇编》，人民出版社 2021 年版。
中央党校采访实录编辑室：《习近平的七年知青岁月》，中共中央党校出版社 2017 年版。
中央党校采访实录编辑室：《习近平在福建》，中共中央党校出版社 2021 年版。
中央党校采访实录编辑室：《习近平在福州》，中共中央党校出版社 2020 年版。
中央党校采访实录编辑室：《习近平在宁德》，中共中央党校出版社 2020 年版。
中央党校采访实录编辑室：《习近平在厦门》，中共中央党校出版社 2020 年版。
中央党校采访实录编辑室：《习近平在正定》，中共中央党校出版社 2019 年版。
《党的十八大报告辅导读本》，人民出版社 2012 年版。
《党的十九大报告辅导读本》，人民出版社 2017 年版。
《党的二十大报告辅导读本》，人民出版社 2022 年版。
丁薛祥：《完善坚定维护党中央权威和集中统一领导的各项制度》，《人民日报》2019 年 11 月 18 日第 6 版。
福建日报采访组：《始终与人民心心相印——习近平同志在福建践行群众路线纪事》，《福建日报》2014 年 10 月 30 日第 1 版。
《取得全面从严治党更大战略性成果巩固发展反腐败斗争压倒性胜利》，《人民日报》2019 年 1 月 12 日第 1 版。
《正风肃纪求真务实施政为民把政府系统党风廉政建设和反腐败工作推向深入》，《人民日报》2020 年 7 月 24 日第 1 版。
李忠志、曹阳葵：《习近平在正定工作期间坚持群众路线纪实》，《河北日报》2013 年 8 月 27 日第 1 版。
《十八届中央纪律检查委员会向中国共产党第十九次全国代表大会的工作报告》，《人民日报》2017 年 10 月 30 日第 1 版。

《十九届中央纪律检查委员会向中国共产党第二十次全国代表大会的工作报告》,《人民日报》2022 年 10 月 28 日第 1 版。

王岐山:《坚持党的领导依规管党治党为全面推进依法治国提供根本保证》,《人民日报》2014 年 11 月 3 日第 3 版。

王岐山:《全面从严治党把纪律挺在前面忠诚履行党章赋予的神圣职责——在中国共产党第十八届中央纪律检查委员会第六次全体会议上的工作报告》,《人民日报》2016 年 1 月 25 日第 3 版。

王岐山:《全面从严治党严明党的纪律把握运用监督执纪“四种形态”》,《人民日报》2015 年 9 月 27 日第 4 版。

王岐山:《依法治国　依规治党　坚定不移推进党风廉政建设和反腐败斗争——在中国共产党第十八届中央纪律检查委员会第五次全体会议上的工作报告》,《人民日报》2015 年 1 月 30 日第 3 版。

徐隽:《习近平同党外人士共迎新春》,《人民日报》2015 年 2 月 13 日第 1 版。

《更加科学有效地防治腐败坚定不移把反腐倡廉建设引向深入》,《人民日报》2013 年 1 月 23 日第 1 版。

《习近平在省部级主要领导干部坚持底线思维着力防范化解重大风险专题研讨班开班式上发表重要讲话》,《人民日报》2019 年 1 月 22 日第 1 版。

《充分发挥全面从严治党引领保障作用确保“十四五”时期目标任务落到实处》,《人民日报》2021 年 1 月 23 日第 1 版。

赵洪祝:《深入推进党风廉政建设和反腐败斗争的强大思想武器》,《人民日报》2015 年 3 月 2 日第 6 版。

赵乐际:《坚持和完善党和国家监督体系为全面建成小康社会提供坚强保障——在中国共产党第十九届中央纪律检查委员会第四次全体会议上的工作报告》,《人民日报》2020 年 2 月 25 日第 3 版。

赵乐际:《忠实履行党章和宪法赋予的职责　努力实现新时代纪检监

察工作高质量发展——在中国共产党第十九届中央纪律检查委员会第三次全体会议上的工作报告》,《人民日报》2019 年 2 月 21 日第 4 版。
周强:《最高人民法院工作报告——2018 年 3 月 9 日在第十三届全国人民代表大会第一次会议上》,《人民日报》2018 年 3 月 26 日第 2 版。
周强:《最高人民法院工作报告——2019 年 3 月 12 日在第十三届全国人民代表大会第二次会议上》,《人民日报》2019 年 3 月 20 日第 2 版。
曹建明:《最高人民检察院工作报告——2018 年 3 月 9 日在第十三届全国人民代表大会第一次会议上》,《人民日报》2018 年 3 月 26 日第 3 版。
朱基钗等:《党的十八大以来以习近平同志为核心的党中央贯彻执行八项规定、推动作风建设综述》,《人民日报》2017 年 9 月 29 日第 1 版。

四　中文著作

卜宪群:《中国历史上的腐败与反腐败》,鹭江出版社 2014 年版。
陈登才等:《党的领导和党的建设》,中共中央党校出版社 1997 年版。
陈方勐:《转型社会中的中国共产党》,中央编译出版社 2010 年版。
窦效民、王良启:《中国共产党反腐倡廉历程》,郑州大学出版社 2006 年版。
费孝通:《乡土中国》,上海世纪出版集团 2007 年版。
盖军:《新编中共党史简明教程》,中共中央党校出版社 2003 年版。
姜卫平:《社会转型期中国共产党社会整合能力问题研究》,中国社会科学出版社 2012 年版。
蒋国海：《毛泽东的政党观》，解放军出版社 2014 年版。
井冈山革命根据地党史资料征集编研协作小组、井冈山革命博物馆：《井冈山革命根据地》（上），中共党史资料出版社 1987 年版。
黎晓宏：《金融反腐论》，中国方正出版社、中信出版集团 2017 年版。
李慎明：《执政党的经验教训》，社会科学文献出版社 2008 年版。
李雪勤、李雪慧：《新中国反腐败大事纪要》，南开大学出版社 1999 年版。
卢先福等：《马克思主义党的学说史纲》，中共中央党校出版社 1999 年版。
欧阳卫民：《反腐败、反洗钱与金融情报机构建设》，法律出版社 2006 年版。
逄先知：《关键在党》，生活·读书·新知三联书店 2019 年版。
逄先知：《光辉道路》，生活·读书·新知三联书店 2019 年版。
逄先知：《怀人说史》，生活·读书·新知三联书店 2019 年版。
逄先知：《伟大旗帜》，生活·读书·新知三联书店 2019 年版。
彭诗光：《中央苏区反腐肃贪实录》，中国检察出版社 2009 年版。
曲青山：《共产党执政规律研究》，人民出版社 2020 年版。
王关兴、陈挥：《中国共产党反腐倡廉史》，上海人民出版社 2001 年版。
王京清、孙壮志：《中国反腐倡廉建设报告 No. 9》，社会科学文献出版社 2020 年版。
王浦劬：《政治学基础》，北京大学出版社 2018 年版。
王庆兵：《发展中国家政党认同比较研究》，中国经济出版社 2007 年版。
王亚南：《中国官僚政治研究》，中国社会科学出版社 1981 年版。
赵晓乎：《政党论》，天津人民出版社 2002 年版。

中国延安干部学院：《中共延安时期廉政建设史论》，中央文献出版社 2011 年版。

中央纪委国家监委研究室：《中国共产党党风廉政建设百年纪事》，中国方正出版社 2021 年版。

朱庆跃：《1921—1978：中国共产党反腐政治体系构建的历史实践研究》，上海三联书店 2015 年版。

朱山：《再塑：新时代正风肃纪反腐》，中国方正出版社 2021 年版。

祝灵君：《一致与冲突》，人民出版社 2006 年版。

祝彦：《中国共产党怎样治理腐败问题》，江西人民出版社 2019 年版。

五 译著

［德］罗伯特·米歇尔斯：《寡头统治铁律》，任军锋等译，天津人民出版社 2003 年版。

［美］加布里埃尔·A. 阿尔蒙德等：《比较政治学：体系、过程和政策》，曹沛霖译，上海译文出版社 1987 年版。

［美］迈克尔·罗斯金、罗伯特·科德、詹姆斯·梅代罗斯、沃尔特·琼斯：《政治科学》，华夏出版社 2001 年版。

［美］塞缪尔·P. 亨廷顿：《变化社会中的政治秩序》，生活·读书·新知三联书店 1989 年版。

［美］希尔斯曼：《美国是如何治理的》，曹大鹏译，商务印书馆 1986 年版。

［英］伯特兰·罗素：《权力论——新社会分析》，吴友三译，商务印书馆 1991 年版。

［英］戴维·米勒、韦农·波格丹诺主编：《布莱克维尔政治学百科全书》，邓正来译，中国政法大学出版社 2002 年版。

六 期刊

姜辉:《新时代意识形态工作要在增强凝聚力和引领力上下功夫》,《中国党政干部论坛》2018 年第 9 期。

姜跃:《官僚特权与政治伤害》,《中国党政干部论坛》2013 年第 6 期。

姜跃:《国外政党执政面临的几个共同问题及其应对》,《中共中央党校学报》2008 年第 6 期。

姜跃:《苏共垮台溯源》,《当代世界与社会主义》2005 年第 3 期。

王庆兵:《试析政党认同的功能与构建途径》,《广西社会科学》2004 年第 8 期。

姜卫平:《论执政党的非权力性权威》,《唯实》2006 年第 2 期。

姜卫平、蒋岩桦:《新时代中国特色社会主义对世界社会主义的重大贡献》,《党建研究》2018 年第 12 期。

《党的自我革命思想继承和发展了马克思主义建党学说——访中国社会科学出版社社长赵剑英教授》,《马克思主义研究》2019 年第 10 期。

何增科:《简析腐败面面观》,《中国监察》2003 年第 10 期。

袁聚录:《社会转型视阈内的中国民主文化转型》,《长白学刊》2009 年第 1 期。

孙立平:《现代化与社会转型》,北京大学出版社 2005 年版,第 251—258 页。

高屹:《邓小平新时期的外交战略思想述论》,《党的文献》1996 年第 2 期。

万霞:《反腐全球化》,《世界知识》2004 年第 1 期。

汪伟民:《联盟理论与美国的联盟战略:以美日、美韩研究为例》,

世界知识出版社 2007 年版。

叶帅斌、侯震:《国际反腐败合作中的政治文化和价值观的差异》,《中外企业家》2014 年第 28 期。

李秀娟、周兴月:《当前国际反腐败形势分析》,《中国纪检监察》2016 年第 7 期。

李秀娟、张雷:《国际社会积极评价中国追逃追赃》,《中国纪检监察》2015 年第 13 期。

张丽华、王博文:《全球化背景下反腐败国际合作分析》,《学习与探索》2018 年第 4 期。

吕薇洲:《国外社会主义政党党风廉政建设启示录》,《上海党史与党建》2009 年第 7 期。

李果仁、李菡:《越南反腐败的主要做法及其借鉴》,《上海党史与党建》2009 年第 11 期。

许宝友:《转型时期的越南执政党建设:特点、挑战与应对》,《科学社会主义》2001 年第 6 期。

解桂海、唐贤秋:《略论革新条件下的越南共产党廉政建设》,《广西社会科学》2008 年第 3 期。

靳义亭:《越南共产党反腐的主要措施及启示》,《当代世界与社会主义》2009 年第 3 期。

李瑞:《古巴廉政建设经验的总结和思考》,《湖北经济学院学报》2016 年第 8 期。

徐世澄:《古巴的反腐斗争》,《中国人大》2014 年第 4 期。

赵永仁:《英国的反腐与监督机制》,《中国人大》2014 年第 15 期。

唐贤秋、解桂海:《苏东剧变后古巴共产党加强廉政建设的经验》,《世界政党》2008 年第 2 期。

徐小庆:《古巴、巴西的廉政建设和反腐败工作》,《当代世界》2008 年第 8 期。

张焕:《老挝人民革命党反腐斗争初见成效》,《当代世界》1995 年第 8 期。
李莉：《老挝检察制度简介》，《法制与经济》2010 年第 9 期。
汪风清：《中外反腐败实践的比较与借鉴》，《江西行政学院学报》2001 年第 3 期。
吴茜：《欧洲社会民主党党风廉政建设的经验与启示》，《上海党史与党建》2008 年第 5 期。
李靖堃：《英国的反腐败机制》，《党建》2006 年第 4 期。
陈群民、李显波：《加拿大反腐经验对我国反腐倡廉的启示》，《探索与争鸣》2011 年第 6 期。
周敬青：《德国社民党和基民盟党内民主建设研究》，《上海行政学院学报》2008 年第 4 期。
周淑真、袁野：《论国家法律与党纪党规关系之协调——以当代德国为例》，《中共中央党校学报》2015 年第 3 期。
徐菁忆：《德国的廉政治理及其启示》，《中国行政管理》2019 年第 1 期。
董卫华：《民族主义政党的发展历史、政策调整及前景》，《当代世界》2006 年第 9 期。
吕元礼：《新加坡为什么能》，江西人民出版社 2007 年版。
赵付科、季正聚：《新加坡人民行动党廉政建设的基本经验及启示》，《科学社会主义》2013 年第 1 期。
赵景芳：《新加坡人民行动党廉政建设的基本经验》，《当代世界与社会主义》2014 年第 5 期。
秦德占：《新加坡人民行动党廉政理念的践行与启示》，《新视野》2012 年第 1 期。
欧阳淞：《全面从严治党永远在路上》，《求是》2016 年第 24 期。
史鉴：《中国共产党第一份惩治贪污腐败分子的党内文件》，《大江南北》2016 年第 8 期。
于文轩、吴进进：《反腐败政策的奇迹：新加坡经验及对中国的启示》，《公共行政评论》2014 年第 5 期。
任建明：《夺取反腐败斗争压倒性胜利》，《前线》2017 年第 11 期。
邓联繁：《得罪千百人，不负十三亿——共产党人在反腐败上的担当与无畏》，《中国纪检监察》2019 年第 24 期。
杨巨帅：《“依然严峻复杂”的反腐败斗争形势没有变》，《中国纪检监察》2019 年第 3 期。
师长青：《坚持两点论看待反腐败斗争形势》，《中国纪检监察》2019 年第 3 期。
黄月、王诗雨：《充分认识反腐败斗争取得压倒性胜利》，《中国纪检监察》2019 年第 3 期。
窦克林：《誓追穷寇记》，《中国纪检监察》2019 年第 13 期。
苗庆旺：《构建一体推进不敢腐、不能腐、不想腐体制机制》，《求是》2019 年第 24 期。
何艳、陈杨：《以党的自我革命赢得历史主动——以习近平同志为核心的党中央推进全面从严治党纪实》，《中国纪检监察》2022 年第 20 期。
白广磊：《高举旗帜：在科学思想引领下阔步向前》，《中国纪检监察》2022 年第 20 期。
黄武：《两个维护：确保全党团结统一步调一致向前进》，《中国纪检监察》2022 年第 20 期。
赵振宇：《反腐惩恶：打好自我革命攻坚战持久战》，《中国纪检监察》2022 年第 20 期。
黄月：《整饬作风：擦亮全面从严治党金色名片》，《中国纪检监察》2022 年第 20 期。
李蕾：《第一职责：发挥监督在治国理政中重要基础作用》，《中国纪检监察》2022 年第 20 期。
沈叶、董菲晨：《人民至上：以管党治党实效筑牢执政根基》，《中国纪检监察》2022 年第 20 期。

马直辰、王丹妮：《政治巡视：全面从严治党利剑作用充分彰显》，《中国纪检监察》2022年第20期。

王诗雨：《改革赋能：坚持和完善党和国家监督体系》，《中国纪检监察》2022年第20期。

史梦宇：《厉行法治：以法治思维法治方式正风肃纪反腐》，《中国纪检监察》2022年第20期。

窦克林、徐莹莹：《锻造铁军：建设忠诚干净担当的纪检监察队伍》，《中国纪检监察》2022年第20期。

七　报纸

白龙：《莫让杂音侵蚀了反腐"获得感"》，《人民日报》2016年1月19日第5版。

华实：《"得罪千百人，不负十三亿"》，《经济日报》2018年2月20日第1版。

贾亮：《永远在路上只有进行时》，《中国纪检监察报》2016年3月3日第1版。

姜辉：《新时代的丰富内涵和重大意义》，《人民日报》2018年4月11日第7版。

姜卫平：《从严治党是场总体战》，《人民日报》2015年4月14日第5版。

刘天亮：《不作为岂能怪罪反腐败》，《人民日报》2016年1月21日第5版。

陆娅楠：《外商投资准入负面清单再压减17.5%》，《人民日报》2020年6月26日第2版。

缪毅容：《要切实过好"五关"　全面推进反腐倡廉建设》，《解放日报》2007年8月11日第1版。

温红彦等：《坚决打赢反腐败这场正义之战》，《人民日报》2017 年 9 月 18 日第 1 版。

徐梦龙：《巡视利剑作用更加彰显：党的十九大以来全面从严治党成果巡礼之四》，《中国纪检监察报》2019 年 1 月 7 日第 1 版。

闫鸣：《构建一体推进不敢腐不能腐不想腐体制机制》，《中国纪检监察报》2019 年 11 月 11 日第 1 版。

叶帆：《反腐败斗争无禁区无上限》，《人民日报》2016 年 1 月 29 日第 7 版。

余伯流：《中央苏区时期的反腐肃贪及其启示》，《光明日报》2011 年 11 月 2 日第 11 版。

詹勇：《腐败不是发展的“润滑剂”》，《人民日报》2015 年 3 月 11 日第 4 版。

八　网站

曹岳：《反腐全球化一举多得》，中国日报中文网，2014 年 11 月 26 日，http://world. chinadaily. com. cn/2014 - 11/26/content _ 18978388. htm。

《陈一新：六大顽瘴痼疾整治要分类施策标本兼治》，中国长安网，2021 年 6 月 3 日，https://baijiahao. baidu. com/s? id = 1701502872021919742&wfr = spider&for = pc。

《陈一新：政法队伍教育整顿要始终贯穿“四条线”》，https://baijiahao. baidu. com/s? id = 1696978333049981132&wfr = spi。

储信艳等：《坚定反腐决心经验值得借鉴——国际社会高度评价中国制度反腐取得显著成效》，新华网，2020 年 1 月 14 日，http://www. xinhuanet. com//world/2020 - 01/14/c_ 1125462402. htm。

韩亚栋等：《从被查中管干部看反腐无禁区》，中央纪委监察部网站，

2016 年 1 月 2 日，http：//www. ccdi. gov. cn/xwtt/201512/t20151231_ 71865. html。
何韬：《一体推进不敢腐不能腐不想腐是新时代全面从严治党重要方略》，中央纪委国家监委网站，2020 年 3 月 13 日，http：//www. ccdi. gov. cn/toutiao/202003/t20200313_ 213360. html。
《华融公司原董事长赖小民受贿、贪污、重婚案一审开庭》，新华网，2020 年 8 月 11 日，http：//www. xinhuanet. com/2020 – 08/11/c_ 1126354853. htm。
汪苏：《中国发展报告之一》，财新网，2014 年 12 月 18 日，http：//china. caixin. com/2014 – 12 – 18/100764539. html。
王岐山：《在中国共产党第十八届中央纪律检查委员会第四次全体会议上的讲话》，中央纪委监察部网站，2014 年 10 月 25 日，http：//www. ccdi. gov. cn/xxgk/hyzl/201412/t20141203_ 114170. html。
习近平：《中国反腐没有权利斗争　没有“纸牌屋”》，http：//news. china. com. cn/2015 – 09/24/content_ 36664888. htm。
新华社记者：《积极探索实践　形成宝贵经验　国家监察体制改革试点取得实效——国家监察体制改革试点工作综述》，新华网，2017 年 11 月 5 日，http：//www. xinhuanet. com/politics/2017 – 11/05/c_ 1121908387. htm。
邢婷婷：《腐败蔓延势头得到有效遏制反腐败斗争压倒性态势已经形成》，中央纪委国家监委网站，2017 年 9 月 20 日，http：//www. ccdi. gov. cn/toutiao/201709/t20170919_ 126013. html。
徐梦龙：《坚决追缴通过行贿获取的不法利益》，中央纪委国家监委网站，2018 年 6 月 25 日，http：//www. ccdi. gov. cn/toutiao/201806/t20180625_ 174418. html。
杨青：《民主革命时期我党的反腐倡廉历程》，中央纪委国家监委网站，2014 年 2 月 10 日，http：//www. ccdi. gov. cn/lswh/shijian/

201401/t20140130_ 121036. html。

《中共陕西省委原书记赵正永受贿案一审宣判》，新华网，2020 年 7 月 31 日，http：//www. xinhuanet. com/2020 - 07/31/c_ 1126309532. htm。

《中央纪委国家监委公开曝光六起违反中央八项规定精神典型问题》，中央纪委国家监委网站，2020 年 6 月 23 日，http：//www. ccdi. gov. cn/special/jdbg3/zyjw_ bgt/fjbxgdwt_ jdbg3/202006/t20200624_ 220721. html。

后　　记

腐败，自有人类文明史以来就一直存在，古今中外，概莫能外。可以说，一部世界文明史，一定意义上就是一部腐败与反腐败史。腐败对于一个国家、对于执政者都是致命的。纵观中国历史上的王朝更迭，无论是被人民起义推翻，还是被外族灭亡，抑或被统治阶级中的其他阶层替代，这只是王朝灭亡的“表”，统治者因为腐败而失去老百姓的拥护和支持才是“里”，根子在于统治者大搞权钱交易、用人不公、贪婪奢靡，致使生活腐败、权力腐败以及建立在生活腐败和权力腐败基础上的社会风气腐败滋生蔓延，所有这些无疑都成为王朝灭亡的加速器和催化剂。

腐败自古就是人们关注的话题。古代圣贤先哲很早就认识到贪腐的危害，劝诫世人要安贫乐道，保持清廉，远离贪污腐败。《论语·述而》中，子曰：“饭疏食饮水，曲肱而枕之，乐亦在其中矣。不义而富且贵，于我如浮云。”孔子认为，对于“吃粗粮，喝清水，弯起胳膊当枕头”的生活，有理想的人是乐在其中的，然而对于通过不正当手段得来的富贵荣华，应如天上的浮云一般，要退避三舍、敬而远之。对于权力之害，西方社会也是历来不乏清醒之士。比如，法国思想家孟德斯鸠就有名言，“权力导致腐败，绝对权力导致绝对腐败”。“一切有权力的人都容易滥用权力，这是万古不易的一条经验，有权力的人们使用权力一直到遇有界限的地方才休止。”因此，“要防止滥用权力，就必须以权力约束权力。”[①] 毋庸置疑，只要存

① 孟德斯鸠：《论法的精神》（上册），商务印书馆 1982 年版，第 154 页。

在权力，就会有被腐蚀的危险，绝对的权力只会导致绝对的腐败，所以，每一个执掌政权的政党都必须同腐败行为作长期的斗争。

腐败的危害不仅仅限于一国之内，相反，腐败早已跨越国界成为和恐怖主义、气候变暖、金融危机等并列的全球化现象。联合国前秘书长潘基文曾将腐败定性为“全球性威胁”，他认为，2008 年全球金融风暴的缘起与贪婪和腐败有着直接的联系。腐败是一个普遍现象，治理腐败也是个世界性难题，需要世界各个国家和政党共同做出努力。

共产党是无产阶级先锋队，其最终目标是消灭资产阶级和一切剥削阶级，实现共产主义。党的性质和宗旨绝不允许任何消极腐朽的东西腐蚀自己的灵魂、侵蚀自己的肌体，绝不允许任何腐败现象滋生蔓延。严厉惩治腐败是中国共产党一贯坚持的做法和鲜明特色。中国共产党从成立时就特别重视加强自身建设，尤其重视党内反腐败斗争。早在 1926 年，我们党就发布了《坚决清除贪污腐败分子》的通告，这是中国共产党的第一个反腐败文件。毛泽东同志曾经说，共产党和红军对于自己的党员和红军成员，不能不执行比较一般平民更加严格的纪律。这些都充分表明我们党从来不允许腐败现象在党内生存，我们党惩治腐败的决心是坚定不移的。新中国成立以后，我们党在执政初期进行了一系列成功的反腐败斗争，留下了非常宝贵的经验。改革开放以来，我们党继续高度重视反腐败斗争。根据改革开放和社会主义市场经济的具体实际推进党风廉政建设和反腐败斗争，在反腐败理论和实践方面做出了新的贡献。特别是党的十八大以来，以习近平同志为核心的党中央在反腐败理论方面系统地提出许多新理念新思想新战略，为我们在新时代推进反腐败斗争提供了强大思想武器，同时以反“四风”为突破口，无禁区、全覆盖、零容忍惩处各类腐败行为，有案必查、有腐必惩、有贪必肃、有恶必除，掀起了一场改革开放以来历时最长、强度最高、范围最广的反腐风暴，凸显了中央一查到底、猛药去疴的决心和刮骨疗毒、壮士断腕的勇气，对贪腐分子形成强大震慑，重塑了党风、政风和民风。特别是一批批腐败分子相继“落马”，被查官员的数量屡创新高，人民群众无不拍手称快。中国反腐理念和反腐经验得到国际社会广泛认同，反腐成就和反腐做法得到世界各国高度赞誉。

本书力图全面反映中国共产党百余年来，特别是党的十八大以来党风廉政建设和反腐败斗争的时代背景、重大意义、历史比较、国际比较、重大成效、斗争形势、基本原则、重点任务，进而构建起反腐败斗争研究的框架。

在本书的写作过程中，许多老师、领导、朋友给了我极富智慧的启迪。感谢重庆市委常委、宣传部部长姜辉研究员的精心指导并亲自作序。感谢中央党校（国家行政学院）党建部副主任祝灵君教授的悉心指导。感谢朱新博、杨德超、刘来宾提供的中肯意见。感谢李国的指点，他对反腐败问题有很独到的判断和见解。感谢孔凡义、张博、安山、李香钻、唐霞、钟国云、唐宝全、杨彬彬为本书作出的贡献。感谢曲建君、刘伟、王维、杨振为本书出版提供的帮助。感谢参加中央专项工作期间，王秀峰、赵强、秦海卫、杨淑萍、王慧等领导和同事给予我的关怀和支持。感谢在工作和生活中一直给予我关心和帮助的中国社科院办公厅的领导和同事们。最后，我还要感谢这个领域的先行者，他们已有的研究成果为本书打下了很好的基础。

由于作者对有关方面的材料掌握有限，加之学识浅陋，本书无论在框架、结构、体例上，还是在内容上，都肯定会有这样或那样的缺点和不足，恳请读者谅解并予以指正。

姜卫平

2021 年 12 月

修改于 2022 年 12 月